LES FLEUVES DE FRANCE

LA LOIRE

DU MÊME AUTEUR

LES ENVIRONS DE PARIS. 1 vol. gr. in-8 illustré.

LES FLEUVES DE FRANCE

LA LOIRE

PAR

LOUIS BARRON

Ouvrage orné de 134 dessins par A. Chapon

PARIS

LIBRAIRIE RENOUARD

HENRI LAURENS, ÉDITEUR

6, RUE DE TOURNON, 6

A

RAOUL FRARY

En inscrivant votre nom si distingué en tête de ce voyage dans la vieille France du « Loire gaulois », comme écrivait le poète Joachim du Bellay, il me semble, mon cher ami, vous rendre un hommage légitime.

N'avez-vous pas, dans votre étincelante *Question du Latin*, accordé qu'il y a place, et place utile, rang et droit de cité dans notre littérature pour les œuvres géographiques dont ce livre sincère, tout d'observation et d'art pittoresques, vient grossir le nombre ?

Et dans *le Péril national*, n'avez-vous pas, mieux que personne, recommandé d'étudier la chère patrie, que je me propose de décrire, tout entière, en prenant ses fleuves pour guides ?

Vous voyez bien que cette dédicace vous était due. Faut-il ajouter que j'en suis heureux, puisqu'elle me permet, une fois de plus, de vous témoigner mes inaltérables sentiments ?

LOUIS BARRON.

25 novembre 1888.

AVIS AU LECTEUR

Depuis quelques années, la publication des livres de voyages a fort augmentée, et, chose incontestable, ceux où il est seulement question de la France réussissent beaucoup mieux que les autres. C'est là un signe évident de l'amour tout naturel que les Français ont pour leur belle patrie, et de la curiosité qu'elle ne cesse de leur inspirer. En ces sortes d'ouvrages, en effet, la librairie suit le mouvement, elle ne le crée pas.

Néanmoins, la difficulté était grande de présenter sous une forme nouvelle notre pays, déjà si étudié et si décrit. Nous espérons l'avoir résolue par la série : les Fleuves de France, *que* LA LOIRE *inaugure aujourd'hui. Il nous a semblé que les fleuves, dont le cours trace les grandes divisions du sol, pouvaient être des guides parfaits d'excursion et d'exploration, et méritaient d'avoir un historien et un peintre.*

La Loire étant le fleuve français par excellence, « le fleuve national », comme écrivait au lendemain de nos revers de 1871 un célèbre publiciste (M. Ph. de Grandlieu, dans le Figaro*), c'est par elle que nous avons cru devoir débuter.*

Nous avons confié le soin d'écrire l'ouvrage à M. Louis

Barron, qu'un livre de ce genre, important et remarquable, a déjà fait grandement apprécier du public. Nous ne doutons pas qu'avec son talent original et jeune, l'auteur de la Loire n'obtienne le succès et l'estime que lui ont valus ses travaux précédents.

Les illustrations ont toutes été exécutées d'après nature par M. A. Chapon dont les dessins, remarqués à l'Exposition de BLANC ET NOIR, ont obtenu les éloges de la critique impartiale.

Lecteurs, notre livre, notre future série, nos collaborateurs vous sont maintenant présentés ; c'est à vous de les juger en dernier ressort, nous espérons que vos suffrages ne leur feront pas défaut.

LA LOIRE

PRÈS DE LA SOURCE

CHAPITRE PREMIER

LE VELAY

Tâchez d'arriver au Puy en Velay, inévitable station sur le chemin de la source de la Loire, aux heures de l'aube ou du crépuscule, — par la ligne d'Auvergne. Sublime, si on le contemple au point de vue et dans l'angle de lumière propices, il vous révélera tout d'un coup, dans un panorama d'ensemble, la hautaine et merveilleuse originalité des contrées de la Loire naissante.

... Le railway s'est engagé dans l'étroit vallon de la Borne, entre des volcans éteints, des cascades, des roches abruptes et des ruines qui se confondent avec les roches. Près d'Espaly, dont les alignements de basalte rayent l'horizon, il glisse sur le sol rapidement abaissé, semble foncer dans un abîme. En même temps, le vallon s'élargit en prés radieusement verts où serpente la rivière, pailletée de soleil.

Soudain, se déroulent d'étranges magnificences : le dyke rougeâtre de l'Aiguilhe surgit de la plaine, comme une pyramide de corail d'une mer d'émeraude ; à côté, la masse sombre et carrée du mont Anis supporte le rocher Corneille, colosse enté sur les épaules d'un géant. Au sommet de la montagne, par-dessus les maisons aux toits plats et les murailles gothiques de la ville haute, la rude et puissante cathédrale Notre-Dame se dresse, comme une forteresse de la Foi, et sur le pic du Corneille, l'énorme statue de la Vierge Mère, allumée comme un phare, du soir au point du jour, illumine et domine.

Sur ces formes diverses, édifices grandioses, laves et granits jaillis au hasard des convulsions de la terre, la lumière indécise, déchirée, brisée à mille arêtes, distribue les ombres et les clairs fantastiques, grossit les unes, amincit les autres, ravit par d'exquises légèretés, étonne par de formidables statures. Inoubliable vision ! Va-t-on pénétrer dans une caverne de Cyclopes, ou dans une élégante et forte cité du moyen âge?.....

Et le chemin de fer vous débarque dans un pauvre faubourg dont la banalité menace la poésie de vos impressions. Puis l'omnibus vous emporte vers la ville basse, roulant par les boulevards frayés le long des anciens fossés, comme en témoignent des pans de remparts, des coins de bastions, une ou deux tours. Déjà cependant, s'accuse la physionomie singulière du pays. Les mœurs, les coutumes en dehors de la vie locale, animent ces boulevards poudreux, négligés. On croise les lourdes charrettes maraîchères traînées par des bœufs que dirigent à l'aiguillon les paysans de petite taille, à figures énergiques et froides, en pantalon de velours et veste de drap noir, le front ombré des larges bords plats d'un chapeau de feutre. Devant leurs portes, les groupes de femmes, d'enfants, assis sur des chaises ou sur leurs jambes, travaillent en commun à la fabrication des *blondes*, maîtresse industrie de la Haute-Loire; leurs mains agiles courant sur le métier-tambour, comme celles d'un pianiste exercé sur les touches d'ivoire d'un piano, tournent les bobines avec une admirable prestesse.

Les femmes brunes, pâles, courtes, sont rarement jolies; vêtues de noir, une guimpe blanche ou un fichu de soie de couleur croisé sur leur corsage, elles portent sur la tête, par-dessus le bonnet blanc tuyauté, juste sur la nuque, un chapeau rond de paille noire, semblable au chapeau de toile cirée du marin, et ce costume ne les embellit pas. Les coquettes relèvent leurs attraits par des rubans et des bijoux : croix à la jeannette, boucles d'oreilles, épingles montées, étincelant sur leur sombre toilette. Au centre des groupes, une femme plus âgée que les autres, la *béate*, enseigne les apprenties. Des bribes d'un idiome languedocien, assez musical, assez compréhensible, parviennent jusqu'à vous.

L'omnibus passe devant l'ancienne église des Carmes, il franchit le ruisseau du Dolezon, encombré de quartiers de roches, où s'assoient les lavandières ; il s'arrête au bureau de messageries. De là, dans quelques heures, partira la diligence du Monastier, où se terminera notre première étape sur la route de l'Ardèche et de la source de la Loire. Dans quelques heures ! Nous avons le temps de visiter le Puy en Velay.

Revenons sur nos pas. La place du Breuil, vaste, bornée d'un côté par le mont Anis, laisse de tous les autres apercevoir, dans un lointain vaporeux, les cimes du Velay. C'est la promenade publique, le champ de foire, le centre des fêtes. Le soir, les Padots s'y délassent à respirer l'air vif des hauteurs. Elle rassemble tout ce qui fait la supériorité d'un chef-lieu de département : la préfecture, le musée, le jardin public, les casernes, et même une fontaine monumentale. La préfecture est un édifice à prétentions, nullement désagréable ; le musée, au fond d'un parc ombreux et bien dessiné, renferme des collections minéralogiques et des œuvres d'art ; la fontaine, œuvre un peu massive du sculpteur Bosio, est ornée de fleuves et de petits génies en bronze soutenant des bassins et des vasques de pierre lisse. Près de la place du Breuil, les plus beaux magasins de la ville étalent les dentelles, les blondes, les guipures, les rubans et les draps renommés du Velay... Mais cela est peu de chose comparé au saisissant aspect de la ville haute, grimpée sur le mont Anis, fondement et foyer de l'antique Anicium, cratère aux temps préhistoriques, station romaine peut-être, cité sainte et sanctuaire révéré de la vieille France. Ici, le Passé écrase le Présent de sa grandeur morte.

Ce mont Anis, nous le gravirons par des rues obscures, pavées de galets, bordées de maisons basses, grises, décrépites, offrant pourtant çà et là une porte arquée ou une fenêtre fleuronnée du moyen âge, une jolie façade de la Renaissance, un svelte encorbellement, un bas-relief délicat. Le portail classique de Saint-François-Régis, église bâtie au commencement du dix-septième siècle dans le goût particulier aux Jésuites, marque une halte dans l'ascension. Plus haut les escaliers, s'échelonnant, commencent à vous aider. A la dernière plate-forme, une poterne féodale plonge dans le vide, au-dessus de la ville, au-dessous des édifices diocésains, dont elle protégeait l'approche. L'importance de ces vestiges de féodalité, les dimensions du palais épiscopal, fastueusement reconstruit au dix-huitième siècle, du séminaire et de leurs dépendances, attestent l'ancien pouvoir des seigneurs-évêques du Puy.

Là, suivant la légende, vint se fixer au sixième siècle le fondateur de la ville, saint Vosy, qui gouvernait à Saint-Paulien, dans le voisinage, les récentes églises du Velay. Quatre siècles plus tard, le roi carlovingien Raoul, par une charte de 924, donnait à l'évêque Adalard la souveraineté du pays d'alentour et le droit de forger les monnaies. En 986, en 1134, les successeurs de Raoul augmentaient ces privilèges. Les évêques régnaient sans partage sur le bourg d'Anicium ou du Puy, flanqué du château Corneille. Relevant directement du Saint-Siège, ils portaient le *pallium*, insigne de leur dignité. Comtes du Velay et de Brioude, une cour de chanoines mitrés les entourait. Des papes leur rendaient visite : Urbain II, Gélase II, Calixte II, et des rois de France : Louis le Jeune, Philippe-Auguste. Ils s'illustraient d'ailleurs : l'un d'eux, Adhémard de Monteil, prêtre et guerrier, prêcha la première croisade, y conduisit, en 1096, le pieux contingent du Velay, et, le premier, reçut des mains du pape la croix de drap ou de soie rouge. Ces honneurs, ces avantages et leurs richesses immenses leur venaient de ce qu'ils possédaient la vierge noire appelée Notre-Dame du Puy, célèbre déjà dans toute la France.

Voici son église. Énorme, informe; bloc de granit ouvragé sur un bloc de granit brut; édifiée au cinquième, au sixième, au treizième, au quinzième siècle; byzantine, romane, ogivale, gothique; sans unité, sans harmonie; assise au petit bonheur de la gravité sur un rude terrain inégal, penchant d'un côté, se relevant de l'autre; dépourvue d'ensemble et presque de façade, et pourtant si imposante par la hauteur, la hardiesse, la solidité indestructible des voûtes, œuvre admirable d'architectes audacieux et de maçons herculéens. Elle se présente, au spectateur qui en fait le tour, sous trois ou quatre aspects différents ; on peut y entrer, à volonté, par la grande nef, l'abside ou le chœur.

Mais, pour mieux en retenir l'image, nous nous placerons devant le portail massif et colossal dressé entre l'Hôtel-Dieu, l'ancienne prévôté, des couvents, au bout d'une large rue haute, où la fontaine des Tables, édicule fleuronné, élégant, du quinzième siècle, verse ses eaux.

A l'altitude de six cent cinquante mètres, ce portail dresse cinq étages d'arcades romanes, à courbes multiples, reposant sur des piliers simples aux chapiteaux grotesques, et dont le tour est orné d'une marqueterie de pierres de laves rouges, noires, bleues, de l'effet le plus singulier. Ample et majestueux s'ouvre le porche dans lequel pénètre l'escalier : ses murs et ses marches rayés par les caractères à demi effacés d'inscriptions latines du douzième siècle, maximes édifiantes et impératives ; ses vantaux épais en chêne vermoulu offrant des traces de peintures mystiques et des ferrures en arabesques, restes d'un grand luxe éteint.

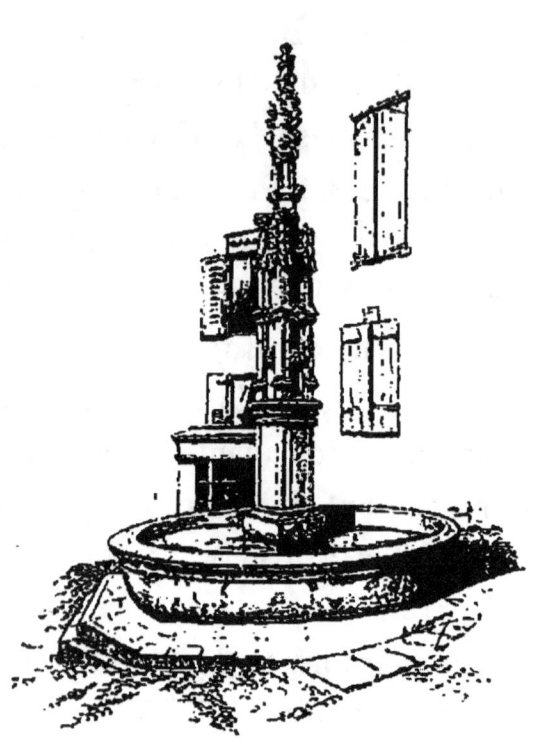

FONTAINE DES TABLES

Et devant ce portail, digne d'un *castellum* ecclésiastique, et qui pouvait livrer passage à des cavalcades de chevaliers bannerets, on se prend à songer aux glorieuses processions d'autrefois, commandées par le seigneur-évêque, aux entrées solennelles des rois de France. Ici, le 9 août 1254, Louis IX s'est prosterné, escorté de serviteurs portant ses offrandes, savoir : une figurine en ébène, habillée de brocart d'or, représentant la Vierge mère, pareille à une statuette d'Isis, et sans doute rapportée de son expédition en Syrie, et une branche d'épine de la couronne dérisoire du Christ. A ces dons précieux, Philippe le Hardi vint à son tour ajouter un morceau de la vraie croix enfermé dans une croix d'or. Le trésor de l'église possédait déjà la couronne d'or de Charlemagne.

Ces reliques attiraient les pèlerins de tout rang, pauvres et riches : tel, par exemple, ce puissant comte de Bigorre, Bernard Ier, qui, voulant mettre son comté sous la protection de Notre-Dame, lui accorda, en 1062, une rente de soixante sols morlans, laquelle fut changée par le dernier de ses héritiers, Philippe le Bel, en un revenu annuel et perpétuel de cinq cents livres tournois. Tels, également, les redoutables vicomtes de Polignac, ennemis ou rivaux des évêques, âpres à leur disputer le droit de monnayer, et, malgré tout, obligés plus d'une fois de s'humilier devant eux, au seuil du temple. Tels encore, Charles VI en 1394, Charles VII en 1422, et en 1471 la reine Charlotte de Savoie, devant laquelle les

LE CLOITRE (AU PUY)

damoiselles de la rue Pannesac représentent « l'histoire des preux ». Tels aussi, en 1476, le très dévot, très repentant et très politique Louis XI, et, en 1533, François Ier, au retour des fiançailles du dauphin Henri avec Catherine de Médicis, célébrées aux portes de la France. La réputation de Notre-Dame du Puy est alors à son apogée ; défendue par les ardents ligueurs de la ville, elle échappe aux ravages, aux pillages des protestants qui l'envient et l'assiègent à trois reprises ; mais d'autres sanctuaires vont se partager les faveurs des princes,... et le siècle l'oubliera.

L'intérieur de l'église est de la plus bizarre irrégularité. De vastes travées, dont chacune est voûtée en coupole oblongue, d'une hauteur vertigineuse, se partagent la grande nef. Quelques panneaux sculptés du dix-septième siècle, des tableaux sans valeur, des ex-voto décorent insuffisamment les murailles glacialement nues. De rares épaves des richesses du temps jadis sont conservées au trésor, entre autres une Bible du neuvième siècle, dite de saint Théodulphe, chef-d'œuvre de la patience et de l'art naïf des moines enlumineurs ; elles sont visibles dans une salle dite de la Bibliothèque, revêtue de peintures murales exécutées au quatorzième siècle, avec la science des primitifs, le goût des scoliastes, et symbolisant les *Arts libéraux*. Près du chœur, mais complètement isolé de l'édifice, une tour romane surmontée d'une flèche, et servant de clocher, monte à cinquante-deux mètres et demeure encore bien au-dessous de la cime du Corneille.

A la cathédrale se rattache, près de l'abside flanquée de murailles romaines, un cloître du neuvième siècle ; carré parfait d'arcades, d'une élégance, d'une correction et d'un éclat à ravir les artistes. Ces arcades sont marquetées à profusion de laves rouges, bleuâtres et blanches, taillées, découpées, intercalées de cent façons diverses, avec un sentiment exquis de l'harmonie des couleurs. Les cintres retombent sur de quadruples piliers, dont les chapiteaux sont ornés de grotesques, ou bien épanouissent des têtes rondes et glabres de chanoines et d'évêques, véritables portraits d'inconnus. Au-dessus de cette décoration compliquée, gracieuse et vivante, court une frise de feuillages d'une extrême finesse, d'où ressortent à intervalles égaux les plus étranges mascarons que puisse concevoir une imagination en délire : figures sataniques, êtres de cauchemar, démons, gnomes, goules, succubes aux effrayantes grimaces, tout un peuple de l'enfer et de l'hallucination.

Le mont Anis se rattache au rocher Corneille par une rampe assez douce et des escaliers coupés de plates-formes ; on s'y hausse sans fatigue à sept cent quatre-vingt-dix mètres d'altitude. La dernière plate-forme développe un admirable horizon, que la statue colossale de Notre-Dame de France, accessible par un escalier intérieur, vous montre, par ses yeux, plus étendu encore, plus grandiose. Cette statue est en bronze vieil or, elle a 16 mètres de hauteur et repose sur un piédestal de 7 mètres ; œuvre du sculpteur Bonnassieux, elle a été fondue avec le bronze des canons pris à Sébastopol, et dressée, inaugurée en 1860. La Vierge-Mère porte dans ses bras l'enfant Jésus, elle affecte la sérénité pleine des vierges de l'École flamande, plutôt que la divine suavité des madones italiennes : elle peut être l'idéale figure de la Maternité, elle n'est pas, ce nous semble, l'expression plastique de la Reine du ciel. Le divin bambino est charmant.

Près de Notre-Dame s'agenouille la statue en bronze — due au même artiste — de M. J. de Morlhon, évêque de la ville, décédé en 1862 ; autour gisent des canons russes. Mais ce qui est beau, c'est la ville dégringolant au-dessous du rocher, et se tassant dans le val ; ses environs tourmentés, diaprés ; une rivière diamantée fuyant sous les saules ; le cône gigantesque de l'Aiguilhe, couronné de son antique chapelle romane de Saint-Michel ; les collines et les ruines d'Espaly et de Polignac ; au loin, la vallée de la Loire, un cirque immense de volcans éteints et de laves accumulées.

Descendons la montagne par un autre versant : des rues tortueuses et pittoresques nous ramènent dans la ville basse, en face de sa plus ancienne limite : la porte Pannesac, solide encore, gardant ses meurtrières, ses mâchecoulis, sa plate-forme ronde, appuyée sur des corniches à modillons. Elle rappelle, cette porte, le passé héroïque du Puy en Velay, aujourd'hui si paisiblement bourgeois, jadis toujours agité, actif, belliqueux. Au moyen âge, dominé par ses évêques, tantôt il combat sous leur direction les pillards féodaux d'alentour, tantôt il se révolte contre leur autorité oppressive. Le 15 février 1217, il chasse, par une émeute

TOUR OU PORTE PANNESAC

spontanée, l'évêque Robert de Melun, et ne consent à le recevoir de nouveau qu'après en avoir obtenu la charte communale de 1248. Dans la seconde moitié du siècle, il est le siège élu, populaire, d'une association religieuse, les *Capuciés* ou *Chaperons blancs*, où s'enrôlent nobles, bourgeois, vilains, paysans, afin de se défendre, par leurs seules forces coalisées, contre les

Brabanciers ou routiers, gens de guerre sans emploi, à la solde du premier venu, mais surtout gens de rapines et de meurtre. Pendant la guerre de Cent ans, fidèle au roi de France, il résiste victorieusement aux Anglais comme aux Bourguignons. Aux jours troublés de la Réforme, il repousse, en 1562, un siège de cinq jours, commandé par le sieur de Blacons, lieutenant du terrible baron des Adrets, et un second siège, en 1585, par le duc de Châtillon. Mais, tombé aux mains des ligueurs les plus fanatiques, il repousse aussi Henri IV, et, toujours en alerte, toujours en armes, ne se rend qu'au mois d'avril 1596. La porte Pannesac, témoin de ces grands coups, de ces arquebusades, célèbre les rudes épreuves de la vieille cité.

Près de la porte Pannesac, sur une petite place, se dresse la statue en bronze du général marquis Georges de la Fayette, représenté jeune, debout, en costume de commandant en chef des gardes nationales; elle est signée du sculpteur Hialle. Issu d'une famille ancienne et considérable du pays, et né au château de Chavagnac, dans le département, le citoyen-général avait tous les droits possibles à cet hommage, qu'on lui a rendu en 1878.

La ville honore un autre capitaine de plus haute renommée : du Guesclin, qui la délivra des grandes compagnies. Mort au siège de Châteauneuf de Randon, en Auvergne, il fut ramené au Puy, embaumé, exposé dans l'église Saint-Laurent, où, tandis qu'on transportait son corps à Saint-Denis, ses entrailles reçurent la sépulture. Ce tombeau existe. C'est un sarcophage de pierre lisse, orné des armoiries du grand homme et surmonté de son effigie, couchée, les mains jointes, tout armée. « Ci gist », dit l'épitaphe gothique :

> HONORABLE H^e ET VAILLĀ
> MESSIRE BERTRĀD CLAIKIN
> COMTE DE LONGUEVILLE
> JADIS CONNESTABLE DE FRANCE
> QUI TRESPASSA
> L'AN MIL CCC LXXX LE XIIIe JOUR DE JUILLET

Bien près du Dolezon et du Tour-de-Ville, à cent pas de Saint-Laurent, le dyke de l'Aiguilhe élance à 85 mètres d'altitude un cône de laves stratifiées, coulées en facettes innombrables, que tapisse un lichen jaunâtre. De la base au faîte s'enroule et rampe contre les parois un escalier de deux cent quarante-neuf marches taillées dans le roc, et conduisant d'abord au Baptistère d'Aiguilhe, puis à l'église Saint-Michel, juchée au sommet. Jadis, les fidèles devaient le monter à genoux. Le Baptistère est une chapelle octogonale du douzième siècle, d'une forme charmante, romane et byzantine ; la tradition locale ou peut-être une méprise d'archéologue lui a fait donner le nom de Temple de Diane, sous lequel il est mieux connu. L'église Saint-Michel, beaucoup plus ancienne, construite du neuvième au dixième siècle et lieu célèbre de pèlerinage, ouvre de nos jours, une fois l'an, à la fête de l'archange, une entrée des plus curieuses, tout ornée de rinceaux enguirlandés, moulures et bas-reliefs d'un style moresque et byzantin, donnant issue sur une nef voûtée en berceau, dont l'arc surbaissé s'appuie à de massives colonnes renflées, selon le goût de l'époque mérovingienne.

.....Maintenant, si l'on continue le Tour-de-Ville, par la route de Brives, il se peut que l'on remarque sur la face du Corneille certain profil de Henri IV, s'enlevant sur un fond noir, et plus loin, dans une autre direction, les têtes de Sertorius et d'Annibal Barca... admirables attractions découvertes par les guides. Mais l'heure nous presse, et, sous peine de manquer la diligence, il nous reste peu d'instants à passer au Musée, très intéressant et largement installé dans un grand parc.

Parmi d'assez bons moulages de sculpture, — dont les meilleurs reproduisent l'œuvre de Julien, né dans les environs, la première salle renferme quelques originaux, entre autres un superbe groupe en bronze de Barye : *Le Combat des Lapithes et des Centaures*. Des sculptures romaines provenant d'un temple édifié sur l'emplacement de la future cathédrale, des bas-reliefs, des statues, des frises mythologiques, remplissent la salle suivante. A côté, des *vues*, scientifiquement imaginées, représentent le Puy aux diverses phases de sa formation : ainsi, dans un tableau saisissant, le mont Anis, cratère en éruption, vomit des flammes et des scories sur une terre déserte, bouleversée, inondée par des torrents. — Ailleurs, des vitrines protègent de très vieilles dentelles, d'un travail minutieux et d'un goût recherché. En des armoires sont exposées toutes sortes de

BAPTISTÈRE D'AIGUILHE OU TEMPLE DE DIANE

poteries de la Renaissance, une vaisselle d'étain blasonnée, un trône épiscopal, des armes.

Au premier étage, le vestibule offre la reproduction des célèbres peintures murales de la cathédrale, de l'abbaye de la Chaise-Dieu et du château détruit de Valprivas. Celles-ci imaginent le *Jugement dernier*, idée fixe, obsession permanente du moyen âge : des morts ressuscitent ; sous un suaire à demi levé un squelette, encore incomplet, replace sur ses épaules sa tête aux yeux pleins de l'horreur du tombeau ou de l'étonnement de la vie nouvelle.

La galerie de tableaux occupe deux salles. Sont-elles bien du Caravage, de Jules Romain, du Guide, de Ribera, du Tintoret, de Rubens, de Porbus, de Van Dyck, etc., les toiles attribuées à ces maîtres? Une réponse demanderait toute une étude critique. Du moins Téniers le jeune, Huysmans, Mieris, Terburg, Fragonard, Largillière, Lagrénée, nous semblent figurer ici par des œuvres moins contestables.....

En route pour le Monastier!...

..... De l'Ouest à l'Est, la diligence traverse le *Creux du Puy*, ce val, d'une grâce fruste et charmante, que forment les vallées de la Borne, du Dolezon et de la Loire. Et la petite voiture jaune monte et descend, à la paisible allure de deux coursiers d'Auvergne, les longues pentes du plateau. A moins de cinq cents mètres, elle rencontre le fleuve, le passe au village de Brives-Charensac, où les Chartreux, amis des hauteurs, avaient jadis un couvent. Puis, s'engageant dans un défilé profond, elle en suit la rive droite. Cahin-caha, elle roule, essoufflée, sur d'âpres versants.

A chaque pas, des montagnes, scories, laves, trachites, basaltes, granits, cratères sans feu ni fumée, ferment l'horizon dentelé par leurs formes étranges. A gauche, le Mont-Doue s'élève; plus haut s'élancent les cônes de Serpissac; à droite le Rocher-Rouge dresse un véritable obélisque de basalte tapissé de lichens orangés. Encore plus haut, ou plus bas, d'autres escarpements se succèdent, non enchaînés, capricieux, rudes, puissants, tachetés d'une végétation pauvre, rare, plus souvent nus. Lentement, à force de siècles, la Loire s'est frayé un lit à travers ces roches sombres et dures, les écartant, les déplaçant, les rongeant comme une lime, se glissant entre elles comme une anguille ou bondissant par-dessus comme une chèvre. Dans son passage elle les a recouverts d'une couche de marne et d'argile, où des peupliers, des saules, des aulnes, penchés sur ses bords, ont trouvé la vie.

Que la voiture, pour laisser un moment respirer les chevaux, s'arrête non loin de Coubon, vous aurez le temps d'admirer des paysages aussi verts, aussi frais que la route est aride et desséchée. Sur les collines environnantes, quelques ruines; dans le village, des antiquités de l'époque gallo-romaine attestent une prospérité lointaine et déchue. Contre le fleuve, sur le culmen d'une roche escarpée, le château féodal de Bouzols, adosse à une forteresse du onzième siècle un logis du quinzième comprenant une chapelle de style fleuri, ornementée et peinte au début de la Renaissance par de mystiques et gracieux primitifs.

Il sera nuit quand nous toucherons au Monastier;

puissions-nous alors, comme le poète, compter parmi les plaisirs du voyage :

> L'espoir d'arriver tard en un sauvage lieu.

CHATEAU DE BOUZOLS

Car il n'est rien de moins engageant que ces bourgades du Velay, tassées dans les montagnes, quand le soleil ne les éclaire pas.

Le jour les montre sous un aspect plus agréable, non

pas régulières ni très propres, mais pittoresques et souvent décorées de vieux édifices construits en pierres de roche et de lave inaltérables. Tel est le Monastier, jadis — son nom l'indique — petite ville religieuse. Au

LA PLACE DE LA FROMAGERIE AU MONASTIER

septième siècle, un comte d'Auvergne, Calminius, y fonda une abbaye de bénédictins, qui fréquemment attaquée par les Sarrasins, par les routiers, et défendue par les vicomtes de Polignac, fut enfin ruinée dans les guerres de religion. Il en subsiste une église romane à portail byzantin, dont l'intérieur renferme une jolie chapelle de la Renaissance, un tombeau de pierre sculpté, et le buste en chêne plaqué d'argent de saint Théofrède.

Du Monastier, un attelage pittoresque vous emmène aux sources : deux mules coiffées de trois plaques de cuivre brillant sur le front et les tempes, et les oreilles, la crinière, le museau harnachés de gros flocons de laine multicolores. Leurs sonnailles égayent le vallon devenu plus triste, les monts arrondis en dômes plus énormes. Les cimes dénudées du Baschet, du rocher Tourte, du mont Louit, d'autres roches, d'autres montagnes se profilent au loin. On entre dans cette rude contrée du Mégal, dont les habitants, jadis si redoutés par leur caractère jaloux, susceptible, vindicatif et superstitieux, ne se réunissaient jamais, même à l'église où au prêche, sans emporter leurs fusils, et se servaient de la *coutelière* à tout propos, comme un Espagnol de sa navaja. Ces mœurs s'adoucissent. Pourtant, s'il vous prenait la fantaisie d'entrer dans un bal champêtre où *lou garsous* sautent en cadence avec *le feinnas*, ou l'un avec l'autre, gardez-vous de railler la bourrée, de trop courtiser une gentille paysanne, — il pourrait vous en coûter la vie.

Voici le Mezenc, géant facile et débonnaire, que l'on gravit à l'ombre des bois, en foulant des fleurs aromatiques, des prés ou croissent la digitale jaune et pourprée, l'hièble, l'ellébore. Du sommet, où s'évasait un cratère, les regards s'étendent sur les trachites et les laves qu'il a vomies, accumulées sur le Velay en masses énormes, et, bien au delà, si le ciel est sans nuages, ils découvrent le mont Dore, le puy de Dôme, les Alpes, le mont Ventoux, les gorges des Boutières...

Êtes-vous fatigué? Les Estables, au pied du Mezenc, a, parmi ses chaumières, une auberge confortable destinée aux voyageurs, qui peuvent également, plus au Sud, se reposer dans les granges de l'ancienne char-

LE BÉAGE

treuse de Bonnefoy, et encore, tout à fait à l'Ouest, sur les bords de la Veyradère, s'arrêter au Béage.

Du Béage, la stature ramassée, voûtée, du Gerbier de Joncs se voit distinctement; on y touche, on y est.

Moins élevé que le Mezenc, le Gerbier de Joncs — 1,562 mètres d'altitude — est aussi plus escarpé. Armez-vous de patience, s'il vous plaît de tenter l'ascension de ses larges flancs trachytiques, rocailleux, infertiles. Et vous ne trouverez au sommet que des joncs croissant en touffes épaisses sur un marécage désolé !

Mais la source de la Loire est là, devant vous, à cinq cents pas du mont, au Sud-Est. Cette petite fontaine, qui surgit d'entre les pierres volcaniques et coule limpide et douce, et se creuse une rigole dans les pelouses inclinées du frais vallon de Sainte-Eulalie, c'est elle.

LE MONT GERBIER DE JONCS

Elle jauge en cet instant 14 centimètres, ni plus ni moins, cent pas plus loin, elle mesure 2 pieds de large,

SAINTE-EULALIE

et 5 à 6 pouces de profondeur. Ainsi commence humblement le plus grand fleuve de la France. Il naît sans bruit dans un site sans grandeur, pareil à un ruisseau ; mais ce ruisseau, peut-on le voir sans être ému, sachant qu'il va, puissant agent de civilisation, fertiliser d'immenses campagnes, vi-

vifier d'illustres cités, enrichir, animer la Patrie !...
Issu des gras pâturages de Sainte-Eulalie, le fleuve descend directement vers le Nord, et nous le suivons. De nouveau les hauteurs abruptes nous environnent, elles entourent, mettent au fond d'une coupe ovale le grand lac d'Issarles, dont les eaux transparentes réfléchissent à quatre cents pieds de profondeur les murailles de granit d'un volcan éteint. Au delà, partout, les villages se perchent sur des cimes ; pauvres villages, où cependant on vous offrira l'hospitalité, pourvu que vous ne craigniez pas de coucher dans le tiroir d'une alcôve-armoire, enchâssée dans la muraille.

PREMIER PONT SUR LA LOIRE, PRÈS SAINTE-EULALIE

Entre ces misérables bourgades ressort le beau paysage d'Arlempdes : la Loire roule en torrent au pied d'une coulée basaltique, dont la partie supérieure dessine un temple grec ; un château-fort accroche aux parois de cette coulée de hautes tours, noires, ébréchées ; deux montagnes enferment ce nid d'aigle dans un étau de granit.

Notre route se continue par la rive gauche. Et, dans l'obscurité bruissante et mystérieuse des collines, où nos plus lointains ancêtres ont creusé des grottes, nous retournons vers le Puy. Plus d'une curiosité naturelle nous écarte du chemin : la cascade de la Beaume, que forme l'Ourzie, avant de se perdre dans le fleuve; le

CHATEAU D'ARLEMPDES

Pavé des Géants, énormes fragments de basalte, épars sur le sol, comme les ruines d'une ville bouleversée, et tout parsemé de frênes, de chênes, de trembles et d'érables poussés dans les interstices.

Les environs du Puy nous retiendront quelque temps : ils sont d'une originalité délicieuse. C'est d'abord, dans la vallée de la Borne, Espaly. Au milieu du Rioux-Pezouliou, où l'on trouve la poudre d'hyacinthe et la pierre d'agate, un rocher porte l'Ermitage de Saint-Joseph, surmonté de l'immense effigie du saint; tout près, une coulée de phonolithes se rangent en colonnes verticales, comme des tuyaux d'orgues ; sur un rocher voisin, un donjon démantelé est tout ce qui reste du « petit chastel » où, suivant Enguerrand de Monstrelet : « En l'an mil quatre cent vingt-deux, au mois d'octobre, furent portées les nouvelles du trespas du Roy Charles le Bien-Aimé au duc de Touraine, Daulfin, son seul fils, quel Daulfin

ORGUES D'ESPALY

oyant les nouvelles dessus dictes en eut au cuer grant tristesse, et pleura très habondamment. Et prestement, par l'ordonnance de son Conseil, fu vestu de noir, pour la première journée, et lendemain, à sa messe, fu vestu d'une robe de vermeil. Et y avoit plusieurs officiers d'armes vestus de leurs blasons, sy fut lors levée une bannière de France dedens la chapelle, et adonc lesditz officiers commencèrent à cryer hault et cler, par plusieurs fois : Vive le Roy ! Après lequel s'y fu fait l'office de l'Église. Et n'y fu fait pour lors aultre solennité. Et, de ce jour en avant, tous ceulx tenan son party le nommèrent Roy de France. »

Plus au Nord, dominant de très haut le pays que traverse la route de Brioude, Polignac porte au sommet d'un roc les ruines imposantes du château possédé pendant des siècles par les plus redoutés seigneurs du Velay. Il plane sur le berceau de cette famille illustre les plus curieuses légendes. Des Gaulois, contemporains de Jules César, l'auraient défendu contre les conquérants des Gaules; un temple d'Apollon ayant remplacé la citadelle gauloise, l'empereur Claude serait venu, l'an 47, en consulter l'oracle!... Que font aux Polignac ces douteuses origines? La renommée de leur maison s'appuie sur des titres non moins fameux et plus certains. Féodaux puissants, chefs de routiers, ennemis ou rivaux des évêques du Puy et des abbés de la Chaise-Dieu, ayant droit de battre monnaie, témoin les *viscontines* si recherchées des numismates, capables même de guerroyer contre le roi, mais trouvant plus sage de s'allier à la couronne contre l'Église, ils avaient à jamais gravé leurs noms dans les annales du Velay avant de l'inscrire dans l'histoire de France en caractères ineffaçables!

Aujourd'hui, Polignac est, avant tout, le rustique village où conduit une chaussée montueuse; au-dessus du village sont les ruines, toujours menaçantes, car elles s'écroulent. On y va par un sentier de chèvre. Enormes, hautaines, elles reposent sur un rocher carré, si abrupt qu'il eût suffi de quelques pans de murs pour s'y rendre inattaquable. Des concierges vous font voir le donjon, où des arceaux gothiques se croisent avec élégance ; la chapelle, dallée de tombeaux renversés, dont les ossements traînent dans la poussière et les débris, et ce fameux *Abîme* ou *Puits de l'Oracle*, profond de 83 mètres, que recouvrait un masque de

CHATEAU DE POLIGNAC

dieu païen — d'Apollon, peut-être — gisant, la bouche béante, sur le sol.

Que d'exquises sensations vous réserve encore une promenade dans la vallée de la Borne !

Aux Estreys, la rivière argentine, enfoncée dans une gorge isolée, cascade sur des rochers énormes et des bois de pins se mirent dans ses eaux vives. A côté, le mont Denise recèle de merveilleux fossiles. Aimez-vous les manoirs d'autrefois, parés de tourelles pointues, enfouis dans les sites paisibles ? On en rencontre ici à chaque pas, à Saint-Vidal, à Borne, à Nolhac, où l'on a établi une ferme modèle. Mais de tous, le plus charmant nous semble être celui de la Roche-Lambert, si bien isolé du chemin banal qu'il faut demander au passant où il se trouve. Le passant vous montre la jolie rivière du Bourbouillon, vous la suivez, vous pénétrez dans un val où elle mène grand bruit, entre des rochers et des bois. La Roche-Lambert se colle à ces rochers, des grottes s'ouvrent à sa base, ses tourelles d'angle plongent dans le vide, ses flèches piquent le ciel, sa façade toute mignonne et toute simple est dans le goût de la Renaissance avec de petites fenêtres carrées ; elle

CHATEAU DE LA ROCHE-LAMBERT,
PRÈS DU PUY

rit dans la solitude. L'aimable demeure est accessible au curieux. Qu'il franchisse seulement la passerelle jetée sur le Bourbouillon et sonne à une porte basse armoriée où se lit la devise :

> Ny crainte, ny envy.

Les appartements sont meublés dans le pur style Louis XIII. Plafonds aux lourdes solives, tapisseries aux nuances éteintes, meubles d'ébène et de chêne légèrement piqués des xylophages, peintures murales, panneaux sculptés, sièges de cuir gaufré répondent à la fortune modeste d'un gentilhomme campagnard du dix-septième siècle. Tout cela, et des ouvrages de broderies, des armures, des miniatures et mille colifichets démodés composaient l'héritage séculaire d'une famille disparue après une assez longue période de prospérité, laissant son domaine au plus riche industriel de la Normandie, M. Pouyer-Quertier.

Tout près de la Roche-Lambert est un gros bourg que les archéologues n'oublieront pas : Saint-Paulien, l'antique Revessium, ou Ruessium, des Vellavi, première cité chrétienne et métropole du Velay, sous le nom de Vellava. Ses fermes, ses chaumières très sales, en des rues infectes, sont bâties en pierres de taille provenant de constructions romaines. A côté passait la Via Bolena, tracée sur les cartes de la Gaule impériale, et que les paysans nomment encore Vio Bouleno. Des débris de marbre, des sculptures, des inscriptions romaines où s'exercent la sagacité des érudits, sont encastrés dans les murs de l'église et de la chapelle abandonnée de Notre-Dame du Haut-Solier. Sur la place de l'Église, une grosse pierre — *Peyro dou Tresvirs* — offrant trois têtes sculptées, marquait, dit-on, le champ des supplices ; sur la même place, le buste du gracieux sculpteur

CHATEAU DE LA VOUTE-SUR-LOIRE

Julien, né dans le village, décore une pauvre fontaine.

Il s'agit de revenir à la vallée de la Loire. Ce n'est pas chose aisée ; il faudrait contourner les roches granitiques du mont Courant ; or, les chemins vicinaux sont rares, les sentiers hasardeux, on n'évite pas les champs labourés ou les collines infranchissables ; mieux vaut regagner le Puy par la grand'route ou le chemin de fer.

La grande vallée du fleuve élargit, multiplie les paysages imprévus, extraordinaires, entre le confluent de la Sumène, sortie des gorges sauvages du Mégal pour entrer dans celles de Peyrédère, et le château mi-gothique et Renaissance de la Voûte-sur-Loire. A l'Est, par-delà un chaos de laves, de granits, de trachytes

BORDS DU LIGNON

moulés en colonnades, en aiguilles, en cônes, en dômes, se dressent les monts Plan, Pidgier, Lozégal, Jaurence, autant de volcans éteints que domine le Mégal, imposant et glacé... A s'engager dans les innombrables défilés de ces montagnes, on irait à Yssingeaux, chef-lieu d'arrondissement presque dénué d'intérêt, mais pittoresque comme le sont certaines petites villes éloignées des centres, dont la civilisation n'a pas encore altéré l'originalité.

Chamalières, sur la rive droite du fleuve, au-delà de la plaine fertile de l'Emblavès, qui fut un lac, a sa belle église du dix-huitième siècle ; à Retournac, les ruines du château d'Artias se hissent fièrement sur une colline de sept cents mètres, que le mont Miaume surplombe encore de trois cents mètres. Ici, la Loire atteint sa pente

CHATEAU DE LA ROCHE-BARON

maxima. Elle se grossit, à Bauzac, des eaux du Lignon, de ce Lignon du Sud, aux rives verdoyantes, qui, né dans la chaîne des Boutières, arrose les contrées les plus froides peut-être de toute la France. Auprès de Bas en Basset, elle entoure l'île chevelue de la Garenne d'où sont voisines les belles ruines escarpées du château de Valprivas, ou de la Roche-Baron, édifié sous Charles VII.

A droite du railway, sur un coteau au bas duquel se réunissent les torrents du Folletier, Monistrol garde un château du temps de Louis XII et de la Renaissance, où les évêques du Puy allaient en villégiature. Mais

MONISTROL-SUR-LOIRE — RESTES D'UNE ABBAYE

nous sommes au bout de notre premier voyage. Le fleuve et le chemin de fer, qui se tiennent compagnie, vont l'un et l'autre quitter le Velay pour entrer dans le Forez. Accordons-nous le plaisir de stationner un moment au petit village féodal d'Aurec, non loin des restes magnifiques de Saint-Paul en Cornillon, et, pour la der-

nière fois, admirons, dans un paysage unique, combien
les sites farouches, qui répondent à la jeunesse de la

SAINT-PAUL EN CORNILLON

terre, s'harmonisent avec les œuvres du moyen âge, qui
répondent à la jeunesse de l'humanité.

CHAPITRE II

GÉVAUDAN — LIMAGNE

Tout à l'heure, bien près encore de la source de la Loire, assis sur la plate-forme branlante du château ruiné d'Arlempdes, nos regards découvraient les cimes bleues des monts du Velay, s'enchaînant dans la direction du Nord-Ouest, à deux ou trois lieues de distance.

Ces monts du Velay, nous les touchons maintenant du doigt. L'un des chemins qui rayonnent autour du Puy nous ramène dans la contrée où ils s'élèvent, dans la pauvre et sombre contrée du Gévaudan. C'est un antique pays, *Gabalitanus* ou *Gavuldanus pagus*; depuis l'époque lointaine où les Gabali l'habitaient, ses mœurs toutes simples et rustiques ne semblent guère avoir changées. Jadis comté féodal, indépendant de l'Aquitaine, et possédé par les puissants comtes de Toulouse, l'un de ces comtes, Raymond IV, plus connu sous le nom de Raymond de Saint-Gilles, partant pour la croisade où il se conduisit en preux chevalier, aliéna cette portion de ses domaines et ne put la dégager, étant mort en Syrie, vers l'an 1105. Rattaché au royaume de France, le Gévaudan fut réuni au Languedoc et soumis au gouverneur de cette province. C'est là toute son histoire, du moins pour la région où nous sommes, car nous n'avons pas à parler des évêques féodaux de Mende, ni des luttes qu'ils eurent à soutenir, ni des pillages des routiers, ni des violences des calvinistes....

Ici, le Passé a glissé légèrement, sans laisser trace. Des montagnes rudes et incultes, des forêts profondes, demi-sauvages, éloignent les hommes, étouffent la vie, repoussent la civilisation. La population y fut toujours assez rare et les rochers plus nombreux que les chaumières.

Entre les monts du Velay, nus et calcinés par cent cinquante volcans éteints, épars ou groupés, et les monts de la Margeride, drapés de forêts épaisses, l'Allier roule un torrent où se reflètent d'un côté les granits, de l'autre les massifs de sapins, de hêtres, de chênes. A force d'impétuosité, il se fraye un passage à travers les piédestaux granitiques, hauts de mille à douze cents mètres, qui supportent des cratères aux tons de cendre, et les coulées de lave, de basalte vomies par ces cratères.

Le railway de Paris à Nîmes côtoie la rivière, au prix de quelles difficultés vaincues, de quels patients travaux ! Partout il a fallu, sur le pas du

..... taureau de fer, qui fume, souffle et beugle,

éventrer la montagne, scier la roche, enjamber l'abîme, la cascade ; les viaducs succèdent aux viaducs, les tunnels aux tunnels, et le voyageur qui traverse en wagon, non sans regret, ces sites tourmentés

> Ne respire et ne voit, dans toute la nature,
> Qu'un brouillard étouffant que traverse un éclair !

Bienheureux, le piéton ! Il marche aussi longtemps que ses jambes peuvent le porter, il se repose où il trouve un abri et la fatigue le rend accommodant sur la qualité des vivres et du logis. Dans le Gévaudan, un bon estomac et des jarrets solides sont indispensables ; les villages sont clairsemés ; souvent des montagnes les séparent.

Mais qu'il prenne garde de voyager pendant l'hiver ou les saisons d'équinoxe. Le froid sur ces hauteurs est terrible. Dès le mois de septembre, la neige se condense, s'abaisse en nuages gris : elle tombe bientôt en lourds flocons, ensevelissant la montagne d'un blanc suaire ouaté, silencieux, que l'été même ne parvient pas à fondre complètement. Bien des fois, malgré le soleil de juin, la tempête reformée dans l'espace glacé s'abat sur les récoltes mûrissantes. Sous ce dur climat, l'homme a peu de beaux jours, peu de chaleur et de joie. Replié sur lui-même, il est triste et laconique, mais robuste, sobre, économe, chasseur intrépide, hospitalier sans prévenance et bienveillant sans effusion.

Les petites villes, les villages du Gévaudan septentrional n'ont point de physionomie dictincte. Groupes de maisons, de chaumières, économiquement bâties en pierres de lave ou de basalte, bordant des rues étroites, ordes, mal pavées ou non pavées du tout, foulées par les attelages à bœufs, ils se ressemblent ; on se hâte de les quitter, après les avoir entrevus. Pourtant, on n'oublie pas le rude escarpement où les deux mille habitants de Pradelles fabriquent des blondes tissées en soie, or, argent, laine, lin ou coton. Il sévit, à cette altitude de douze cents mètres une température si dure, si variable, que c'est, disent les gens, l'endroit le plus froid de la France.

De Pradelles au village infime d'Alléras, situé quatre lieues plus haut, vers le Nord, rien à observer ; mais tirons un peu vers l'Est. Deux heures de marche à peine nous conduiront à l'une des curiosités naturelles du pays : le vaste lac du Bouchet, dont les eaux froides, calmes et limpides, remplissent le cratère d'un ancien volcan. Nappe immobile et miroitante, où s'écoule par infiltrations le trop-plein des cascades voisines, il décrit un cercle d'une régularité parfaite. Des collines boisées dominent ses bords, un sentier en fait le tour ; il est poissonneux, et si naguère on n'y pouvait amorcer que des ablettes et des vérons, auxquels le plongeon et le cormoran faisaient aussi bonne pêche, aujourd'hui c'est différent ; depuis 1865, un établissement départemental de pisciculture essaye d'y acclimater des espèces étrangères, et lentement réussit.

Bien à l'ouest du lac du Bouchet, de l'autre côté de l'Allier, Saugues sur la Seuge, est le centre d'une région charmante dans sa petitesse, très accidentée, avec des eaux vives, de fraîches vallées, des forêts presque vierges, des grottes, des cascades, des passerelles sur ses cascades, des amas de chaumières perchées sur des roches ; bref, tout ce qui lui a valu le titre un peu ambitieux de petite Suisse, ou *Suisse de la Margeride*. Saugues, ville fortifiée jadis et ruinée pendant la guerre de Cent ans, est le point de départ de plus d'une excursion attrayante. Aux environs, de nombreux châteaux gothiques dressent leurs murailles démantelées ; à quatre kilomètres en aval, résonne la belle chute d'eau de Luchadou, que produit la Seuge ; plus près, un édicule singulier, que la tradition nomme le *Tombeau de général anglais*, intrigue les archéologues du terroir : quatre colonnes de quatre mètres de hauteur reposant sur une base cubique et supportant une voûte en ogive ne sont pas en effet chose ordinaire et venue là par hasard ; sans doute quelque émule de Chandos et du Captal de Buch y reçut la sépulture.

Monistrol d'Allier, dans les grottes de l'Escluzel, abrite de pauvres bergers. Saint-Arcons d'Allier a de belles colonnes de basalte, rangées en tuyaux d'orgues comme celles d'Espaly ; à Langeac, l'église, du quinzième siècle, renferme quelques œuvres d'art du moyen âge ; Chanteuge, tout à côté, conserve les restes d'une abbaye et une bien jolie chapelle de la Renaissance, nommée *Chapelle de l'abbé*. A l'Ouest, non loin de Pinols, triste chef-lieu de canton d'un millier d'habitants, vécut, il y a plus d'un siècle, la bête fauve et meurtrière, la fameuse louve, qui marque si bien une date dans les annales du Gévaudan, que le pays est surtout célèbre à cause d'elle.

Cet animal presque fabuleux, dont les exploits contés dans les papiers du temps rappelaient ceux des monstres immolés par les Hercule et les Thésée, fut tué près des bois de la Margeride, au-dessus du village d'Auvers, dans la paroisse de Nozeyrolles comme en témoigne un curieux opuscule, la *Lettre écrite d'Auvergne le 6 juillet 1767 à M. le comte de... au sujet de la destruction de la vraie bête féroce, de sa femelle et de ses cinq petits qui ravageoient le Gévaudan et ses environs*, exploit accompli par le marquis d'Apchier. — La bête, suivant le narrateur, avait dévoré trois cents personnes ; elle excitait d'épouvantables terreurs, et donnait lieu à d'étranges superstitions : « Quelques bonnes gens croyoient que c'étoit un sorcier, ou tout au moins quelque *juge* des environs ; ceux qui l'avoient vue par derrière disoient que c'étoit un loup ; ceux qui l'avoient vue par devant assuroient que c'étoit un animal inconnu... »

On n'a plus revu de louve pareille, mais les loups sont nombreux encore dans les forêts de la Margeride, et le froid, la faim les chassant de leurs repaires par bandes voraces, ils vont chercher aventure autour des bergeries, où se fait spécialement l'élevage des moutons-bisets.

La Voûte-Chilhac marque à peu près les limites du Gévaudan. Au delà, c'est la basse Auvergne, c'est la terre grasse et fertile de Brioude, c'est bientôt la Limagne. Vers l'Orient, à l'écart de notre route et sur celle de la Chaise-Dieu, près du pittoresque village d'Allègre, où deux énormes tours féodales exhaussent un mont de granit, le cratère de Bar séparait jadis le Velay de l'Auvergne. Semblable aux cratères refroidis d'Issarlès et du Bouchet, celui-ci a contenu un lac. De pâles bouleaux, des genêts enfonçant leurs racines sur un sol tourbeux, croissent où dormait, au sommet d'un cône tronqué, dans une vasque arrondie, une immense pièce d'eau immobile. Une forêt de hêtres couronne le mont, s'épand en ondes impénétrables sur ses flancs parsemés de laves et de scories. Si vous demandez comment s'est tari l'antique lac de Bar, on vous dira qu'une pesée pratiquée de main d'homme, on ne sait à quelle époque, l'a fait s'écouler dans la Borne. Mais il court par le pays une explication moins vraisemblable : selon cette légende, les gens de Forez, se plaignant des orages que le lac attirait et déversait sur leurs têtes, seraient venus à main armée le dessécher avec du vif argent.

Puisque nous sommes sur le chemin de la Chaise-Dieu, nous irons dans cette petite ville au nom singulier. Nous gravirons par de lents versants le plateau de granit où elle groupe mille habitants, dans un lieu glacial que de terribles *écires* ensevelissent sous la neige pendant l'hiver, et dont l'été, venu presque sans printemps, ne dure guère plus de deux mois. Nous irons, ayant à nos côtés des bois d'arbres verts au-delà desquels les monts de l'Ardèche se fondent dans un lointain vaporeux, très doux.

La Chaise-Dieu, cela signifie la maison de Dieu ; c'est la corruption auvergnate des mots latins : *Casa Dei*. Là, florissait avant 1789 une abbaye illustre dont l'église, le cloître, les vastes dépendances sont encore debout, entre les vestiges des fortifications qui l'entouraient. Vers l'an 1040, elle commença par un ermitage, fondé par saint Robert, fils du comte d'Aurillac, et deux de ses disciples : une bulle du pape Léon IX, une charte de Henri Ier, érigèrent l'ermitage en abbaye de bénédictins. Elle eut de grands biens, elle fut puissante ; huit abbayes d'hommes se reconnurent ses vassales. L'un de ses abbés, Roger de Beaufort-Canilhac, devint pape sous le nom de Clément VI, et y fut inhumé.

De 1378 à 1420, l'abbé de Chanac l'entoura d'une enceinte munie de tours. Elle abritait alors trois cents religieux.

Opulente, l'abbaye fut convoitée par la plus haute noblesse, eut parmi ses chefs un la Rochefoucauld, un d'Armagnac, un cardinal de Tournon ; des rois, Henri II, Charles IX, la donnèrent en bénéfice à leurs bâtards. En 1562 le sire de Blacons, lieutenant du baron des Adrets, en fit le siège ; toute ruinée, elle tenta néanmoins bien d'autres personnages : Richelieu, Mazarin, le cardinal Serroni, et le trop galant cardinal-archevêque de Strasbourg, Louis de Rohan, scandaleux héros de l'af-

LA CHAISE-DIEU

faire du collier, son dernier abbé commendataire. Depuis 1640 elle appartenait à la Congrégation de Saint Maur.

Les restes de l'abbaye prouvent son ancienne splendeur. Ce sont, en des cours immenses, de grands, de hauts édifices en pierre de taille, capables de loger plusieurs régiments ; ils sont presque vides, inutiles, béants et solides. Des tours carrées pourvues de herses en précèdent les portes. L'église est un superbe vaisseau d'une grandeur démesurée : à son chevet s'accote la tour énorme dite Clémentine, où les moines et les habitants se réfugièrent pendant le siège de 1562. Un large escalier de quarante-huit marches, dont la plateforme est au niveau du puy de Dôme, monte au portail ogival, encadré de deux tours et orné d'arcatures et de niches serrées entre de massifs contreforts.

Le narthex, dallé de pierres tombales, est d'une belle ampleur ; on y marche sur des épitaphes anonymes : *Obiit die* 2 *Octobri* 1785... *Obiit die* 12 *Martis* 1624... Des ossements inconnus achèvent de se pulvériser sous ces inscriptions laconiques, presque effacées. On admire le buffet d'orgues soutenu par des cariatides engainées, d'un bon caractère, et orné de figures bibliques : hommes, rois, femmes pieuses, anges du jugement dernier, sculptés dans le bois par un habile élève de Sarrazin ou du Puget, dans le style héroïque du dix-septième siècle, avec beaucoup de verve, de grâce et de hardiesse. De lourds piliers à simples nervures supportant une triple nef, s'élèvent jusqu'à des clefs de voûte écussonnées. Le jubé est d'une extrême délicatesse. Le chœur rassemble les œuvres d'art échappées aux ravages des guerres de religion : un magnifique banc d'œuvre comprenant cent quarante-quatre stalles en bois de chêne sculpté ; au-dessus du banc-d'œuvre, un baldaquin sculpté d'une rare élégance, et au-dessous de ce baldaquin, d'admirables tapisseries tissées au seizième siècle, d'après les cartons de Taddéo Gaddi, par un artiste du pays, Jacques de Saint-Nectaire. Ces tapisseries interprètent des scènes de l'Ancien et du Nouveau Testament, le Jugement de Salomon, la Présentation de la Vierge au Temple, l'Annonciation, la Naissance du Christ, l'Adoration des mages... Figures, attitudes sont d'une charmante naïveté.

Le tombeau de Clément VI, sarcophage en marbre noir sur lequel repose la statue du pontife en marbre blanc, est d'une parfaite conservation ; nous lui préférons cependant celui de l'abbé Réginald de Monclar, entouré de jolies statuettes. Un autre tombeau, nous intéresserait, il renferme, dit-on, les cendres d'une mystérieuse Edith, reine d'Angleterre, qui ne fut pas la douce Edith au cou de cygne, et que l'histoire n'a pas connue, mais l'effigie en est mutilée, énigmatique, comme l'existence de la défunte. Tout près de ce mausolée, les murs sont revêtus de peintures à fresque figurant une danse macabre, sujet commun à tant d'églises du moyen âge, et traité ici avec assez de fantaisie mélancolique.

Des sommets de la Chaise-Dieu on entrevoit la vallée où la Dore arrose Ambert, Olliergues, et la Dolore, Arlanc. Contrées pauvres, infécondes, la culture y produit peu, les industries du tissage et du fer n'y suffisent pas à nourrir les indigènes, et, chaque année, du mois d'octobre au mois de mai, ils émigrent par milliers dans les grandes villes, se font terrassiers, ramoneurs, scieurs de long, gâcheurs, hommes de peine, amassent un pécule et reviennent avec le soleil et les hirondelles soigner, au pays, leurs champs.

Puis la grand'route vous conduit à Brioude, ville monastique, aristocrate et bourgeoise, pétrifiée dans ses souvenirs. Des guerres nombreuses l'ont ruinée, elle a été assiégée huit fois. Pour honorer les restes du chef de légion saint Julien, décapité en 303, transportés *in vico Brivatensi*, une basilique s'élevait, aussi splendide que le Temple de Salomon, s'il en faut croire le poète-évêque Sidoine Apollinaire, et contenant la dépouille de l'empereur arverne Flavius Avitus. Cette basilique fut saccagée par les Sarrasins; une église romane la remplace, très grande, avec cinq petites chapelles demi-circulaires, rayonnant autour du dôme qui forme le chœur, deux porches énormes, deux tours massives, des terrasses à balustrades, et ces mosaïques en pierres de lave si joliment décoratives. L'intérieur offre de belles fresques mystiques, un Christ de Jouvenet.

Avant la Révolution, l'église et la ville étaient gouvernées par un chapitre de chanoines, extrêmement fier de son origine, de ses titres, de ses prérogatives et de ses revenus. Depuis le neuvième siècle, où Guillaume le Pieux, duc d'Aquitaine, l'avait composé de quatre-vingts chevaliers bannerets, tous ses membres admis, après avoir prouvé quatre quartiers de noblesse du côté paternel, prenaient le titre de comte, officiaient, pareils à des évêques, en habits violets, mitre en tête, crosse en main. Brioude garde quelque chose de ce passé, il a l'air ecclésiastique, et chacun semble, emmitouflé dans la douillette canonicale, y mener en silence la grasse vie de province.

Par delà Brioude, l'Allier et son rapide affluent, l'Alagnon, traversent les houilles de Brassac. L'aspect de ce bassin, dont les produits se consomment sur place, dans les industries d'alentour, n'est point celui des pays noirs; ses douze ou quinze cents mineurs, partagés entre le travail souterrain et la culture de la terre, portant tour à tour la cotte et la blouse, sont ouvriers et ne cessent pas d'être paysans.

Et voici l'Auvergne, riche, variée dans ses vallons, famélique et sombre sur les hauteurs. Déjà le voyageur aperçoit à l'Ouest les cimes des monts Dore, que domine de si haut et de si loin la pyramide effilée, si souvent cachée dans les nuages, du puy de Sancy. D'autres puys se pressent autour de celui-là, évasant à leurs sommets des cratères vides, ou remplis d'eau, comme les lacs Pavin, Chauvet, Montemeyre. Ignivomes aux temps préhistoriques, ils ont partout, ici et là, sur cette terre qu'ils ont façonnée, répandu des laves, des trachytes, des basaltes, distribué les reliefs puissants et stériles, les creux profonds et féconds, accumulé les basaltes en *chaussées de géants*, étendu les nappes de laves grises et poreuses des *cheires*, dressé les dykes rouges et jaunes. L'homme s'est plu, s'est multiplié dans cette région volcanique. Sur les hauteurs, dans les vallons, contre les torrents, partout des villages se nichent, bâtis avec la pierre rugueuse des volcans, pleins d'un peuple formé à l'image du sol, trapu, robuste, âpre, dur, original comme lui. Un Blaise Pascal, un Michel de l'Hospital, personnifient admirablement, celui-ci par sa droiture, celui-là par sa logique, le génie vigoureux de l'Auvergne.

Si riche déjà, quand elle n'était que l'Arverne, si florissante sous les Romains, mais tant de fois ravagée par la guerre, proie des Vandales au cinquième siècle, des Francs au sixième, théâtre de luttes sans merci entre protestants et catholiques, l'Auvergne offre plus de ruines que de monuments, plus de bourgades dénuées que de villes intéressantes.

Issoire, où nous passons, est une laide et chétive petite cité. Un siège terrible, en 1577, n'en laissa subsister que l'église, et cette église en est le seul édifice. Elle rappelle, par le style, celle de Brioude. Au dehors, entre des mosaïques, on déchiffre un curieux bas-relief figurant les signes du zodiaque, naïvement sculptés.

Au nord d'Issoire, l'Allier, rétréci par deux murs de granit et de porphyre, arrive en flots pressés dans la Limagne.

Ici, changement de décor.

Las des roches brûlées, des forêts de sapins, les yeux se reposent sur des routes bordées de noyers touffus, sur des prairies grasses, parsemées de pommiers, de poiriers, d'abricotiers, qui ploient sous les fruits en automne. Au delà des pâturages, les champs de froment, de seigle, d'avoine rejoignent, par une pente insensible, les coteaux plantés de vignes, entre lesquels des vergers s'exposent au soleil. De ces rudes coteaux, vraies miniatures de puys, s'échappent des sources que l'industrie des paysans conduit dans la vallée, où leurs eaux vives entretiennent une fraîcheur perpétuelle, une verdure inaltérable; çà et là s'interposent des blocs erratiques d'où chutent les cascades. Des ponceaux, franchissant de petits abîmes, mènent à des chaumières que voile un rideau d'arbres poussés sur des roches.

Ainsi vous apparaît la terre élue qui « donnait aux voyageurs le dégoût de leur patrie », suivant le décadent Sidoine Apollinaire. Petite d'ailleurs, n'ayant guère plus de trente ou vingt-cinq hectares de superficie, pas un pouce n'en est perdu, et ses moindres lopins payent avec usure le travail du cultivateur. Mais l'image du poète gallo-romain : « mer de verdure où l'on voit onduler les moissons comme les flots, sans peur du naufrage, » s'appliquerait mieux à la Beauce. Certainement il y a des vallées plus belles, moins ouvertes au soleil en été, moins sujettes à la neige en hiver, et aux pluies fréquentes dans les saisons d'équinoxe; il n'en est point que l'âpreté de leurs alentours rehaussent davantage.

Des affluents de l'Allier, descendus des monts Dore, vont le rejoindre dans la Limagne : la couze Pavin, la couze Chambon, la Veyre. On pourrait, par des routes nombreuses et pittoresques, remonter vers leurs sources. Excursions bien tentantes ! Si près des splendides ruines du château gothique de Murols, de l'étrange dyke de la Verdière, flanqué de scories pyramidales comme un clocher de clochetons, des dolmens et des grottes de Saint-Nectaire, de l'antique village de Besse-en-Chandesse, où résida la reine Margot, du lac Pavin, du pic de Sancy, il serait dommage, de s'éloigner sans les avoir vus. Il ne faut pourtant pas s'y engager à la légère. Les monts Dore, solitude d'une farouche et triste beauté pendant l'hiver et le printemps, s'apprivoisent aussitôt que le soleil y appelle les baigneurs. Les mondains y retrouvent alors tout ce que Paris leur prodigue : sports variées, garden-partis, courses en breacks et mails-coachs, déjeuners au champagne, bals, soirées... Pour nous, ils nous touchent davantage quand les hôtels sont vides, les casinos muets, les guides désœuvrés ; lorsque les ouragans ont effacé les traces de l'homme, qu'une herbe nouvelle pointe sur la tourbe épaisse, qu'on n'y rencontre que des bergers paissant sur les plateaux leurs troupeaux de bœufs et de moutons, et que les *burons*, ces chalets du pays, n'attendant pas de millionnaires, n'ont à vous offrir sous leurs humbles toits que du laitage parfumé...

Maintenant les villes d'Auvergne se montrent toutes noires, bâties en pierres de Volvic, rugueuses au toucher, dures et d'une attristante couleur ardoise.. A Vic-le-Comte, une sainte chapelle de la Renaissance, rappelant celle de Vincennes, rayonne entre beaucoup de maisons ainsi construites, comme un joyau dans une mine de charbon.

Du reste, les bel-

CHATEAU DE TOURNOËL

les et singulières églises de tous les styles, romanes, ogivales, gothiques, renaissance, sont nombreuses en cette province, où les largesses des fidèles entretiennent leur magnificence, car le prestige du catholicisme y est intact et ses paysans ont vraiment l'aveugle foi que veut Pascal.

Partout, des calvaires se dressent sur les hauteurs, des croix marquent les détours des chemins, enseignent les sentiers, et les bonnes gens, s'ils les rencontrent, n'oublient pas de se signer dévotement. En plus d'un endroit, comme à Veyre-Monton, à Volvic, de colossales statues de la Vierge Mère, taillées dans la lave ou la roche, dominent et semblent bénir toute une contrée. Le dimanche, les habitants des hameaux font des lieues entières pour aller entendre la messe à leurs paroisses; il y a foule au pèlerinage de Notre-Dame de Vassivière.....

Clermond-Ferrand..... Le chemin de fer a pénétré tout d'un trait, avec la capricieuse Tiretaine, au fond de la Limagne et au cœur de la région des dômes. Bâtie en amphithéâtre sur une colline, mais entourée de montagnes dominantes, dont le puy de Dôme est la plus élevée, la vieille capitale de l'Auvergne semble bâtie dans l'arène d'un cirque gigantesque. De loin et de haut, on voit ses maisons noires se presser contre l'énorme ossature de sa cathédrale, et leurs toits s'unir comme les écailles d'une carapace. Çà et là, une large place, un cours, un boulevard, un jardin botanique, mettent dans son ombre un peu d'air, de clarté, de verdure. Au nord de la ville, l'ancienne cité de Montferrand, simple faubourg de Clermont depuis Louis XIII, s'assemble autour d'une église gothique.

De près, l'aspect de la ville ne dément pas cette perspective. Ses tristes maisons en pierres de lave se rangent au hasard dans un écheveau de rues, de ruelles, d'impasses tortueuses, sales, empuanties, où l'on se déchire les pieds à des pavés pointus, et les regards se glissent en des logis misérables sans air et sans lumière, humides ou brûlants, selon les saisons. Excepté quelques voies où le commerce de luxe s'est établi, et les faubourgs où des villas reçoivent les touristes, nulle part on n'y paraît tenir à l'élégance, pas même à la propreté. On reconnaît à sa livrée sordide, qui cache souvent la richesse, la métropole des marchands de bric-à-brac, de peaux de lapins, de vieux habits et de vieux galons, prêteurs à la petite semaine, usuriers futurs, banquiers de l'avenir. Entre tant de masures ressortent quelques hôtels d'autrefois, comme la maison de Jean Savaron, l'éloquent député du Tiers pour l'Auvergne, aux États de 1614, celui où naquit Blaise Pascal...

Bien peu d'antiquités dans une ville si antique. Un mur gallo-romain, que l'on nomme sans raison *Mur des Sarrasins*, et, au musée, des bas-reliefs, des marbres mutilés, des médailles, des monnaies trouvées dans des fouilles, remémorent la prospérité d'Augustonemetum, fondée par Auguste, en remplacement de Gergovia, abandonnée pour avoir osé vaincre les Romains. Cette brillante cité, les hordes de barbares du cinquième et du sixième siècle la pillèrent tour à tour, finalement l'anéantirent. Les habitants, dépossédés, y revinrent pourtant, édifièrent sur les ruines une cité nouvelle, que fut chargée de défendre une forteresse féodale : *Clarus Mons*, étymologie transparente du nom moderne. De grands souvenirs religieux se rapportent à cette période de son histoire. De bonne heure, le christianisme l'avait conquise. Saint Austremoine, son apôtre, l'évangélisait dès le milieu du troisième siècle. Au cinquième, elle eut pour évêque le poète Sidoine Apollinaire. Au sixième, un de ses enfants fut l'évêque historien Grégoire de Tours. L'an 1096, à l'endroit même où s'élargit la place Delille, le pape Urbain II vint prêcher la première croisade.

A cette époque, la plus vieille église de Clermont, Notre-Dame du Port, existait déjà : type parfait de l'architecture romane particulière à l'Auvergne, et vraiment jolie, si on n'en regarde que le chevet, où des chapelles rayonnantes s'élevant les unes par-dessus les autres contre l'abside, et jusqu'à la base du clocher, se contournent en rotondes avivées de mosaïques multicolores et de sculptures charmantes.

La cathédrale vint bien après, en 1248. Commencée par l'architecte Jean Deschamps, consacrée en 1346, et reprise de nos jours par le très habile Viollet-le-Duc, à peine est-elle achevée, et l'on travaille encore à lui donner deux flèches qui s'élanceront à quatre-vingts mètres de hauteur ! Elle manque d'ensemble, d'harmonie, elle est sombre, mais non sans élégance ni richesse. Son horloge à personnages, encastrée dans le transept, ravit les curieux qui guettent le moment où ce Jacquemard du seizième siècle fait défiler les dieux païens, Mars, Faunus et Tempus, dont les marteaux frappent en cadence le timbre de bronze sonnant les heures.

Un musée d'œuvres d'art, d'histoire naturelle, d'archéologie, des statues de grands hommes, une bibliothèque, Clermont-Ferrand possède tous ses avantages d'un chef-lieu de département, et, de plus, la célèbre fontaine incrustante de Sainte-Allyre, dont nombre de badauds éprouvent la vertu... Mais le puy de Dôme vous intéresse peut-être davantage.

On y monte par une route carrossable, ou par des sentiers frayés sous bois. De beaux arbres et une épaisse couche de gazon revêtent presque partout ses flancs de trachyte couleur de cendre ou de braise à moitié consumée. L'ascension va sans fatigue excessive, car des éclats de roches forment des escaliers naturels, que la main saisit quand la montée devient trop rude. Pourtant, on est bien aise de frapper de son bâton le sommet de la montagne qui résonne aussitôt, comme s'il recouvrait de mystérieuses cavernes. Et l'on voit le petit puy de Dôme, le puy de Pariou, le puy de Clier-

CLOCHER ET ABSIDE DE NOTRE-DAME DE BON-PORT

zou, le puy de Côme, le puy Chopine, le puy Monchier, le puy Laschamp, le puy de la Vache, élever leurs statures énormes autour du géant; une vapeur bleu tendre, presque violette, voile leurs bases, monte toujours plus légère et plus diaphane contre leurs flancs, et semble les détacher de la terre, si bien que leurs cimes évasées de cratères éteints apparaissent seules, comme portées sur des nues. En bas, plusieurs villages percent sous une buée rose : Orcines, Durtol, Chamalières ; puis Royat; et, beaucoup plus bas, l'illustre petit plateau de Gergovie, semblable à quelque grossier tumulus.

Au sommet du puy de Dôme fonctionne, depuis 1876, un observatoire météorologique établi, en mémoire et en l'honneur de la célèbre expérience de Pascal, sur les ruines enfouies du superbe temple consacré au Mercure gaulois, Vasso, que surmontait la colossale statue du dieu, sculptée par Zénodore. Les Vandales ou les Goths ont anéanti la statue; les fouilles opérées pour creuser les fondations des bâtiments de l'observatoire ont découvert les restes du temple : une partie de ses murailles, ses assises, ses piliers, des fragments d'autels et de portes.

...Comme de bienfaisants génies au service d'Esculape, dieu de la médecine, sinon de la santé, les puys dans leurs entrailles, comme dans un alambic, distillent les sources minérales que les roches infiltrent et purifient. Ces eaux, à propriétés multiples, des bains les recueillent, et des malades de tous les pays, anémiés, névrosés, rhumatisants, goutteux ou diabétiques, leur demandent la guérison et en obtiennent au moins le réconfort. Royat, où sept sources de ce genre coulent incessamment, abrite, sous ses châtaigniers, pendant toute la belle saison de nombreux valétudinaires affaiblis ou

VIADUC ET BAINS ROMAINS, A ROYAT

ruinés par la civilisation, et qui n'entendent pas renoncer à ses plaisirs. Pour eux la petite ville, jadis toute rustique, met dans le paysage austère des montagnes les élégances mondaines d'un casino, se pare d'hôtels fashionables, de magasins de modes, de bazars luxueux, d'une salle de théâtre et d'une salle de bal, et lance sur les grandes routes des équipages fringants, « très chics ».

Parmi les Français, qu'ils séjournent à Royat ou à Clermont, bien peu se refusent un pèlerinage à Gergovie. C'est l'affaire de deux ou trois heures de voiture, et le voyage est charmant par la route de Beaumont et de Romagnat. Le plateau est isolé. Un hameau dort à son ombre : Merdogne. L'oppidum gaulois couvrait de ses maisons arrondies la hauteur escarpée, d'où les paysans exhument souvent à coups de pioche des débris d'amphores, des médailles gauloises et romaines en or, argent ou bronze, des haches et des flèches en silex et en métal, des moulins à bras en pierres de lave, des coupes, des styles, des bracelets, et des poteries vulgaires dont les morceaux font encore trébucher le pied du passant.

Là, pour la dernière fois avant de rendre le dernier soupir, la vieille patrie gauloise eut encore un peu de gloire ; ses conquérants furent obligés de rendre hommage à sa valeur avant de l'asservir. Au sommet du plateau, les yeux cherchent vainement la statue de Vercingétorix. Pourquoi ne s'élève-t-elle pas sur le théâtre de sa victoire ?...

A présent, les montagnes fuient derrière nous dans la Limagne élargie, s'estompent à l'horizon en traits légers, ténus, comme tracés au pastel sur de la mousse nacrée. A notre droite, bien loin au delà de l'Allier, dans les monts de l'Est riches en gisements minéraux, et sur la Dore, Thiers, centre d'un pays laborieux, emploie vingt mille ouvriers à la fabrication de ses couteaux, à ses tanneries, à ses papeteries. A notre gauche, tout aussi loin, la Sioule, brillante au fond de précipices continus, sillonne une région pauvre et pittoresque dont

THIERS — LE PONT DE SEYCHALLES

elle ronge les laves et les roches, et rafraîchit à peine des villages rares et dénués.

Devant nous, Riom, en pleine vallée, groupe plus de dix mille habitants, dans une ville noire, ancienne capitale du duché d'Auvergne. Ses rues sombres lui conservent un air de solennité, d'importance. Par égard pour son passé parlementaire on en a fait le siège d'une cour d'appel. Quelques édifices : une sainte chapelle du quatorzième siècle fort gracieuse, son église de Notre-

RIOM — MAISON DE L'ANNONCIATION

Dame du Mathuret, où se dresse l'originale statue de la Vierge à l'Oiseau, des hôtels de la Renaissance, rappellent qu'elle fut le séjour d'une noblesse et d'un clergé relativement magnifiques. Un peu d'industrie anime ses maisons en deuil : on y fabrique les gourmandises de la sage province, d'excellentes pâtes d'abricots, de coings et de pommes ; et aussi des toiles, des tissus de coton... Mais quelque mouvement dans ses rues ne l'empêche pas de ressembler à un sépulcre.

Un peu au sud de Riom, à Volvic, neuf cents carriers exploitent la superbe *cheire* où s'approvisionne de pierres à bâtir le département tout entier. Un tel village est logiquement le plus noir de tous. Bien près, les ruines admirables du château gothique de Tournoël décorent un des beaux paysages de la région. Élégantes et immenses, elles renferment les délicatesses de la Renaissance dans les murailles énormes du onzième siècle. Des peintures, des sculptures et même des lambris de bois sculptés revêtent encore de grandes salles où l'air, la pluie et la neige entrent librement par maintes crevasses, comme les oiseaux nocturnes. Des aigles planent sur le formidable donjon que les guerres du seizième siècle n'ont pu abattre complètement.

Au delà de Riom, c'est presque la plaine : l'Allier s'écoule, à peine encaissé, rapide et menaçant par ses crues subites, vers le Bourbonnais. Arrêtez-vous un moment dans la vieille petite cité d'Aigueperse, ne serait-ce que pour y saluer la statue de l'intègre Michel de l'Hospital, le plus illustre de ses fils, et pour admirer deux tableaux religieux, où André Mantegna et le Ghirlandajo ont mis la suavité de leur pinceau mystique. Dans le voisinage, Montpensier, pauvre hameau, fut un illustre duché. Effiat se pare du château enrichi d'armes précieuses et de tapisseries des Gobelins que possédait la famille des Coiffier-Ruzé, d'où sortit Cinq-Mars ; et Randan tasse un bourg considérable contre la demeure ancienne, vaste, et riche en collections d'objets d'arts, vases et verrières de Sèvres, qui appartient au duc de Montpensier.

CHAPITRE II

LE FOREZ

Par delà Saint-Paul en Cornillon, où, s'il vous en souvient, nous avons quitté la vallée de la Loire, le fleuve pénètre, dans le département actif et laborieux que désigne son nom, paisible et lent. De quatre cent sept mètres d'altitude il descend vers les gorges de Saint-Victor, s'y enfouit à deux cent cinquante mètres de profondeur; puis, enserré à l'Est par la chaîne des Boutières, à l'Ouest par les monts du Forez, et contraint de couler droit vers le Nord, il sillonne le lit encore humide du grand lac préhistorique, qui est devenu la plaine du Forez.

En cette plaine, où vécurent, dans un songe de poète, les galants héros de l'Astrée, nous n'irons pas encore. Il n'est pas temps pour nous de voyager dans l'Arcadie du dix-septième siècle ; le chemin de fer, s'écartant du fleuve, nous emporte bien loin des bocages verts, des sources pures et des nymphes chimériques de messire Honoré d'Urfé, au pays noir et fumeux des mines et des forges.

Déjà, sous les grises vapeurs du charbon, les coteaux de Firminy nous apparaissent semés de scories et d'escarbilles. Ici, comme eût dit le vieux romancier dans son cher langage mythologique, c'est partout l'antre de Vulcain. Pas une place où les Cabires au visage bronzé, aux yeux fauves, aux gestes hâtifs, ne se plaisent au martellement des enclumes, au sifflet des machines, à l'ardeur des fournaises, et dont les bras ne se plongent dans les entrailles de l'antique Cybèle pour en extraire la houille et le minerai.

Une immense cité industrielle, étroitement pressée contre une route unique de douze lieues de longueur, et sombre, et bruyante, et mouvante, c'est le pays qui s'étend de Firminy à Rive-de-Gier. Un railway, un tramway, parallèles et simultanés, celui-ci attelé à sa locomotive comme celui-là, le parcourent dans un mouvement perpétuel et furieux de va-et-vient, distribuant, emportant, rapportant, ici les hommes, là les marchandises. Près d'eux, en des usines formidables, sur des plans multiples, des locomobiles roulent des wagonnets et des bennes, sans cesse vidés et remplis, et s'arrêtent, et repartent sans repos ni trêve. Cette énergique activité matérielle émeut et jette dans l'air d'infinies poussières métalliques et chimiques qui l'obscurcissent, d'âcres odeurs écœurantes dont il s'imprègne. Tandis qu'il fait une demi-nuit sous le soleil, des émanations blessent la vie ; les plantes maigrissent, s'étiolent et meurent à les aspirer ; les poumons des hommes les crachent avec peine, les yeux piquent à leur contact.

Passant, si tes regards ne vont pas au delà des apparences et n'assistent point aux grandioses transformations de la matière, un voyage à travers cette agitation féconde te sera pénible et morne. Tu marcheras sur une route poudreuse et sèche, sous un ciel bas, toujours plombé des nues montées du sol, entre des collines lépreuses. Des cheminées colossales, des échafaudages étranges, des chaudières énormes, des murs d'usines, des halls vitrés d'ateliers, des silhouettes inconnues et comme effrayantes d'engins monstrueux t'escorteront et fuiront derrière toi. Tu t'ennuieras, et pourtant l'Industrie a sa beauté particulière, sa puissance créatrice, sa force d'action admirable. Fille de la Science, elle régente avec elle et gouverne le monde. Même en la plaçant, dans ta pensée, bien au-dessous de l'Art et de la Poésie, tu pourrais, à la contempler dans ses œuvres, te réjouir des progrès accomplis par le génie humain. Seulement, daigne en approcher!

Cette région du Forez est avant tout une mine de houille. Le diamant noir a créé sa fortune, sa population surabondante, ses mœurs spéciales. Jadis — on conte là-dessus plus d'une légende — à peine enseveli, souvent épars à fleur de terre, les plus anciens possesseurs du sol, les Gaulois peut-être, le ramassaient pour chauffer leur foyer. Les Gallo-Romains et nos aïeux jusqu'au dix-huitième siècle l'ont simplement utilisé ; on l'exploite à outrance depuis la découverte et l'application des forces de la vapeur.

Ame de l'industrie, source de richesses, il a attiré, comme eût fait un gisement d'or ou de diamants, près de trois cent mille habitants, tout un peuple, dans une contrée stérile, qui pourrait à peine nourrir dix mille bouches avec les seules ressources de la culture. Il alimente plus de cinq cents usines dont s'entretiennent d'immenses fortunes oisives. Il fournit de travail plus de vingt bourgs, villages et hameaux : Fraisse, Firminy Chambon-Feugerolles, la Ricamarie, Terre-Noire, Izieux, Saint-Jean-Bonnefond, Saint-Chamond, Rive-de-Gier... qui disparaîtraient s'il disparaissait, et une grande ville, Saint-Étienne, née d'hier et si visiblement éphémère, qu'elle a déjà plusieurs fois changé de place, et qu'elle ressemble à une colonie de hasard.

Un tel pays a son côté pittoresque à part, bien à lui.

Qui voudra s'en régaler les yeux, qu'il passe de nuit sur la grand'route ininterrompue qui joint Saint-Étienne à ses faubourgs de droite et de gauche ; le spectacle, visible même du chemin de fer, est fantastique. D'espace en espace, sur des coteaux dont les reflets éclairent les durs reliefs, des flammes surgissent à des hauteurs diverses de la combustion inachevée des scories jetées par tombereaux à côté des forges. Elles brûlent si lentement qu'elles semblent inextinguibles. Toutes rouges et d'un sombre éclat, elles ressemblent à des flambées de bivouac, ou de sabbat. Mais quand elles s'échappent d'une mine en feu, comme d'une bouche d'enfer, on dirait l'éruption de l'incendie énorme qui, suivant la théorie des anciens géologues, embrase le centre de la planète, et parfois bondit jusqu'à son écorce.

A cette lueur, malgré la nuit, les localités industrielles se dessinent nettement. Leurs rues alignées au cordeau, coupées à angles droits, mathématiques, sont éclairées au gaz, et sur les chaussées saupoudrées de charbon les flammes des hauts fourneaux, le flamboiement des forges projettent encore de longues clartés tremblantes. Tout y décèle le travail brutal, accablant, acharné, qui ne s'accorde pas même le droit de dormir.

Les foyers sont allumés, les marteaux résonnent, les machines soufflent et beuglent, les rouages grincent, les transmissions glissent, les soufflets halètent, les fers et les aciers s'entre-choquent, on entend le coup de massue sourd et terrible des pilons. Des soupiraux laissent voir des hommes, des enfants, nus jusqu'à la ceinture, entassés dans un atelier, où la gueule rouge d'un four ardent et l'haleine brûlante d'un chalumeau prodiguent une lumière aveuglante, une chaleur torride. Tandis que les uns nourrissent de minerai le four monstrueux, les autres le bourrent avec du charbon ; il digère tout ensemble et vomit un globe de fer ou d'acier en fusion que recueille une brouette de fer roulant sur un parquet de fer ; un forgeron le saisit dans une pince, le frappe, en fait jaillir des myriades d'étincelles, puis le jette au laminoir qui l'avale, et le tord, l'allonge, et le rend en serpent de feu.

Si nous franchissions les portes béantes des usines, les ateliers, même à cette heure, nous montreraient des labeurs merveilleux : les machines-outils, les tours, les matrices, les forets, les limes, les pinces, les ciseaux, les rabots, saisissant, dégrossissant, assouplissant, carrant ou arrondissant le métal brut, le perçant, le coupant, le polissant, lui donnant une forme déterminée, une utilité, un nom. Ainsi maniés, moulés par une série d'opérations automatiques, sortent, tout prêts pour l'usage des établissements métallurgiques d'Izieux, de Fraisse, de Firminy, de Chambon-Feugerolle et de la Ricamarie, les produits les plus différents : chaudières de locomotives et canons, affûts et rails de chemin de fer, faucilles et boulons, vis et limes, cent articles de petite et de grande quincaillerie, puis des matériaux de construction en quantités prodigieuses, de la fonte simple, de la fonte affinée, du fer marchand, de l'acier de forge préparé dans les cornues de Bessemer, de l'acier fondu...

Un affluent de la Loire, l'Ondaine, met un peu de fraîcheur dans ce pays de fournaises, abreuve les moteurs d'usines, en reçoit les déjections, sert à tremper les métaux. Il ne va pas plus loin que la Ricamarie, humble bourgade de mineurs, tristement célèbre depuis 1868, où des soldats, s'imaginant menacés par des grévistes au désespoir, en tuèrent plusieurs à bout portant dans quelques minutes de peur. Lamentable souvenir, toujours présent à la mémoire d'hommes singulièrement froids, laconiques et tenaces en leurs rancunes !

Le Furens succède à l'Ondaine, plus vif qu'elle et

mieux doué des propriétés favorables à la trempe des métaux et à la teinture des étoffes. Trois cents usines utilisent ces propriétés. Il passe à Saint-Étienne, où nous voici.

La ville est à voir du talus élevé du chemin de fer, entre les deux stations qui desservent ses deux faubourgs : le Clapier et Bellevue ; elle offre alors un tableau d'une laideur originale. Enfermée dans une ceinture de maigres collines tachetées çà et là d'un restant de verdure, d'un petit bois ou d'un jardin, elle s'y répand en désordre, s'y éparpille en bouquets de maisons pauvres, plus noires que blanches, fleuries pourtant, car les fleurs sont la coquetterie de ce pays d'ouvriers, et elle en dégringole pour se tasser dans un creux inégal, en groupes irréguliers, bizarres, confus, que séparent de grands terrains vagues, comme abandonnés, pareils à des dartres. Sur l'ensemble, un peu au-dessus des toits de tuiles rouges, flotte un brouillard gris, ténu, exhalation de cent cheminées pyramidales, partout dressées, sur les coteaux, dans la plaine. Ce voile de vapeurs, constamment tissé par les usines, descend lentement dans les rues, se glisse dans les habitations, se colle aux façades qui semblent peintes à la suie, et de même s'attache aux personnes, salit les figures, le linge, les vêtements, s'insinue par lambeaux dans les poumons.

Comment dans une ville si incohérente et sous cette atmosphère reconnaître autre chose qu'une agglomération hâtive, dispersée, édifiée au caprice des découvertes et selon les exigences du travail ? Tous les quartiers paraissent se ressembler ; il en est pourtant de très anciens, dont l'histoire est singulièrement émouvante.

Au onzième siècle, la ville moderne avait son noyau d'attraction dans un misérable amas de cabanes groupées autour d'une église de Saint-Etienne, qui tombe en ruine. Vers l'an 1040, Robert d'Aurillac, premier abbé de la Chaise-Dieu, va la visiter, en restaure l'église, y fonde un hospice, un couvent. L'an 1180, des cisterciens édifient l'abbaye de Valbenoîte, sur les bords du Furens ; aidés par les comtes du Forez, les largesses des fidèles, ils en assainissent l'humide vallon, défrichent, cultivent les hauteurs. Auprès d'eux, profitant de la sécurité cléricale, se rassemblent un certain nombre de laboureurs et de gens de métier.

L'art de travailler le fer florissait déjà à Saint-Étienne ; des chartes du moyen âge y prouvent l'existence de plusieurs corporations : quincailliers, ferronniers, forgerons, taillandiers, coutelliers, armuriers. Ces industries, si bien favorisées par la nature du sol qu'elles semblent en faire partie intégrante, survécurent à mille désastres : aux luttes incessantes des comtes du Forez, suzerains du pays, contre leurs voisins ; à la guerre de Cent Ans, aux barbaries des routiers, mangelards, croquants, retondeurs, tardvenus... Louis XI encourage les armureries ; François Ier, l'an 1516, suivant les uns,

1535, suivant les autres, envoie pour diriger une fabrique d'arquebuses l'ingénieur italien ou languedocien Georges Virgile, très habile et très actif étranger; le nombre des ouvriers augmente, plus d'un armurier acquiert de grandes richesses.

Gouvernée au moyen âge par les lieutenants des

LE PUITS DE LA LOIRE, PRÈS SAINT-ÉTIENNE

comtes du Forez, choisis dans les familles d'Urfé ou Saint-Priest, la cité stéphanoise avait alors un aspect féodal et religieux, assez difficile, mais non pas impossible à reconstituer aujourd'hui. Elle se concentrait autour de la vieille église de Saint-Etienne-le-Grand, dans les rues Basse-Ville, de la Cité, Sainte-Catherine, Roannès, Guy-Colombet, étroites, obscures, grouillantes, mais bordées de vieilles maisons curieuses. Devenue riche, on lui donna l'enceinte, dont subsistent deux grosses tours, debout aux angles de la place du Peuple, ce qui ne l'empêcha pas d'être horriblement pillée par les sectaires féroces du baron des Adrets. En 1564, la peste, amenée par la putréfaction de milliers de cadavres, y fit d'innombrables victimes. Coligny, le duc d'Alençon, des lieutenants de Guise ou de Mayenne, s'en emparèrent. En 1591 encore, les soldats de tout parti ravagent tellement ce pays du Forez, que « le pauvre peuple laboureur est contraint d'abandonner ses maisons et de tenir les bois où on va le chasser comme bêtes sauvages ». Il faut la fermeté, la douceur du règne de Henri IV et les encouragements de Sully pour réparer tant de ruines.

A cette époque, on commençait à travailler la soie : moins d'un siècle plus tard, sous Louis XIV, la fabrication des rubans devint, comme celle des armes de luxe, une spécialité de Saint-Étienne. En 1717, les armuriers libres confectionnent des armes de guerre, sous la surveillance de l'État; en 1764, une société unique obtient le privilège exclusif de fournir l'armée. Au dix-huitième siècle, se forme une première compagnie pour l'exploitation régulière des mines de la Loire. En 1818, les métiers Jacquart sont employés dans l'industrie rubannière ; en 1819, on fonde la Société des Forges. En 1827, ô merveille! un chemin de fer, premier en France, joint Saint-Étienne à Lyon ; la population s'accroît à vue d'œil, elle était de 38,000 individus en 1831, aujourd'hui elle est de 120 000 environ, c'est-à-dire qu'elle oscille entre 120000 et 140000.

Le surplus lui vient, quand pressent les commandes, des départements limitrophes : le Puy-de-Dôme, le Rhône, la Haute-Loire, dont les émigrants se sont par milliers fixés au pays. Construits à la hâte pour loger les ouvriers si rapidement accourus, les faubourgs modernes répondent ou ont répondu aux besoins de l'industrie ; ils desservent ou desservaient des usines, des fabriques, des manufactures, des mines ; mais le sous-sol, creusé de plus en plus pour l'exploitation des houilles, les déplace brutalement. Çà et là le terrain s'éboule, les maisons s'y enfoncent de plusieurs pieds, se penchent et se lézardent comme frappées d'une commotion volcanique. On s'empresse de les abandonner. Près de l'École des mines, tout un pâté d'immeubles presque neufs, hauts de cinq étages, soutenus par des madriers, sont déjà vides, en attendant qu'ils s'effondrent.

... Un tramway — trois ou quatre voitures liées à une machine à vapeur — parcourt la grande voie tracée d'une extrémité à l'autre de Saint-Étienne, de Bellevue à la Terrasse ; il part toutes les cinq minutes, presque toujours plein. Prenons un ticket : un voyage aussi simple nous en apprendra plus sur le caractère, les mœurs, les idées des habitants, qu'un volume de considérations.

Chaque place d'intérieur ou de plate-forme se paye deux sous ; on passe librement de l'un à l'autre ; s'asseoit qui veut ; point de formalités, de séparations, de luxe. Personne n'a le temps de songer aux puériles distinctions de classe ou de fortune. Ouvriers, ouvrières, maraîchers, industriels, commerçants, bourgeoises, chefs et contremaîtres d'atelier se mêlent fraternellement dans le démocratique véhicule. Le trajet se fait sans parler, avec un minimum de politesses. On économise les gestes et les mots superflus.

Les hommes, en majorité, sont de petite taille, trapus, nerveux, le visage brun, les yeux fauves, d'apparence volontaire et coléreuse. Les femmes, comme si les malheureuses hérédités du plus rude travail pesaient entièrement sur elles, sont plus petites encore, souvent déformées, bossues, cagneuses ou bancales, inégales d'épaules, rarement fraîches ou jolies ; plus d'une a les pâles couleurs de la chlorose. Masculins ou féminins, les costumes sont noirs ou de nuances ternes.

Graves, froides, pensives sont les physionomies. Chacun semble préoccupé des oscillations de l'industrie dont il tire sa subsistance ou son revenu. Peut-être aussi de terribles souvenirs se représentent soudain à leur esprit : les catastrophes sont si fréquentes dans les mines, les forges, les usines, et il y a tant de veuves et d'orphelins dans la foule, tant de victimes sacrifiées à l'implacable Mammon !

... Un riche patron s'entretient d'affaires avec quelques ouvriers. Ils ont, lui et eux, la parole brusque, franche, nette : ils remuent des chiffres, des arguments, des choses précises. Chez l'un, point de morgue ; chez les autres, point d'humilité : ils se traitent en associés indépendants et le sont en effet, dans une certaine mesure, les rubanniers surtout, qui possèdent leurs métiers, et dont le nombre dépasse soixante mille. A la clarté, à la solidité matérielle de leur langage, on les devine nullement rêveurs, presque point mystiques, réfractaires aux prédications du socialisme. Instruits par une continuelle expérience, ils sentent au-dessus de tous les systèmes, au-dessus même de toutes les prévisions, planer la grande loi naturelle de la concurrence vitale, qui trouve son application sur le marché du monde entier, dans la formule économique de l'offre et de la demande. Résignés aux faibles « gagnements », ils s'enferment dans un égoïsme taciturne : « Quand on n'a pas de quoi acheter de la viande, on mange du pain. — Si l'on n'a pas de vin, on boit de l'eau. — Tant mieux si l'on est embauché, tant pis si on ne l'est pas ! — Il ne faut pas se « bouler » (se tromper) dans la vie. » Pourtant cela ne va point tout à fait sans arrière-pensée ; des grèves, des émeutes, une catastrophe, comme le meurtre du préfet de l'Espée en 1871, montrent quelles explosions de rage peut couver le mutisme des masses !

Le tramway, qui joint l'un à l'autre deux faubourgs ouvriers, traverse aussi les quartiers bourgeois et très vivants du centre. La verdure, les fleurs, les fontaines du parc Marengo, des allées plantées de marronniers, devant un hôtel de ville presque fastueux, entre de belles maisons régulières, de riches étalages d'étoffes et de bijoux, jettent sur un fond noir de gaies couleurs reposantes. Deux statues, deux abstractions de bronze, décorent le perron monumental de la maison commune : la Métallurgie, la Rubannerie. Ce ne sont point, comme on pourrait le croire, des pauvresses hâves, maigres, estropiées par le métier, mais de grasses personnes d'un galbe irréprochable, en bandeaux plats vertueux. Des ouvrières ? Non. Des patronnes bien nourries, sans fatigue. Oui. L'art ne saurait-il donc symboliser sans mentir au vrai ?

Le tramway passe devant les édifices notables de la ville, on les découvre en perspective : voici la Manufacture d'armes, l'École de dessin, le Palais des arts. Regardons-les.

Dirigée par un corps d'officiers d'artillerie placés sous le commandement d'un officier supérieur et régie par un entrepreneur qui, recevant les commandes de l'État, prend à sa charge les dépenses et l'entretien, la Manufacture d'Armes occupe deux, trois ou quatre mille ouvriers, les uns fixes, retraités après trente ans de services, les autres, auxiliaires, engagés pour les commandes urgentes. Le travail aux pièces, extrêmement divisé, se fait en d'immenses halls lumineux, bien aérés. L'outillage, différent pour chaque opération, est admirable, même aux yeux d'un profane. Le visiteur assez heureux pour qu'on lui ouvre les portes de la mystérieuse usine, où sans cesse on prépare, on essaye, on éprouve, pour les guerres futures, des engins de plus en plus rapides et terribles, les voit se former pièce à pièce dans un ordre parfait avec un minimum d'effort : les machines préparant le bois, l'acier, pour leur usage définitif, si bien que la besogne de l'ouvrier se réduit à régler leurs mouvements, à corriger leurs défauts, à faire un ensemble par l'ajustage final de tous les morceaux façonnés automatiquement.

Un bâtiment en briques, d'un style Louis XIII de fantaisie, élevé en terrasse au-dessus de grottes artificielles du plus mauvais goût, c'est l'École de dessin, mais surtout c'est un bien joli spécimen des magnificences de la province.

Le Palais des arts vaut surtout par ce qu'il renferme : un *musée d'artillerie*, riche en armes anciennes de tous les âges et de tous les peuples, trésors légués par le maréchal Oudinot; une *bibliothèque* remplie de documents précieux sur l'histoire du Forez, et possédant deux perles très pures, un *Obituaire de sainte Marie de Chartres*, du douzième siècle, et le *Livre des compositions des comtes du Forez*; un musée d'histoire naturelle et d'antiquités locales, et l'inévitable musée de peinture, où, si les chefs-d'œuvre font à peu près défaut, il y a du moins quelques tableaux, des moulages, des copies qui ne sont pas sans mérite.

En dehors de la grande voie du tramway, dans un faubourg bordé de maisons du seizième siècle, l'église Sainte-Marie est construite à la byzantine, dans une armature de fer, avec de formidables piliers, des coupoles éperdues, des vitraux flamboyants : digne temple d'une telle ville. La paroisse Notre-Dame est proche du célèbre lycée, semblable à une prison, où s'est écoulée l'enfance de Jules Vallès, si drôlement contée par Jacques Vingtras.

Les industries diverses ont leurs quartiers respectifs. En de longues rues désertes, du soir au matin, ronronnent les métiers à tisser les rubans inventés par Jacquart, perfectionnés par Boivin ; ces métiers, au nombre de deux, trois, sept, huit ou dix, appartiennent à des ouvriers, ou marchandeurs, qui traitent avec les fabricants.

L'armurerie de luxe, toujours florissante et recherchée, se répand un peu partout ; de grands magasins étalent ses produits de choix, fusils de chasse, pistolets, revolvers, carabines simples et doubles, gravés, ciselés, damasquinés. D'admirables artistes, émules des Orientaux, des Espagnols et des Flamands, égalent presque en ces ouvrages les maîtres de la Renaissance.

Aux extrémités de la ville, sur les bords du Furens, en de larges espaces, se répartissent les multiples industries du fer : fabriques de quincaillerie, de couteaux genre eustache, de limes, de clouterie, d'enclumes, d'étaux, de boulons, de machines à vapeur, d'aciers. Des tanneries emploient les eaux propices de la petite rivière ; des brosseries, des fabriques de câbles et de chanvre, s'intercalent ici et là.

Allons maintenant visiter une mine de houille.
M. Rondet, gouverneur d'une grande expérience, veut
bien nous conduire et nous guider dans l'exploitation
qu'il dirige en sous-ordre, au faubourg La Jamayère,
non loin du puits Chatelus, de sinistre mémoire. Il
nous propose de descendre au « fond » par la *fendue*,
long boyau creusé obliquement de la surface du sol
aux couches supérieures du gisement, ou par le *château*, comme on appelle pompeusement la cage de fer
renfermant l'ascenseur qui mène à la mine en ligne verticale. Nous choisissons le château.

Dans l'ascenseur. — Un coup de sifflet commande le
départ, le déclic résonne, la benne glisse entre les
montants de fer, si rapidement qu'elle franchit trois
cents mètres en une minute, et dans le rayon de clarté
fugitif produit par nos lampes, comme à la lueur d'un
éclair, des murs nous apparaissent ruisselants.

On a touché terre. L'ombre nous enveloppe, nous
marchons à tâtons, appuyés aux murs, emboîtant le pas
de notre guide. Puis les étonnements commencent.
Voici d'abord une écurie où douze chevaux plongés dans
une nuit perpétuelle, très gras et robustes, sont au râtelier; leurs têtes mornes et douces se tournent vers
nous avec une expression de torpeur compatissante.
Aussitôt les galeries se compliquent, s'élargissent, se
resserrent, bifurquent, se détournent, s'arrêtent, se
reprennent. Nul bruit. D'énormes bûches taillées s'enchevêtrent contre les parois et fléchissent, çà et là, sous

la rude poussée du terrain. Partout des rails Un cheval passe, traînant des chariots vides ou remplis, il nous frôle avec une surprenante délicatesse, l'instinct raisonné de ne point faire de mal. L'eau suinte, tombe en pluie, amasse des flaques où le pied s'embourbe. Un vent coulis souffle ; on se sent tout imbibé d'eau glaciale, comme trempé dans une piscine. Brusquement, sans intervalle, un courant de chaleur nous saisit ; des pieds à la tête une moite vapeur nous pénètre. On se croirait dans une étuve. Ces alternatives de froide humidité, d'extrême ardeur sont continuelles ; on va sans cesse de la suffocation à la pleurésie. Malheur à ceux dont le tempérament ne peut supporter ces redoutables épreuves !

Une montée se dresse, si escarpée, qu'il faut la gravir courbé en deux, en s'accrochant aux aspérités du boisage, en évitant surtout les rails glissants, dont le choc vous ferait perdre l'équilibre et rouler de haut en bas. Des chariots ascendent et descendent dans un vacarme tonnant. Au sommet, les mineurs travaillent, les uns couchés sur le dos dans une étroite excavation, les autres à genoux, ceux-ci penchés sur le côté, ceux-là presque droits. Ces postures exténuantes, ils les conservent des heures entières : comment ne les gardent-ils pas toute la vie, figés dans une ankylose irréductible ? Malgré la fatigue, ils parlent tranquillement, sans grimaces, dans une bonne humeur évidente. C'est qu'ils sont faits à leur métier, mais surtout, c'est qu'ils vivent dans un pays de soleil, sur une terre âpre et saine, c'est qu'ils boivent du vin, non de la bière, qu'ils mangent du bœuf, non du porc. Aussi combien peu ils ressemblent aux tristes héros de *Germinal*, aux lugubres générations d'ouvriers abrutis par l'alcool, anémiés par la misère, perclus de blessures ou paralytiques, de M. E. Zola.

Déjà, phénomène singulier, la vie souterraine qui nous causait d'abord inquiétude et souffrances, nous devient inoffensive; nous étions las, nous sentons un étrange bien-être. On déjeune autour de nous, on cause, on plaisante, on rit à belles dents blanches de charbonnier. Éclairant le repas mangé sur le pouce, de simples lampes à huile brûlent çà et là, et personne ne s'inquiète du Moloch des mines, du terrible et sournois *grisou* que la moindre étincelle peut enflammer. L'habitude, l'insouciance, qui forment la plupart des caractères, exerceraient bientôt sur nous, comme sur les mineurs, l'influence utile sans laquelle les rudes œuvres de l'industrie seraient impossibles...

L'ascenseur nous a ramené au *château*, le soleil nous a inondé de lumière et de joie, et nous avons compris toute la sincérité d'un propos de M. Rondet : « Notre métier est le plus dur des métiers, parce qu'on ne voit pas le jour ».

... Terre-Noire, Saint-Chamond, Izieux, Lorette, Rive-de-Gier, aux vastes fabriques de passementeries, aux aciéries, aux forges, aux verreries si renommées, continuent Saint-Étienne, prolongent la grande cité industrielle jusque dans le bassin du Rhône. Nous n'y ferons que passer, mais on se doit à soi-même, après une semaine d'excursions à travers poussières et fumées, le délassement d'un paysage exempt de ces brumes, frais, pur, solitaire.

Ce paysage, on le trouve au fond des gorges où le Furens est arrêté par un barrage énorme, qui le précipite en deux vastes réservoirs, et en règle l'étiage pour le service des usines et des moulins établis sur ses rives. Promenade délicieuse entre des murailles de granit. A mi-chemin, une porte féodale, ornée d'un jeu de mots : *Ostium non Hostium* (porte fermée aux ennemis), ouvrait jadis sur les villages de Rochetaillée, et précède encore aujourd'hui les ruines géantes de son château-fort. Mille pas plus loin, les roches, s'écartant, enferment dans les réservoirs de la gorge d'Enfer une sombre nappe d'eau, où le Furens tombe en cascade ; au delà, le pont-aqueduc du Pas-de-Riot enjambe un second réservoir... Ce lieu, si près du tumulte humain, est charmant, berçant, nous retiendrait des heures à le contempler du haut des rochers, plantés d'arbres verts, qui dissimulent sous leurs ombrages les bouches des puits hydrauliques.

Et, par la pensée, il nous rapproche de l'autre région du Forez, de celle où la vie pastorale contraste si fort avec l'extraordinaire activité de Saint-Étienne.

Changement à vue.

Les fumées des usines s'évaporent en nuages légers. On dépasse Saint-Galmier, aux sources apéritives, Saint-Rambert, qui fut une célèbre petite ville féodale, et les belles ruines gothiques de Montrond.

La plaine du Forez développe ses prairies, ses

CHATEAU DE MONTROND-SUR-LOIRE

champs de blé, d'orge, d'avoine, ses riches cultures, et ses marécages, dont les eaux croupissantes exhalent des miasmes fiévreux.

Près de Montbrison, les monts du Forez penchent leurs versants où croissent les châtaigniers ; enchaînés en reliefs différents, dômes, pics, croupes, ils forment cent vallons où vont puiser leurs sources les affluents multiples de la Loire, cent ravines — *ou gouttes* — où bruissent des torrents, où jasent des ruisseaux. Leurs granits, leurs basaltes et leurs porphyres,

LE VIEUX QUARTIER A MONTBRISON

cachés sous une couche épaisse de terreau végétal, se revêtent de sapinières et de laiteuses prairies où les bergers, abrités dans les *loges*, paissent leurs troupeaux.

Montbrison, grande ville au temps des comtes du Forez, et chef-lieu du département jusqu'en 1855, dort, en sa quiétude bourgeoise, sur le flanc d'une colline. Nulle agitation dans ses rues peu foulées, qui vous révèlent bien vite leurs attraits : quelques rares et nobles architectures du passé, comme Notre-Dame d'Espérance, construite du treizième au quinzième siècle, et la célèbre Diana.

LA DIANA

L'église, ogivale, assez régulière, inachevée, présente un assez beau portail, et contient le tombeau du comte du Forez Guy IV, lequel, représenté par une statue de marbre, est couché tout armé sur la dalle funéraire, entre deux figures séraphiques. Derrière le chœur s'élève la Diana, charmante salle capitulaire où s'assemblaient, pour le conseil, les chanoines privilégiés de Notre-Dame. C'est, en son genre, un chef-d'œuvre. Sa gracieuse façade, dans un style mi-civil et religieux du quatorzième siècle, est décorée de sculptures, rosaces, ogives, pinacles et figurines, d'une extrême finesse. Dans l'intérieur, long de vingt mètres, large de huit, quarante-huit solives se voûtent en berceau ogival, et répètent trente-six fois chacune le blason des quarante-huit maisons de la noblesse du Forez, protectrices du chapitre. Des animaux héraldiques : dauphins, centaures, satyres, alérions, ornent les murailles ; au centre, brillent les armoiries des comtes de Bourbon et du Forez.

Le Vizezy, qui traverse Montbrison, rejoint à trois ou quatre lieues au Nord la bucolique rivière chantée par Honoré d'Urfé. Suivez les rives du Lignon, vous irez au pays de l'*Astrée*. Si vous voulez, nous feuilleterons en chemin ce vieux roman du dix-septième siècle. Ne le méprisez mie ; songez qu'il enchantait nos aïeux, que les plus gens d'esprit en faisaient leurs délices, et qu'ayant diverti Corneille, Voiture, Mme de Sévigné, la Fontaine et tant d'autres, il faut qu'il ne soit pas sans mérites. Ne vous laisserez-vous pas toucher par ce début naïf et si plaisant d'intention :

« Auprès de l'ancienne ville de Lyon, du costé du soleil couchant, il y a un païs nommé Forests, qui en sa petitesse contient tout ce qui est de plus rare au reste des Gaules : car estant divisé en plaines et montagnes, les unes et les autres sont si fertiles et situées en un air si tempéré que la terre y est capable de tout ce que peut désirer le Laboureur. Au cœur du païs est le plus beau de la plaine ceinte comme d'une forte muraille des monts assez voisins, et arrousée du fleuve de Loire, qui prenant sa source assez près de là, passe presque par le milieu, non point encore trop enflé ny orgueilleux, mais doux et paisible. Plusieurs autres ruisseaux en divers lieux la vont baignant de leurs claires ondes, mais l'un des plus beaux est Lignon, qui vagabond en son cours, aussi bien que douteux en sa source, va serpentant par ceste plaine depuis les hautes montaignes des Cervières et de Chalmarel, jusques à Feurs, où Loire le recevant et luy faisant perdre son nom propre, l'emporte pour tribut à l'Océan.

« Or, sur les bords de ces délectables rivières, on a veu de tout temps quantité de Bergers, qui pour la bonté de l'air, la fertilité du rivage et leur douceur naturelle vivent avec autant de bonne fortune, qu'ils recognoisent peu la fortune. Et croy qu'ils n'eussent deu envier le contentement du premier siècle, si Amour leur eust aussi bien permis de conserver leur félicité, que le Ciel leur en avoit esté véritablement prodigue. Mais endormis en leur repos ils se sousmirent à ce flatteur, qui tost après changea son authorité en tyrannie. »

Là donc, entre Boïen, antique cité gauloise du vaillant petit peuple des Boïens, Saint-Georges en Couzan, Sail-sous-Couzan, Marcilly, Uzore, villages aux belles ruines et vénérables églises, et Saint-Etienne-le-Molard, proche le château de la Batie, domaine héréditaire des d'Urfé, dans le cadre ci-dessus dépeint, se sont passées les jolies aventures d'amour, de coquetteries, de brouilles, de sacrifices, de tendres plaintes et d'heureux raccommodements narrés dans l'illustre pastorale. Là, Céladon, épris des perfections d'Astrée, éprouva « qu'il n'est rien de constant que l'inconstance ». Près de la montagne d'Izore il vint « s'asseoir sur un tertre moussu, contre lequel la fureur de l'onde en vain s'alloit rompant » et, dépité contre l'infidèle, se jeta dans la rivière où il se fût noyé sans le secours des nymphes.

Philis et Licidas, Alcippe et Lindamer, Léonide et Sylvandre, Galatée, Sylvie, Diane, sans oublier le druide Adamas, et sans nommer maints personnages idylliques, héroïques et mythologiques, tout ce monde aimable de séduisantes bergères et de bergers galants, qui débitent tant de maximes, de sentences, de madrigaux, de compliments, de douceurs, de fadeurs et d'exquises paroles, venues du cœur aux lèvres, tous rêvaient ici ; leurs ombres imaginaires doivent errer mélancoliquement sur les bords du Lignon.

Y eût-il jamais, en ces rêves, une portion de réalité ? Le seigneur Honoré d'Urfé copiait-il, en les embellissant, les paysages et les êtres que voilà devant nous ? Non point, sans doute. Cette agreste région n'est pas une Arcadie. Pour ériger ses humbles conducteurs de troupeaux et leurs pauvres compagnes en autant de

Céladon et d'Astrée, il faudrait les regarder avec les yeux de don Quichotte. Mais qu'importe, si le conte nous a plu, qu'il soit un conte ? L'en aimerons-nous moins, parce qu'au lieu de bergères et de bergers véritables, il nous décrit une idéale société de gens polis, délicats et généreux jusqu'au raffinement ? Éloignons-nous de la scène, mais sans regret du voyage et de la lecture, tout au plus avec le sourire de Fontenelle :

> O rives du Lignon
> O plaine du Forez !
> Beaux lieux consacrés aux amours les plus tendres,
> Montbrison, Marcilly, noms toujours pleins d'attraits,
> Que n'êtes vous peuplés d'Hylas et de Sylvandre ?

Le château de la Batie est du moins une vérité, mais une vérité qui tourne à l'imposture. Ce vieil édifice, dans le goût de la Renaissance italienne, moisit sous la mousse et l'herbe parasite de l'abandon. Le temps a noirci les belles arcades de sa loggia où menait un escalier d'une rampe si large et si douce que les carrosses y montaient sans embarras. L'irrespectueuse avarice a dépouillé les appartements des meubles et des draperies du plus artiste des siècles. Il lui reste une chapelle, encore somptueuse, tout ornée de fresques et de bas-reliefs, et une jolie grotte en cailloutis qui servait de salle de bain.

On revient de Boën vers les rives de la Loire par une large route qui va droit de l'Est à l'Ouest et, précisément, se croise avec celle de Saint-Étienne à Roanne, dans l'ancienne capitale du Forez. Feurs, — *Forum segusiavorum* ou *segusiave* — bien plus déchue que Montbrison, a donné son nom au pays. C'était une colonie romaine florissante au temps d'Auguste, un fief indépendant au moyen âge. C'est aujourd'hui une petite ville tranquille de quatre ou cinq mille âmes bourgeoises, où les archéologues déterrent à coups de pioche des fragments de colonnes et déchiffrent à grand renfort de besicles des inscriptions lapidaires. Cependant, tout comme Paris, Feurs a son monument consacré aux victimes de la Révolution, qui ne sont, bien entendu, ni roi, ni reine, ni princesses, ni grands seigneurs, mais hobereaux que le conventionnel Javogne fit guillotiner et fusiller publiquement en 1794, pour la part qu'ils avaient prise aux émeutes royalistes de Lyon. La chapelle expiatoire, en style de 1824, est beaucoup moins grande, mais aussi laide que celle du boulevard Haussmann. Bien près, la statue martiale du brave colonel Combes, tué en 1837, en montant, avec un superbe courage, à l'assaut de Constantine, honore une mort vraiment glorieuse.

Autour et au delà de Feurs, le voyage est monotone : serrée par les gorges étroites, quoique peu élevées, du Saut-du-Pinet et du Saut-du-Perron, la Loire coule à flots vifs et pressés dans une campagne médiocre. Des squelettes décharnés et troués d'habitations féodales, la plupart construites par les comtes du Forez, s'effritent sur les hauteurs. A Roanne, le canal latéral du Centre vient faciliter la navigation du fleuve, et c'est l'originalité de cette petite ville que l'union de ces deux cours d'eau, bordés de quais spacieux.

Roanne, très industriel et très commerçant, a vingt-

SAINT-MAURICE-SUR-LOIRE

cinq mille habitants, des fabriques de tissus, de draps, de mousselines, de calicots, d'indiennes, des teintureries, des tanneries et des ateliers de céramique ; mais avec tout cela qui lui procure l'aisance et certains plaisirs, « à l'instar de la capitale », rien ne s'y trouve de ce que l'on souhaite rencontrer en voyage : vestiges du passé, originalité de couleur, particularité d'aspect. C'est un maigre édifice que son château, et nous doutons que les ducs de Roannais, ou de Roannez — un d'eux fut l'intime ami de Pascal — l'aient jamais habité. On traverse avec ennui les quartiers bourgeois sans éclat et les faubourgs ouvriers sans pittoresque, que l'industrie a créés pour des millionnaires et des pauvres.

Que le chemin de fer, roulant vers l'Ouest, nous mène bien vite à d'autres tableaux !

SAUT-DU-PERRON

CHAPITRE IV

LE BOURBONNAIS

La Palisse est la première ville du Bourbonnais où le railway nous arrête. On connaît la chanson :

> Monsieur de la Palice est mort,
> Est mort devant Pavie.....

Bien que nous nous en défendions comme d'une incivilité, ce fredon nous taquine les lèvres, tandis que nos yeux découvrent un amas de chaumières, de fabriques, de jardinets groupés au pied d'un château de la Renaissance. Avec ses nobles façades, ses pignons ardoisés, ses fines tourelles pointues, son mince donjon crénelé, le château est de mine imposante, mais le fredon est tenace : on le chasse, il revient. Tant de générations l'ont chanté avant nous ! Et puis, il est si narquois dans sa bêtise voulue, il raille si drôlement le badaud, le gobe-mouche, le *snob* comme nous l'entendons en France. En criblant de brocards ce type imaginaire de niaiserie, proche parent de Gribouille, de Cadet-Roussel et de Joseph Prudhomme, n'est-ce pas un peu nous-mêmes que nous tournons en ridicule ? Simplicité d'esprit, crédulité naïve, admiration irréfléchie, ou, si mieux vous plaît, bonhomie, confiance, enthousiasme, n'est-ce pas le fond même du caractère national ?

En tout cas, personne moins que l'illustre Jacques de

Chavannes, seigneur de la Palice, ne méritait la raillerie qui le défigure et le bafoue, non devant l'histoire qui se souvient, mais devant la foule qui oublie. Maréchal de France, gouverneur, pour le roi, du Bourbonnais, de l'Auvergne, du Forez, du Beaujolais et du Lyonnais, c'était de toutes pièces un héros. Habile et vaillant à la guerre, sage au conseil, homme de ressource, merveilleux dans la défense comme dans l'attaque, et dans la retraite comme dans la victoire, digne émule de Bayard, le fragment d'un vers du *Cid* :

..... Un long tissu de belles actions

résumerait sa vie.

Admirable à Ravennes, à Guinegate, à Marignan, à la Bicoque ; admirable encore en Provence, lorsqu'il força les Impériaux à lever le siège de Marseille, il eut la douceur, réservée à peu de grands capitaines, de mourir en soldat, à cette bataille de Pavie, où parut sombrer l'honneur français. Et il mourut, l'âme sereine, car, ayant prévu la défaite, il s'était opposé à la lutte, contre l'avis des généraux de cour, muguets et favoris des dames. Mais, à ce propos, le persiflage immortel ne serait-il point venu de ces jolis messieurs ? Ils en étaient fort capables, et leurs pareils n'ont jamais épargné les gens de mérite...

Si la statue du bon maréchal se dressait devant la façade du château héréditaire de sa famille, ce serait justice : ce château est en partie son ouvrage. Malgré bien des retouches, il offre l'ensemble d'élégance et de force qui caractérise l'architecture du quinzième au seizième siècle. Les fenêtres à meneaux sculptés, les délicates ogives de la chapelle, de belles figures en encorbellement soutenant des écussons, enfin les grandes salles intérieures dans le goût des galeries de Saint-Germain et de Fontainebleau, prouvent que le compagnon de Charles VIII, de Louis XII et de François Ier, dans leurs expéditions d'Italie, s'était, comme ses maîtres, pris d'admiration pour la Renaissance. Son tombeau, d'un style superbe, le faisait mieux voir encore, mais il n'est plus ; des profanes l'ont brisé, et ses débris épars moisissent dans l'ombre des musées provinciaux.

TOUR DE L'HORLOGE, A VICHY

Saint-Germain-des-Fossés ! Les voyageurs pour Vichy changent de voiture !... Descendons.

Déjà nos futurs compagnons de voyage, bruyants, inquiets, affairés, encombrent les quais de départ : des femmes en toilettes claires et légères, ombrées d'un immense chapeau de paille ; des hommes, en complet à la mode, la jumelle en sautoir, comme on les voit aux courses ; des malades, maigres, jaunes, plombés, voûtés, cassés, qui ne vont pas à Vichy pour rire, — c'est le petit nombre ; des indéfinissables, non pas même atrabilaires, qui vont aux eaux par manière de passe-temps, pour clore la saison d'été, mener quelques jours la vie amusante des villes thermales, jouer, danser, flirter, luncher, souper. Puis, trop sanglés, tirés à quatre épingles, des grecs ou des faiseurs, des joueuses de profession ou des aventurières cosmopolites. En ce genre, plusieurs couples admirablement assortis. Pour ceux-là, Vichy remplace Monaco : c'est le Bade de la France.

Et tout ce monde se mélange, cause, se traite avec la demi-familiarité de gens appelés à vivre ensemble. Les malades échangent des confidences, se décrivent leurs affections, se racontent leurs remèdes, se vantent leurs médecins. Conversations pathologiques. Ailleurs, parlotes d'affaires. On se rapporte les nouvelles du Casino, triomphes du baccarat, gains énormes des *petits chevaux*, de la *garde nationale* ou de la *chouette*, les scandales, les vols ou les suicides récents. Un malheureux fils de famille, très jeune magistrat, vient de se brûler la cervelle, ayant, en deux ou trois nuits, joué et perdu quelque cent mille francs, toute sa fortune. Pauvre diable ! Quelle espèce d'homme sourit d'aise en écoutant ces propos ? Visiblement de bons petits croupiers, d'excellents usuriers, dont ces passions folles arrondissent la sacoche et la bedaine.

On part. Le train pénètre à toute vapeur dans la Limagne du Bourbonnais, moins grasse et fertile que la Limagne d'Auvergne, mais aussi pittoresque. L'Allier coule, large et transparent, sur un fond de sable, que le soleil change en sable d'or. Au loin, des collines ondulent, s'étagent, pareilles aux marches gigantesques d'un escalier tendu vers le ciel...

Vichy !..... Une belle gare à triple pavillon de ville riche; des agents de police et des gendarmes à toutes les issues, dans toutes les salles, jusque dans la cour. Ces dignes représentants de l'autorité vous dévisagent, comme s'ils cherchaient à deviner vos intentions. *In petto*, sachant par cœur le signalement qu'ils ont en portefeuille, ils comparent vos traits aux traits de nombreux malfaiteurs recommandés à leur surveillance. Vichy, à la flamme de son luxe apparent, de ses fêtes, de ses jeux, attire beaucoup de papillons nuisibles : il faut bien que les malades puissent se baigner, boire, inhaler en paix, sans craindre les filous.

Devant vous rayonnent des boulevards spacieux, cossus, bordés d'arbres et d'hôtels meublés : les arbres vigoureux et touffus ; les hôtels confortables et discrets par leurs portes ouvertes montrant des jardins extrêmement fleuris. A chacun de vos pas, vous sollicitent des noms de médecins avec l'heure des consultations, et des pharmacies avec une multitude de panacées : sirops, pastilles, pâtes et emplâtres, illustrés de réclames. Tout promet la santé, l'annonce, l'assure, en demande le prix. Ici, la plupart des rues ont des noms de médecins distingués. Que de princes de la science célèbres à Vichy, ignorés ailleurs !

L'*Éden-Théâtre :* un concert à l'instar de Paris, un tripot à la mode d'où vous voudrez ; du clinquant, qui paraît du luxe. Dans le jardin, les petits chevaux astiqués, fourbis, miroitent, en attendant qu'ils fascinent.

Le *Casino :* blanc et or, composé d'une rotonde serrée entre deux pavillons d'un style riche et banal ; des cariatides de Carrier-Belleuse, élégantes sans originalité, soutiennent le fronton, et, du même artiste, un joli groupe, rien que joli : la Naïade de Vichy, entourée de petits génies symbolisant les sources, emplit le cintre évidé d'une niche décorative.

Le *Parc* est charmant dans son cadre de maisons somptueuses, avec ses massifs de fleurs, ses allées de tilleuls, de platanes et de marronniers impénétrables au soleil, ses kiosques, son large horizon de plaines diaprées et de collines bleues. Près de sa végétation luxuriante, des bazars mettent les formes diverses et les couleurs vives, pailletées, luisantes, des articles de Paris, bibelots d'étagère, de toilette, de poche, et les facettes brillantes des cristaux et des porcelaines indigènes.

L'Allier arrose la terrasse du parc, lequel se prolonge, de l'autre côté du pont, en de grandes allées d'arbres très vieux. Ces promenades silencieuses ombrent et rafraîchissent l'hôpital militaire, l'hôpital civil, les sources anciennes et connues, le Vichy de nos aïeux, où les sénateurs, les patrices, les curiales, les décurions et centurions, hôtes momentanés de la station gallo-romaine d'*Aquæ Calidæ*, venaient chercher guérison, et celui de Mme de Sévigné, plus fameux encore, parce que la littérature l'a fait immortel.

L'ancien Vichy, bien obscur et bien étroit auprès du nôtre, si large et si lumineux, semble se faire tout petit pour éviter les transformations prochaines. Nous aimons ses humbles rues : Verrier, du Rocher, de la Porte-Verrier, qui se croisent sur une légère éminence, entre l'église pauvre et la tour du château féodal, édifié par le duc Louis II de Bourbon. Les nobles malades du temps jadis les retrouveraient comme ils les ont laissées.

Voilà-t-il pas, très amoindri et tout noir devenu, le couvent des Célestins ? il fut très riche et souvent pillé par les gens de guerre ; beaucoup de grands seigneurs y étaient inhumés. La Maison du Bailly ouvre toujours sa basse porte en ogive sur un escalier en colimaçon ; la

Tour de l'Horloge sonne aujourd'hui, comme autrefois, les heures de la douche et des bains; la Fontaine des Trois-Cornets, construite en 1583, n'a pas changé, et M*me* de Sévigné reconnaîtrait le pavillon où elle demeurait en 1676. Maisons bourgeoises aux pignons ambitieux, chaumières paysannes aux toits moussus, aux façades enguirlandées de vigne sont là, elles aussi, comme enracinées dans le sol, assoupies dans le calme du passé défunt. Libre à nous de les animer avec les ombres majestueuses en perruques, justaucorps ou falbalas de la société disparue.

Savez-vous quelles étaient les distractions préférées de ces nobles malades? D'abord ils n'allaient à Vichy que si leur santé en exigeait le voyage, alors difficile et pénible. Mais comme il faut éviter l'ennui, et que le plaisir aide à la guérison, ils s'amusaient; ils jouaient sans doute, et gros jeu, partagés entre le hoca, le reversis, le lansquenet et le brelan; s'ils ignoraient le Casino, ils appréciaient le tapis vert. Néanmoins, de ces délassements auxquels M*me* de Sévigné devait prendre part, il n'est pas question dans ses lettres. Elle leur préfère, et de tout son cœur, la *bourrée* dansée aux sons de la cornemuse ou de la flûte par les jeunes gens du pays. Cela seul la chatouille d'une vive et fine allégresse. C'est, pour elle, comme une idylle en action.

La voyez-vous, entourée de ses amis, Vardes, Brissac, Saint-Hérem, Plancy. Elle vient de passer avec eux la journée du 20 mai 1676, et la résume, en procédant par ordre : « Des demoiselles du pays, avec une flûte, ont dansé la bourrée dans la perfection; » ensuite des bohémiennes « poussant leurs agréments » font « des *dégogniades* où les curés trouvent un peu à redire ». Puis, « à cinq heures on va se promener dans des pays délicieux ; à sept heures on soupe légèrement, on se couche à dix ». Spectacles de bohèmes, bourrées, légers repas, promenades hygiéniques, telles sont les réjouissances que permet le régime. Simples et modestes goûts de nos aïeux ! Qui donc aujourd'hui, parmi les mondaines en saison de Vichy, se contenterait de ce qui suffisait à la marquise ?

Le 26 mai, des femmes fort jolies dansent la bourrée devant elle ; elle écrit aussitôt : « Si l'on avait à Versailles de ces sortes de danseuses en mascarade, on en serait ravi pour la nouveauté. » Une autre fois : « Il y avait un grand garçon déguisé en femme qui me divertit fort, car sa jupe était toujours en l'air et l'on voyait dessous de fort belles jambes. » Grâce à ces belles jambes, elle supporte patiemment l'inévitable douche ; la douche, cette « répétition du purgatoire », dont sa pudeur se plaint avec tant d'esprit : « On est toute nue dans un petit lieu sous terre, où l'on trouve un tuyau de cette eau chaude, qu'une femme vous fait aller où vous voulez. Cet état, où l'on conserve une feuille de figuier pour tout habillement, est une chose assez humiliante. » Mais ce désagrément, vite on l'oublie, si des bergers et des bergères, comparables à ceux du Lignon, exécutent, au son d'un violon ou d'un tambour de basque, qui ne coûte que quatre sous, « une bourrée dansée, sautée, coulée naturellement et dans une justesse surprenante ».

Ses amis s'en vont l'un après l'autre ; elle est seule, pensez-vous qu'elle s'en fâche ? Au contraire, elle sera fort aise encore. « Pourvu, dit-elle, qu'on ne m'ôte pas ce pays charmant, la rivière d'Allier, mille petits bois, des ruisseaux, des prairies, des moutons, des chèvres, des paysannes qui dansent la bourrée dans les champs, je consens à dire adieu à tout le reste ; le pays seul me guérirait. »

Les cercles, l'Éden-Théâtre, l'Élysée, les stations au café, les bals, soirées et concerts, remplacent ces plaisirs, vraiment trop peu coûteux pour n'être pas vulgaires. La bourrée a perdu son prestige. On se promène encore, mais comment ? Des impresarii se chargent d'organiser les parties de campagne, ils en tracent l'itinéraire et le menu, décident où l'on s'arrêtera, ce qu'il faudra visiter, admirer. L'excursion pittoresque, le lunch, le déjeuner sur l'herbe, le point de vue, sont tarifés à tant par tête... Rien de plus commode et de plus assommant.

Il est dix heures. Voyez dans l'or poudreux du matin rouler à travers les rues encore endormies les mail-coachs, les breacks, les chars à bancs, les calèches et les fiacres, que recouvrent des parasols de toile blanche frangés de rouge. Les voitures, frottées, astiquées, vernies, brillent comme des miroirs, des queues de renards pendent aux oreilles des chevaux, et leurs crinières tressées secouent des sonnettes. Clic, clac ! Les fouets animent les montures, elles filent au galop,

LA PLACE, A CUSSET

à peine on a le temps de voir installés sur les banquettes ou renversés sur les coussins, les femmes en fraîches toilettes de la bonne faiseuse, gantées, coiffées « au dernier chic », les hommes empesés, roides, guindés, boudinés toujours impeccables. La caravane prend la route de Cusset ou de Busset, de Gannat ou de Chantelle, elle ira peut-être jusqu'au puy de Montoncel, le plus haut sommet des monts de la Madeleine, et plus loin encore, jusqu'en Auvergne, au Midi, jusqu'à Saint-Pourçain, vers le Nord.

Le pays n'est point d'une beauté grandiose, capable

d'effaroucher ces honnêtes excursionnistes, qui ne s'aventurent pas au hasard, et sans guide, mais il possède, en quantité suffisante, les agréments susceptibles de leur plaire : horizons changeants, vallons aimables, collines peu sévères, cascades, roches, grottes à stalactites. De plus, quelques châteaux vaguement célèbres, et des villages point trop rustiques dont les habitants ont cent raisons de tirer leurs bonnets aux promeneurs de conséquence et de prévenir leurs désirs. Vichy, pour toute la campagne environnante, n'est-il pas une bénédiction ? La mode, comme une baguette de sorcier, a fait de chacun de ses puits un trésor inépuisable. Les eaux bienfaisantes, à son contact, se transmutent incessamment en monnaie sonnante, étincelante, papillotante, qui, trébuchant, roulant, circulant, tombe enfin dans l'escarcelle altérée du paysan, rafraîchit l'*aurea fames* inextinguible, qui lui brûle le cerveau et lui dessèche le cœur !

Entre les sites que recommandent les guides, que les photographes font poser et que les jeunes personnes croquent sur leurs albums, d'aucuns méritent leur réputation. Cusset a ses curieuses maisons du seizième siècle ; Bourbon-Busset a son château construit du quatorzième au quinzième siècle, un peu remanié, un peu neuf, mais si pimpant, spécimen parfait d'une architecture indécise, où le moyen âge et la Renaissance ont mis la main, l'un dressant la tour ronde et le donjon carré, l'autre prodiguant les sveltes tourelles,

les encorbellements délicats, les fleurons, les sculptures. Près de Cusset, sur les bords du Sichon, Mongilbert, à cinq cents mètres de hauteur, et sur un mamelon de deux hectares, garde les énormes ruines d'une forteresse du moyen âge, huit tours rondes, un bâtiment féodal presque entier d'où les regards plongent dans une perspective sans bornes, embrassant les monts de la Madeleine et les monts d'Auvergne, croupes et dômes innombrables tout noirs sous les ombrages des sapins, pareils aux vagues soulevées, contournées, d'une mer de granit.

Ailleurs, Gannat a son église de Sainte-Croix, aux riches vitraux peints par un élève du Dominiquin, Jacques du Paroy ; les restes de sa vieille enceinte et son château de la Faulconnerie ; Chantelle, antique cité du Bourbonnais, rassemble au centre d'un paysage agreste et charmant, dans une île chevelue, les débris du château habité par la régente Anne de Beaujeu et par le connétable de Bourbon. Entre Gannat et Chantelle, Ébreuil offre les restes de son abbaye, et Veauce ente sur une roche escarpée des tours féodales flanquant un merveilleux logis du temps de Louis XIII.

Au nord de l'Allier, le pays a moins de charme ; les collines abaissées s'étalent en longs versants monotones, les *brandes* stériles plaquent les cultures de larges croûtes jaunâtres ; çà et là, sur le sol humide, croissent des joncs et des ivraies ; des étangs croupissent dans les plaines, des forêts rassemblent plus de maigres taillis que de hautes futaies. En même temps, les villages se font plus rares, les châteaux plus nombreux. La grande propriété se carre en puissante maîtresse du mont et de la plaine, de la chasse et de la pêche ; les *domaines* exploités par ses tenanciers s'étendent à perte de vue.

Imposée par la noblesse provinciale, encore fourmillante, malgré la Révolution, et par une oligarchie bigarrée de parvenus, la servitude héréditaire pèse sur le paysan ; l'usure le ronge, l'accule à la misère du journalier ; une nourriture grossière, un travail exténuant, des préoccupations mesquines ; la crainte du maître rapetissent, épaississent sa race, lui font des mœurs étrangement cauteleuses, dénuées de scrupules, sournoises et grivoises.

Moulins est la grande ville de ce pays plat. Cette grande ville, il est vrai, n'a guère plus de vingt-deux mille habitants ; mais, vue d'aval, largement espacée sur les bords du large Allier, ample comme un beau fleuve, de hautains édifices la dominant : flèches d'églises, donjon féodal, beffroi, habilement distribués par le génie artistique du Hasard, elle fait illusion. Elle semble puissante et riante. Voilà bien, se dit-on, l'altière et magnifique capitale d'une province célèbre de l'ancienne France !

Quand le mirage s'est évanoui, Moulins, dans un pâle reflet de sa gloire éteinte, apparaît comme une ville agréable, grasse et saine, exempte des fumées de l'industrie et de l'ambition. Le progrès lui vient doucement, sans troubler ses traditions locales, ses mœurs paisibles, originales dans leur urbanité, dans leur quiétude. Elle a, chose de plus en plus rare, une physionomie. Ceux que fatiguent, exaspèrent le fracas, la cohue des cités modernes, apprécient l'inexprimable attrait des cités qui vieillissent lentement, en se laissant vivre, sans se tourmenter, sans se faire de bile.

Des boulevards, un mail ombragé, acheminent de la gare à la ville et des *cours* bordés d'arbres, remplaçant les fossés comblés, lui font une enceinte de verdure. Dans ces limites, tracées du treizième au quatorzième siècle, s'inscrit un écheveau de rues obscures. Pénétrez dans ce dédale sans crainte de vous égarer, et très vite, avec les bonheurs de la surprise, vous découvrirez le vieux château, le pavillon de la reine Anne, la cathédrale, l'ancien couvent de la Visitation, où gît

BEFFROI (MOULINS)

le tombeau monumental du maréchal-duc de Montmorency, le beffroi du quinzième siècle, devenu la Tour de l'Horloge, et certaines demeures d'antan, historiées et sculptées.

Une tour sombre et massive, que l'on nomme la *Mal-*

LA MAL-COIFFÉE

Coiffée, quelques pans de murs rattachés à cette tour, le tout bâti sur une esplanade, au-dessus d'une foudrière jadis inabordable, c'est le vieux château, bien déchu.

La Mal-Coiffée sert de prison ; à la tristesse de ses murailles percées d'étroites fenêtres grillées, on croirait volontiers qu'elle n'eut jamais d'autre destination.

Cette rude forteresse porte bien la date du quinzième siècle, siècle d'invasions étrangères et de dissensions intestines, où les ducs de Bourbon, cousins des rois de France, devaient lutter à la fois, et sans cesse, contre les Anglais et contre les Bourguignons.

La Mal-Coiffée est l'illustre antiquité de Moulins, qui n'est pas d'ailleurs une ville antique : on commençait à peine à le nommer au douzième siècle. Une histoire d'amour expliquerait son origine.—Vraisemblable ? — Pourquoi pas ? La religion, la guerre, l'amour, — le prêtre, le soldat, la femme, présidaient alors à la fondation des cités, comme autrefois, en Grèce, les dieux, les héros, les poètes, comme aujourd'hui le commerce et l'industrie.

Donc, on contait d'un sire de Bourbon qu'il vint de Bourbon-l'Archambault, berceau et résidence de sa famille, chasser en lieu presque désert près d'un moulin battant l'eau de l'Allier. Le meunier avait une fille ; cette fille était belle, le sire l'aperçut, s'en éprit, en fut aimé, revint souvent la voir, et le théâtre de ses amours lui plaisant, il y fit bâtir un château, qui fut, comme beaucoup de châteaux, le centre d'attraction d'une bourgade. La bourgade grandit, les ducs de Bourbon s'y établirent, elle devint une ville : cette ville, c'est Moulins.

Telle quelle l'histoire nous a bien l'air d'une légende imaginée de point en point par un galant chroniqueur. On va pourtant jusqu'à nommer le père de la jolie fille, il s'appelait Bréchimbault, une rue sauvegarde sa mémoire. Après cela,

> Doutez si vous voulez, et croyez s'il vous plaît.

Vers la fin du quinzième siècle, le vieux château ne répondant plus au faste des ducs de Bourbon, de nouveaux bâtiments lui furent ajoutés et construits dans le style exquis de la première Renaissance. Ces bâtiments ont disparu à l'exception du pavillon d'Anne de France, où probablement logea la très sage, très prudente et très fine Anne de France, dame de Beaujeu, fille de Louis XI, mariée en 1464 au duc Pierre II.

Ce reliquat est, hélas ! peu de chose : un seul étage, en saillie, reposant sur une galerie dont les arcades, autrefois ouvertes, sont murées, et que surmonte une légère coupole du plus gracieux dessin. Mais cela malgré les profanations, les remaniements, rappelle l'admirable. Baptistère du palais de Fontainebleau. La décoration, que l'on n'a pu complètement détruire, est ravissante. Ce sont des pilastres d'une extrême élégance, des oves, des feuillages, des médaillons avec le chiffre de Pierre II, des figures fantastiques et autres ornements sculptés avec délicatesse et précision dans les tympans, les frises et les archivoltes. Ecouen n'offre rien de plus remarquable. Au sommet de ce bijou d'architecture flotte le drapeau tricolore. C'est, pensez-vous, qu'on en a fait un musée ? Ayant abrité presque des rois, il est hospitalier aux arts, c'est juste. Que vous êtes loin de compte ! Le *Pavillon d'Anne de France* est une caserne de gendarmerie !

Que diraient de cette transformation ridicule l'illustre régente, et surtout le grand connétable Charles de Bourbon, lequel en 1517, recevant François Ier comme parrain de son premier né, donna dans ce château des fêtes si éclatantes, et s'entoura d'une telle splendeur que le roi en fut jaloux ? « Cinq cents gentilshommes l'accompagnaient, — rapporte Brantôme — habillés tous de velours que tout le monde ne portait pas en ce temps-là, et chacun une chaîne d'or au col, faisant trois tours qui était pour lors une grande parade, et signe de noblesse et richesse. » Que dirait aussi Charles IX, qui dut y présider les États de 1566 d'où sortirent les belles ordonnances du chancelier Michel de l'Hospital ? Et Henri IV, et Louis XIV, derniers hôtes royaux de ce séjour, l'un en 1595, l'autre en 1646 ?....

La cathédrale est l'étrange juxtaposition d'un édifice inachevé du quinzième siècle et d'un édifice de nos jours absolument disparate ; le premier seul, comprenant le portail et la nef, a quelque beauté. Plusieurs vitraux, qui mêlent à des scènes religieuses les portraits des seigneurs de Bourbon à la fin du quinzième siècle, sont d'un exact dessin et d'une couleur harmonieuse ; d'autres, représentant des martyres, des massacres, brillent par une atroce vigueur, où se reconnaît l'imagination fanatique du siècle de la Saint-Barthélemy. De la même inspiration violente et désolée relève une image curieuse de la Mort figurée en relief par un cadavre que rongent une multitude de vers; un distique latin commentant cette horreur :

> *Olim formoso fueram qui corpore putri*
> *Nunc sum : tu simili corpore, lector, eris!*

Le trésor de l'église se compose d'une pièce unique mais cette pièce, un triptyque du Ghirlandajo, est à elle seule un trésor. Il représente au milieu les délicieuses figures de la Vierge-Mère et de l'enfant Jésus, enlevés, avec leur cortège de séraphins, dans une gloire céleste ; — sur les panneaux : d'un côté, le duc Pierre II, auprès de lui saint Pierre qui le présente à la Vierge ; — de l'autre, Anne de France et sa fille Suzanne sont accompagnées de la patronne de la duchesse. Composition claire et recueillie, d'une couleur suave et brillante, d'une pure et douce lumière.

Aux alentours de la collégiale, rue Notre-Dame, rue des Grenouilles, rue du Vieux-Palais, se rencontrent les plus anciennes maisons de Moulins ; il en est de vraiment curieuses, la plupart construites du quinzième au seizième siècle, dans le temps où la ville était peuplée d'une noblesse et d'une bourgeoisie fortunées.

Vous chercheriez vainement dans l'ex-couvent de la Visitation, devenu lycée, les cellules où vécurent et moururent dans une austère et décente pénitence Marie de Chantal, fondatrice et première abbesse de l'ordre des Visitandines, et la très malheureuse princesse Marie des Ursins, veuve du maréchal duc de Montmorency Henri II, décapité pour haute trahison à Toulouse en 1632. Mais la chapelle renferme toujours le mausolée superbe élevé par cette inconsolable Artémise aux mânes de son époux, monument d'apparat où François Anguier, Regnauldin, Coustou l'aîné et Thibaut Poisant ont convié les anges du Ciel et les dieux de l'Olympe, les vertus théologales et les génies mythologiques à célébrer les mérites du défunt.

Au premier plan, sur un sarcophage de marbre noir, le duc, en costume romain, repose à demi couché, appuyé sur sa dextre, dans une attitude gracieuse et fière ; on s'explique, à le voir si noble et si beau, la profonde douleur exprimée par sa femme assise près de lui, mains jointes, les yeux levés pour la prière.

Sur le même plan, dressées sur des socles, une admirable statue d'Hercule personnifie le courage du chef d'armée, et une statue de la Charité symbolise la bienfaisance de la duchesse. Derrière et au-dessus du sarcophage, entre des colonnes de marbre noir qui supportent un entablement et un fronton ouvragés, le dieu Mars et la Religion renouvellent ces louangeuses allégories. Au centre, des anges, animés d'un mouvement juste et charmant, enguirlandent de fleurs une urne cinéraire ; au sommet, deux génies, déployant les armes fastueuses des Montmorency, complètent une décoration harmonieusement théâtrale.

Le musée départemental est installé dans le Palais de justice, le musée de la ville, à la mairie. Des fragments d'antiquités, trouvés à Néris, à Bourbon, à Vichy, des moulages, des faïences, des étoffes, quelques peintures, entre autres un beau moine en prière de Muraton, voilà leur modeste fortune. La bibliothèque possède un joyau inestimable dans une bible romane du douzième siècle provenant du prieuré de Souvigny, merveilleux volume empli d'enluminures exquises, et relié dans un fermoir en métal, ciselé avec une patience infinie.

Irons-nous aux environs de Moulins? Des vergers, des pépinières, alternant avec les friches, ne sont pas séduisants ; l'antique abbaye d'Izeure, aujourd'hui colonie d'enfants assistés, est méconnaissable ; mais on ne peut guère se dispenser de visiter Souvigny, Saint-Menoux et Bourbon-l'Archambault, excursions facilités depuis peu par les chemins de fer économiques ou ceux de l'État.

Souvigny est illustre : il semble qu'il ait toujours existé. Charlemagne, au début de sa conquête, y triompha des Aquitains révoltés ; les sires de Bourbon, à l'époque où Charles le Simple les confirmait dans l'hérédité de leur fief, y bâtirent, sur le sommet du coteau où se répand le village, un château-fort dont les paysans ont approprié les ruines à leur usage : leurs charrettes à bœufs franchissent des portes seigneuriales, leurs rideaux en cotonnade bleue ou rouge voilent de hautes fenêtres en ogives, leurs ménages vivent au frais en des salles écussonnées,

Vers le dixième siècle, le très pieux Aymar Ier, sire de Bourbon, fonda pour des moines de Cluny le célèbre prieuré qui survécut au château, lorsque ses successeurs transférèrent leur résidence à Moulins. Ce prieuré fut l'une des grandes institutions de l'Église de France; il en subsiste un magnifique témoignage de puissance et de richesse : son église.

Dans cet immense édifice le cintre roman, l'arcade ogivale, le pinacle gothique, la fine balustrade, la lourde tourelle, l'échanguette féodale, l'arc-boutant élancé, se mêlent dans une masse sombre et grandiose. Cinq rangs de colonnes, aux chapiteaux étranges, la partagent intérieurement en cinq nefs éperdues, nefs jadis éclairées par de flamboyantes verrières, tapissées de tableaux de maîtres et d'étoffes précieuses, meublées de statues polychromes et de figurines en faïence de Nevers, lambrissées de boiseries chantournées; — maintenant, sous le jour cru de simples vitres, étalant des murailles nues où s'accrochent, parce qu'on n'a pu les en détacher, les faibles vestiges d'une lointaine opulence. Tels encore, pourtant, raviront l'artiste et l'archéologue : une armoire en pierre peinte et sculptée au douzième siècle, encastrée dans un transsept; une colonne octogonale dont toutes les faces sont emplies par des médaillons, pareils à ceux que l'on admire à Saint-Denis, figurant les signes du Zodiaque et les mois de l'année ; deux chapelles, Sainte-Odyle, Saint-Mayal, fermées par des clôtures ajourées, fleuronnées avec la verve exubérante et le caprice inépuisable de la Renaissance à son aurore.

Mais l'intérêt des curieux, avant d'aller à ces œuvres d'art, s'adresse au tombeau des sires, comtes et ducs de Bourbon, dont le prieuré de Souvigny fut la nécropole. Ils sont, ces tombeaux, mutilés, défigurés. Les seigneurs et les dames étendus dans le chœur sur leurs sarcophages de pierre ou de marbre, la tête sur l'oreiller, un lévrier couché à leurs pieds, naïvement pieux dans une pose rigide, ont perdu toute physionomie. Ni le bon duc Louis II, ni la puissante Anne de Beaujeu, ne sont épargnés. Un seul mausolée est à peu près intact, celui de « très haut et puissãt price Charles de Bôbonnais et d'Auvergne, comte de Clermont et Valois, lequel trespassa le IIIIe jour de Décembre l'an mil CCCCLVVVV » et de « très haute et puissãte pricesse dame Agnès de Bourgogne, sa femme, fille de Monsr Jehan, duc de Bourgogne ».

Sous le chœur, — en des caveaux où il n'est permis de pénétrer qu'aux seuls membres de la famille des défunts — moisissent sur des tréteaux quelques cercueils armoriés. Ils sont vides, s'ils ne contiennent pas d'ossements problématiques. La Révolution a violé ces sépultures, qui lui étaient odieuses, et jeté au vent leurs dépouilles séculaires.

A côté de l'église, un portail, dont l'air majestueux

devait fort intimider les vassaux des moines, donnait accès au prieuré. Où sont les jours de gloire, de béate prospérité, où il s'ouvrait à des centaines de tenanciers apportant dîmes et redevances ? Vides, envahis par les herbes parasites et les lichens dévorants, les bâtiments abandonnés, le cloître aux arcades brisées, qui s'adosse au mur noirci et comme incendié de l'église, sont d'un aspect lamentable, dont la mélancolie vous pénètre jusqu'aux moelles. Beau texte à disserter sur la vanité des grandeurs !

A mi-chemin de Souvigny à Bourbon-l'Archambault, Saint-Menoux garde sa belle église abbatiale, mi-byzantine et gothique, édifiée du onzième au quinzième siècle, bien appauvrie, populaire jadis, quand les paysans fréquentaient la *débredinoire*. — La débredinoire ? — Vous avez bien lu. On nommait ainsi le tombeau du grand saint Menoux, espèce de coffre en pierre affritée, percé d'une lucarne au milieu, à hauteur d'homme. Les *bredins* — ce sont les fous en patois bourbonnais — voire les simples névralgiques, voulaient-ils guérir : ils allaient en pèlerinage à Saint-Menoux, passaient leur tête dans la lucarne, laissaient tomber une pièce de monnaie dans un plateau et se retiraient, le charme accompli. — Bizarre coutume ! Nous n'irons pas en chercher l'origine. Un chevalier, dit-on, guérit comme cela d'une folie causée par l'amour ! Eh quoi, encore un chevalier ! Taisez-vous, troubadour.

La vieille cité de Bourbon-l'Archambault — *Borvo :* bourbe, au temps des Romains — se voit de très loin, dressant, au-dessus d'une plaine monotone et pauvre, clairsemée de villages endormis, sur un roc, près d'un étang, trois tours rondes, un donjon démantelé, restes de la forteresse construite par les premiers seigneurs de Bourbon, les Archambault du onzième siècle. Deux jolies saintes-chapelles ont disparu. Quelques arceaux, des clefs de voûte, une ou deux fenêtres ogivales bâillant sur le vide, prouvent que ces gigantesques murailles enfermaient une demeure élégante.

Les Thermes de Bourbon-l'Archambault, déjà fréquentés à l'époque où les Gallo-Romains y adoraient le dieu *Borvo*, ne lui ont point fait une fortune comparable à celle de Vichy. Son casino est bien modeste, ses hôtels ne mènent point grand tapage ; les seuls malades, goutteux et rhumatisants, vont essuyer ses douches et s'abreuver à ses sources.

Il en était de même au dix-septième siècle, quand Mme de Montespan, encore si populaire, allait prendre ces eaux qui, « au lieu de lui guérir un genou, lui firent mal aux deux ». La toute-puissante maîtresse de Louis XIV « jetait beaucoup d'or partout et de fort bonne grâce », signalait sa cure par des bienfaits ; elle donnait des lits à l'hôpital, de l'argent aux malheureux, elle enrichissait les capucins, ces dévots infirmiers.

Mme de Sévigné y fut aussi, dans l'automne de 1687 ;

le pays ne l'enchantait pas comme celui de Vichy, au contraire elle trouve que

Il n'eut jamais du ciel un regard amoureux.

Mais les eaux lui paraissant « douces et gracieuses et fondantes », ne pesant point, « j'en fus, dit-elle étonnée, gonflée le premier jour, mais aujourd'hui je suis gaillarde, on les rend de tous les côtés ; point d'assoupissement, point de vapeurs ». Qu'ajouter à ce certificat si positif?...

Reprenons notre route. Dans l'ennuyeuse uniformité des longs plateaux, maigres forêts, mornes plaines, collines sableuses, se succèdent. C'est Franchesse, c'est Limoise, c'est le canton insignifiant de Lurcy-Lévy. Contrée sans agrément, paysans rustauds, mœurs grossières, parler nasillard et traînant, où se révèle la lenteur de l'esprit, discours que résument ces mots d'un patois sans naïveté : Eh ! voyez-donc ! j'y peux pas ! je d'bitte..., — nous nous hâtons de vous fuir !

CHAPITRE V

DE ROANNE A NEVERS

UN COIN DU MORVAN

Lecteur, nous te ramenons sur les bords de la Loire, à Roanne ; n'en sois pas trop surpris, nous t'avons averti de ces capricieuses exigences de notre itinéraire. N'en sois pas fâché non plus ; nous quitterons dans un instant une ville purement industrielle où la fantaisie d'un artiste serait aussi déplacée que la flânerie d'un papillon dans une ruche d'abeilles. Écoute : le train de Paray-le-Monial souffle, siffle et mugit ; nous le prendrons, avec nombre d'honnêtes et dévotes personnes, pour qui son horrifiant appel a des accents célestes. Ce n'est pas que nous ayons le loisir de coudre à notre chapeau les coquilles de saint Jacques, ni de lier à notre bâton de voyage le bourdon du pèlerin, insignes néanmoins pittoresques et congruents à de pieuses pérégrinations. Mais le chemin de l'illustre sanctuaire est aussi, par maints détours, celui des coteaux du Charolais, des houillères et des forges du Creusot, d'Autun aux ruines romaines, du Morvan aux noires montagnes.

D'abord, courant droit vers le Nord, le railway longe le fleuve que suit, comme son ombre, sur la rive opposée, le canal de Roanne à Digoin. A l'Ouest, des rangées de peupliers laissent entrevoir de longues plaines fertiles ; à l'Est, on devine une région accidentée, fraîche, verte. Las pourtant de ne rien distinguer de précis, nos yeux se ferment pour imaginer le réel, — peut-être même dormons-nous, — quand un voisin, assez près de la seconde station, nous frappe doucement sur le genou.

« Monsieur ?...

— Monsieur, nous arrivons à Pouilly-sous-Charlieu.

— Je suis enchanté de l'apprendre... mais...

— Mais vous ne comprenez pas pourquoi je vous éveille ?

— J'avoue...

— C'est que je vous ai pris pour un confrère. Votre curiosité, vos coups d'œil investigateurs, à droite, à gauche du wagon, en sont la cause. Je me suis dit : voilà un amateur de vieilles pierres à nicher les hiboux, d'inscriptions à faire radoter les savants en *us*, de souvenirs parfaitement inutiles ; bref, mon émule en tout : un antiquaire, un archéologue ou un historien, ou quelqu'un ayant l'ambition d'être tout cela, et qui mériterait, je l'aurais parié, d'être, comme votre serviteur, membre correspondant de la *Diana*. Pardonnez-moi mon erreur, si c'en est une.

— Ce n'en est pas une tout à fait. Si je ne ressemble pas complètement au personnage que vous venez d'esquisser avec tant d'esprit...

— Monsieur !...

— J'en ai du moins quelques traits. Espèce de voyageur littéraire, je regarde avec des lunettes de presbyte ce que vous étudiez à la loupe. J'emmagasine dans mon cerveau tout ce qu'un voyageur hâtif — *times is money !* Monsieur, et je ne suis pas riche — peut retenir des choses qui frappent son attention : aspects, lignes, couleurs, traces du passé, œuvres du présent, singularités de l'histoire et des mœurs. Et de tout cela, pour ne vous rien celer de mes projets, je compte former un tableau largement brossé, suffisamment animé, que je présenterai tel quel au public. »

Notre interlocuteur sourit, mais avec condescendance. Nous ne sommes pas le confrère rêvé. Toutefois, il veut bien nous expliquer comment l'intérêt qu'il porte à Pouilly-sous-Charlieu ne s'adresse pas à ce village insignifiant, mais aux vestiges des abbayes de la Bénissons-Dieu et de Charlieu, entre lesquelles il est situé.

— « Ces abbayes ont marqué dans l'histoire du pays. Toutes les deux, fondées au neuvième siècle par des moines de l'ordre de Saint-Benoît, protégées par les empereurs carlovingiens, les comtes du Forez et les ducs de Bourbon, avaient amassé de grandes richesses. Après nombreuses vicissitudes, elles prospéraient encore à la veille de la Révolution. La Bénissons-Dieu, dirigée par les *clairettes*, recevaient les demoiselles nobles du Lyonnais et du Forez : innocentes brebis que l'orage dispersa. Plus d'une fut égorgée dans les abattoirs terroristes de Collot-d'Herbois. Charlieu n'eut pas meilleur sort.

« Les bergeries condamnées à disparaître, leurs troupeaux proscrits, on a dû les démolir ; mais voici : les maçons ont eu la main légère ou molle, ils ont laissé debout des parties d'édifice entières et admirables. Il n'y a pas de plus beau porche roman que celui de Charlieu : dans une profondeur mystérieuse

LA CURE DE CHARLIEU (ANCIENNE ABBAYE DES BÉNÉDICTINS)

ses deux portes inégales, fouillées minutieusement par un ciseau d'une élégance extrême, ressemblent, motifs à part, à une pièce de point d'Alençon. Pour la Bénissons-Dieu, une tour carrée du quinzième siècle, une nef de sept travées, vaste débris d'une église superbe, des tombeaux, des marbres, des inscriptions gothiques, rappellent son origine féodale et son importance. »

Ayant parlé de la sorte, et le train s'arrêtant, l'honorable membre de la société archéologique *la Diana*, — de Montbrison, — descendit. Nous l'imitâmes, afin de voir, de nos propres yeux voir... Il n'avait pas exagéré.

Le pays est plein de la mémoire des moines et des religieuses. On trouve à chaque pas les restes de leurs créations : des fermes, des maisons anciennes de caractère ecclésiastique, des ponts. Les services qu'ils ont, au moyen âge, rendus à l'hygiène, à la culture, sont partout visibles. Mais comme la terre est belle et bonne, et qu'elle devait bien les récompenser de leurs peines ! Viviers limpides, ruisseaux cristallins arrosent les vallons, que remplissent des plaines fécondes en toute sorte de céréales, ou des prairies peuplées de gras troupeaux; les hauteurs sont couvertes de forêts épaisses comme la toison des béliers. Ici l'homme se plaît et multiplie, les villages se pressent chargés d'habitants bien groupés, sans être à l'étroit, pourvus d'écoles, presque tous aisés : les plus gros joignant aux ressources du sol celles de l'industrie.

Le Brionnais offre cet aspect d'un bout à l'autre. Semur, sa capitale autrefois, est un chef-lieu de canton florissant, dont l'église du douzième siècle, dans le style sobre, gracieux et fort de l'école d'architecture bourguignonne, vous intéresserait si vous n'étiez pas à quelques lieues de Paray-le-Monial. Le joli vallon de Marcigny et la belle église d'Auzy-le-Duc, revêtue de peintures murales et entourée des débris d'un monastère qui eut jadis son heure de célébrité, mériteraient bien aussi une heure de contemplation.

Paray-le-Monial!... Veuillez imaginer une petite ville proprette, mi-partie ancienne et récente, recueillie, doucereuse, comme il sied au principal et révéré sanctuaire de la dévotion au Sacré Cœur de Jésus. Une incessante allée et venue de pèlerins cosmopolites l'anime discrètement. Ses rues sont bordées de maisons monastiques, de magasins à la mode et de boutiques exposant sous leurs vitrines, parmi les monceaux de chapelets, les effigies du Sacré-Cœur, les modèles d'ex-voto et les livres d'orémus, d'innombrables portraits multicolores de l'extatique Marie Alacoque. Il règne en ce lieu bénit une atmosphère spéciale, singulièrement pénétrante. Tout vous influence et vous édifie, choses et gens. A rencontrer tant de prêtres, de moines, de religieuses de tous les ordres, de toutes les figures et de tous les costumes, à coudoyer tant de fidèles, il vous semble être l'objet d'une grâce particulière qui vous aurait conduit à Paray-le-Monial, à seule fin de vous faire penser au salut de votre âme. Des valétudinaires de toutes les conditions : boiteux béquillards, impotents voiturés, paralysés portés à bras, épileptiques guidés par leurs domestiques ou leurs proches, tous attirés céans par l'espoir d'une guérison immédiate ou prochaine, vous persuadent que la foi peut obtenir des miracles. Il n'est pas jusqu'aux mendiants et malingreux, encombrant les abords de l'église, dont l'attitude à la Callot ne vous inspire un sentiment de contrition et des vœux de béatitude.

Cette église est fort belle, vaste et luxueuse. Deux tours, du plus pur style roman, restes de la basilique primitive, consacrée l'an 1004, s'élèvent à l'entrée, sur un narthex d'une rare élégance. Entre les transepts, une énorme tour octogonale enferme les cloches. Les voûtes de la nef disparaissent sous une multitude bigarrée de bannières et d'oriflammes que les cent mille pèlerins du 24 juin 1873 y ont suspendues. Le chœur repose sur des colonnes aux chapiteaux magnifiques. Des centaines d'écussons et d'ex-voto, aux inscriptions dorées, émaillent les murs, ornés encore de tableaux, de statues, de boiseries, provenant de continuelles largesses, et splendidement éclairés par des vitraux modernes. Sur toutes les parties de l'édifice flambloie le cœur de Jésus, objet d'une adoration toujours fervente. Une chapelle latérale contient le tombeau, assez curieux, du sire Jean de Damas de Digoin, mort en 1468.

Assez près de l'église se trouve le célèbre couvent de la Visitation où Marie Alacoque prit le voile des filles de Saint-François de Sales, en 1672, et mourut en odeur de sainteté le 17 octobre 1690, ayant acquis, par de merveilleuses visions, le renom et l'autorité d'une prophétesse. La chapelle du couvent, témoin de ces miracles, est ornée avec une incroyable abondance de tout ce que la piété des fidèles a pu rassembler d'étoffes, de dentelles, de draperies, de tableaux, de sculptures précieuses, afin d'en parer le berceau de leur culte. N'est-ce pas en cet endroit même, en effet, que Jésus daigna se montrer, à cœur découvert, à la simple

COUVENT DE LA VISITATION, A PARAY-LE-MONIAL

religieuse, dont Rome a béatifié la mémoire le 24 juin 1864 ?

Après avoir vu le théâtre de ce prodige, avons-nous eu encore assez d'attention pour admirer, dans les restes du palais prioral, bâti du quinzième au seizième siècle, quelques jolis détails d'architecture ? L'hôtel de ville, œuvre d'un propriétaire fantaisiste du temps de la Renaissance, nous a-t-il retenu un moment devant sa façade surchargée de médaillons, de statuettes, de coquilles, de niches, sculptés dans un goût bizarre ? C'est possible, mais nous l'avons oublié. Nos yeux clignotaient sans doute et nos idées s'étaient probablement obscurcies à passer brusquement d'un spectacle surnaturel à des impressions profanes, tel un être amené d'une caverne mystérieuse en plein soleil et en pleine vie.

... Le train a repris sa course vers le Nord-Est, dans la direction du Creusot ; il côtoie la Bourbince, elle-même accompagnée du canal du Centre. Ces trois chemins marchent ensemble, rapides, indispensables au transit des matières premières et manufacturées d'une région prodigieusement active et laborieuse. La rivière, grossie par de nombreux étangs, dont le canal est aussi alimenté, arrose une vallée large, bien cultivée, tout en bois, vignes, champs d'orge et prairies closes, nommées *embouches*, où paissent librement les

ANCIEN PALAIS PRIORAL DE PARAY-LE-MONIAL

chevaux de robuste encolure, que les grandes villes et les grosses industries emploient aux pesants charrois. A l'Ouest coule parallèlement l'Arroux, notable affluent de la Loire ; à l'Est, les monts du Charolais, aux inépuisables gisements, séparent de la vallée de la Saône le bassin du fleuve où nous voyageons.

Les collines plus fréquentes, rapprochées et pelées annoncent la région minière. Des gorges où luisent des feux sinistres, des fumées noires et lourdes, que la terre semble exhaler péniblement, des machines silhouettées à l'horizon comme de monstrueux échafauds, des groupes de maisons pauvres, pareilles, entourées de jardinets étiques, des cabarets misérables, des auberges inquiétantes, des cafés suspects, et, parmi tout cela, des hommes, des femmes, des enfants, noircis par la poussière des houilles ou bronzés à la chaleur des forges et des ateliers, automates dressés au travail par une discipline inflexible, esclaves de la machine et de la mine, qui les pétrissent comme elles veulent, les déforment et les abrutissent à leur usage : nous sommes dans le plus puissant fief industriel de la France centrale.

D'abord, Montceau-les-Mines, Montchanin, Blanzy, Saint-Bérain, Savigny, exploitent ensemble des concessions houillères s'étendant sur douze mille hectares de terrain. Naguère villages ignorés, ils groupent aujourd'hui plus de vingt-cinq mille habitants, voués dès l'enfance, chacun selon ses forces, mais sans distinction de sexe ni d'aptitude, au rude labeur de mines, des fonderies, des forges, des aciéries ou des verreries. A côté du castel ébréché, bâti çà et là par le seigneur du moyen âge, auprès des ruines du monastère décimateur, s'élève le manoir directorial construit par la société capitaliste, seigneur actuel, héritière anonyme, incontestée, redoutable, des maîtres abolis par la Révolution, et mieux obéie, par la crainte qu'elle inspire, que ceux-ci ne le furent jamais !

Puis, dans le pays abondamment arrosé par le Mesvrin, la Dheune, leurs nombreux affluents, de larges étangs et le canal du Centre — pays de plaines et de collines également tristes et dépouillées — Montcenis, le Creusot, Couches-les-Mines, réunissent environ trente-deux mille âmes, dont vingt-huit mille fixées au Creusot. Mais ici le travail des mines, relativement faible, se réduit à l'exploitation d'un peu plus de six mille hectares de houillères et de minerais. Les hauts-fourneaux, les forges et les ateliers de construction, réputés les mieux outillés et les plus actifs de l'Europe, emploient la majeure partie de la population.

Un ciel bas et fumeux, une atmosphère épaisse et fade, des rues, des places tracées au cordeau et poudrées de charbon, des maisons plates, laides et noires, des églises semblables à des halls industriels, nulle élégance, nulle fantaisie, l'uniformité grise de l'utile et du nécessaire : nous avons décrit cet aspect, partout le même, des cités créées de notre temps par et pour l'industrie. Celle-ci, moderne s'il en fut, existait à peine au siècle dernier, sous le nom significatif de *la Charbonnière*. En 1770, on y commençait à fouiller les mines ; en 1777, des fonderies de canons, des verreries, des ateliers métallurgiques s'y établissaient pour la manipulation des produits du sol : fers, charbons, sables ferrugineux.

Menées avec des chances diverses pendant près de soixante ans, ces entreprises périclitaient, lorsqu'en 1836 les deux frères Schneider en devinrent gérants. L'aîné les releva très vite, par d'habiles mesures énergiquement appliquées. Il renouvela le matériel, agrandit l'exploitation, trouva d'importants débouchés. Il passe à bien des yeux, et de l'avis même de sa famille, pour le véritable fondateur du Creusot, mais il eut le tort de mourir le premier, en 1845. Aussi n'est-ce pas lui que représente la statue de bronze, sculptée par Chapu, et dressée au centre de la ville : on lit sur le piédestal le nom de son heureux frère : *Eugène Schneider*, 1805-1875 — homme d'État du second Empire et dernier président du Corps législatif de Napoléon III.

L'usine est accessible trois fois par jour, à des heures fixes, aux étrangers, aux curieux, munis de permissions écrites facilement accordées. Un chemin de fer y mène, en ramène les visiteurs, auxquels un employé en fait rapidement voir les principales attractions. Organisés dans un ordre méthodique admirable, ses différents services, en rapport les uns avec les autres, occupent des quartiers distincts, largement espacés, dans un pli de terrain, que surplombe la ville, groupée sur l'arête d'un mamelon. Mines, hauts-fourneaux, forges, ateliers de construction se prêtent un mutuel concours : on les voit, animés par les machines énormes, servis par une fourmilière humaine, s'entr'aider pour l'œuvre définitive.

Dans un éblouissement de fusions métalliques, au bruit assourdissant des marteaux, des enclumes, des laminoirs, des scies, des forets, des limes, on assiste aux transformations successives de la matière brute changée en produit utile. Spectacle palpitant! Métamorphoses prévues et tout de même merveilleuses!

... Les bennes, glissant rapides sur les rails, apportent le charbon et le minerai. Les feux resplendissent aux gueules des fours. La fonte de fer ou d'acier bout dans les marmites colossales. La coulée lumineuse et brûlante jaillit, s'épanche, roule et se solidifie dans les rigoles de sable réfractaire. Sept cents ouvriers, serviteurs des hauts-fourneaux, la détachent aussitôt froide de son moule provisoire, et, par masse quotidienne de trois cent cinquante mille kilogrammes, la jettent en proie à cent fours à puddler. Ces fours la recuisent, l'épurent; soixante fours à réchauffer l'affinent, et sous l'action de ces foyers formidables, secondés par cinq machines de six cents chevaux, les uns et les autres livrent à l'usage la tôle brute et les rails de fer et d'acier dont, bon an mal an, s'emplissent cent vingt-cinq mille tonnes. En même temps, les convertisseurs Bessemer, absorbant dans leurs étranges cornues la fonte brute, rendent de l'acier ouvrable et les fours Martin élaborent les fers de choix.

A leur tour, les ateliers de construction, saisissant la matière inerte dans leurs pinces et leurs rouages, la broient comme grains, la pétrissent comme farine, pour lui donner figure et valeur. Là, si volumineuse qu'elle soit, globe de feu, soleil métallique, le marteau-pilon l'écrase sous un poids de cinquante mille kilogrammes, et des myriades d'étincelles s'en échappent, comme une poussière incandescente d'astre brisé. D'innombrables machines-outils, mues par vingt machines à vapeur de six à sept cents chevaux, monstres ronflants, sifflants, enlacés dans les courroies de transmission comme une flotte dans les agrès de ses mâtures, amollissent, contournent, percent, ajustent ensemble les pièces dispersées. Et l'être définitif, dont ces pièces sont les organes et dont la vapeur sera l'âme, naît, grandit, se dresse imposant, locomotive de railway ou moteur de navire, prêt à sillonner le monde !

... Au nord du Creusot, la contrée, déjà florissante sous les Gallo-Romains, a gardé plus d'un curieux édifice du vieux temps. Les châteaux gothiques d'Epiry, de Couches-les-Mines, d'Épinac, — celui-ci changé en verrerie, — la charmante chapelle ogivale du Val-Benoît, près d'Épinac, disent la force et le goût du passé en face de l'envahissante industrie aux créations monotones. Encore près d'Épinac, le magnifique château de Sully, résidence estivale du maréchal de Mac Mahon, range, autour d'une cour d'honneur immense, ses bâtiments d'une architecture noble et régulière, flanqués aux angles de tours féodales. Certains salons, la grande cheminée Renaissance de la salle des Gardes, rappellent le faste de son premier propriétaire, Saulx-Tavannes, maréchal de France, lui aussi, qui y mourut le 20 juin 1573, moins d'un an après le massacre de la Saint-Barthélemy, où, sinistre héros, cruel et cupide, tueur et voleur, il se gorgea du sang et des dépouilles des Réformés. Il est de lui, ce mot affreux, crié en caracolant dans les rues de Paris aux oreilles des assassins : « Saignez, saignez, la saignée est bonne en août comme en mai ! »

Sully a connu des hôtes moins farouches : la jolie et aventureuse princesse Anne de Gonzague de Mantoue, frondeuse aux multiples galanteries, célébrée pourtant dans une oraison funèbre de Bossuet, et Bussy-Rabutin, le spirituel et caustique auteur des *Amours des Gaules*. Un mot de celui-ci, jeté dans une lettre à Mme de Sévigné, vante la cour d'honneur « où, dit-il, nous entrâmes un jour avec sept carrosses à six chevaux ».

Au fond d'un amphithéâtre de collines boisées, dans une enceinte, depuis longtemps trop large, de remparts décrépits, entre des vergers et des champs plantés sur des ruines, s'entasse Autun, l'antique *Au-*

gustodunum, fondée par Octave César-Auguste, pour remplacer la glorieuse Bibracte gauloise, — riche.

FONTAINE D'AUTUN

puissante dès le siècle premier de l'ère chrétienne, « sœur et émule de Rome ».

Une telle ville, protégée, embellie par tous les empereurs, dotée par eux des fameuses écoles mœniennes, centre intellectuel de la Gaule chevelue, *Gallia comata*, où venait s'instruire et se former à l'éloquence la jeunesse patricienne de la province, devrait, comme nulle autre, porter écrite en caractères frappants l'histoire de la Gaule romaine. Il lui reste de bien humbles débris de la splendeur vantée par Ammien Marcellin. Tous les fléaux de la guerre, attirés sur elle par sa renommée d'opulence, l'ont dévastée, dépeuplée, presque détruite à maintes reprises. Elle a vu successivement accourir pour la piller les Bagaudes affamés de vengeance, les Huns féroces, les Saxons, les Francs avides de Gondicar, de Chilpéric, de Clotaire et de Childebert, les Sarrasins, les Normands impitoyables, l'Anglais. Enfin, en 1591, les royalistes du maréchal d'Aumont l'assiégèrent trente-quatre jours, « durant lesquels les magistrats et mêmement mesdames leurs femmes firent tout leur devoir sur la brèche, à coups d'épée et belles arquebusades, auxquelles le papier venant à faillir, un certain bon capitaine du nom d'Artigalle fit apporter sur le rempart les coffres des archives de la ville, et envoyèrent dès ainsi tous leurs titres en rembourrures à l'ennemi ». Bel exemple de courage tenace. Les Autunois s'en souvenaient qui, le 30 novembre 1870, sous les murs de leur ville, repoussèrent, aidés des mobiles de l'Isère et de la Charente, l'odieuse invasion teutonne !

Malgré tout, en dépit même de la négligence des habitants, apathiques de leur naturel et peu soucieux de leurs antiquités, certains monuments doivent un grand caractère à l'extrême solidité de leurs matériaux : briques et cubes de grès fin liés par un indestructible ciment. Les plus remarquables, la *porte d'Arroux* et la *porte Saint-André*, dressés comme des arcs triomphaux à l'issue des voies romaines, conduisant l'une à Langres et l'autre à Besançon, font songer encore aux superbes légions du Peuple-Roi, dont les aigles s'inclinaient sous leurs voûtes.

Pareillement conçues dans le grand style impérial, elles présentent un soubassement percé d'ouvertures cintrées, inégales : les plus petites, sur les côtés, destinées aux piétons, et celles du milieu, très amples, réservées sans doute au passage des chars et des cavaliers. Au-dessus de chaque soubassement règne une galerie de petites arcades ajourées, d'ordonnance corinthienne à la porte d'Arroux, et d'ordre ionique à la porte Saint-André. Au portique de Saint-André s'adosse un singulier édifice, orné d'ogives, et désigné sous le nom de *Temple de Teutatès*.

Des temples, du théâtre, du cirque, du cimetière et des aqueducs, qui s'élevaient çà et là, décors de la cité antique, les restes délabrés sont épars en dedans et en dehors de la ville moderne. Une jonchée de pierres informes signale l'emplacement de la scène, *cavæ Julii*, où trente mille spectateurs aisément assis applaudissent les comédies de Plaute et les tragédies de Sénèque. Le cirque a été démoli, quoique ne gênant personne, en 1760. En pleine campagne, deux pans de murailles, avec niches et arcades béantes, s'appellent, de par une vague tradition : Temple de Janus. Ailleurs, au milieu d'un cimetière, d'un *Champs des urnes*, ayant recélé assez de médailles, de vases et de tumulus aux inscriptions lapidaires pour composer un musée de premier ordre, la pyramide de Couhard s'élève à vingt-sept mètres : borne, *meta*, qu'on présume transportée en cet endroit du cirque où elle indiquait aux auriges et aux chevaliers le point de repère ou le but de l'arène à parcourir. Tels sont les débris inévitables d'Augustodunum; ses menus vestiges, ses miettes ne se comptent pas, ils forment une poussière de statues, de mosaïques, de bas-reliefs, que l'on foule sans même y penser.

Le moyen âge n'a guère ajouté à ce patrimoine. Une protectrice de la ville, la reine d'Austrasie Brunehaut, était inhumée dans l'abbaye de Saint-Martin, fondée en 592; son tombeau est une simple pièce du musée Jovet. La rue de Marclaux est bordée de maisons du quinzième siècle, très sculptées. Il subsiste quelques arcades du prieuré consacré à saint Symphorien, l'adolescent martyr de la foi chrétienne, dont le supplice eut lieu près de la porte Saint-André. Mais l'église cathédrale Saint-Ladre ou Saint-Lazare, édifiée au douzième siècle, retouchée, compliquée de chapelles rayonnantes au seizième, reste grande et belle dans sa diversité.

La façade, dont le triple portail s'encadre entre deux tours romanes, offre au centre un bas-relief du *Jugement dernier* d'une admirable expression. La flèche, en pierre finement dentelée, s'élance sans efforts à soixante-dix-sept mètres. Un maître tableau de Ingres, le *Martyre de saint Symphorien*, éclaire le transept de l'éblouissante clarté spéciale aux chefs-d'œuvre. Arrachés peut-être au temple de la déesse Cybèle, que le néophyte refusa d'adorer, des pilastres, des placages de marbre précieux, des pièces de mosaïque lambrissent le sanctuaire. Sous un dais, contre la sacristie, s'agenouille le président Jeannin, « un des plus hommes de bien de mon royaume, le plus affectionné à mon service et le plus capable de servir l'Etat », disait Henri IV, le recommandant à Marie de Médicis. Une charmante tribune de pierre ouvragée, due peut-être, comme le délicieux bas-relief représentant *Jésus chez Madeleine*, à des artistes moresques, s'alourdit sous le poids des orgues.

Sur la place de la Cathédrale, ou des Terreaux, une gracieuse fontaine, que l'on peut croire dessinée par un émule de Jean Goujon, rappelle la lanterne de Chambord.

..... Non loin d'Autun, à l'Ouest, les porphyres et les granits soulevés du Morvan s'enchaînent, commençant pour nous au mont Beuvray, où le patient archéologue croit retrouver les vestiges de Bibracte, capitale religieuse et militaire du peuple éduen, ville considérable et vaillante de la Gaule celtique.

Accidentée, fraîche, originale, bien séduisante, cette contrée du Morvan, avec ses forêts sombres de hêtres, de châtaigniers et de chênes, moutonnant sur les cimes arrondies, et leurs bordures roses et dorées de bruyères et de genêts; ses sources jaillissant des roches et s'épanchant en ruisseaux profonds et rapides; ses étangs immobiles et luisants comme des tables de marbre poli;

SUR LA ROUTE DE CHATEAU-CHINON

les prairies et les vergers de ses *ouches*, terres grasses et fertiles de marécages desséchés, bornés d'arbres cerclant aussi les chaumines des cultivateurs; et son peuple rustique et madré, aux mœurs singulières au patois spécial, aux coutumes piquantes, aux préjugés païens, au costume aussi ancien, ou peu sans faut, que la civilisation même de son pays encore à demi sauvage!

On s'arrêterait volontiers parmi des sites et des

hommes que la banalité n'a pas encore atteints et confondus, mais il y faudrait plusieurs semaines, toute une saison de loisirs. Et le temps nous presse. Il faudrait pouvoir errer librement, dans une complète insouciance, sur les pentes sinueuses des collines, dans le labyrin-

PLACE DE CHATEAU-CHINON

the des vallons, ne pas craindre de s'égarer, accepter de bon cœur, à la nuit tombante voilant la route, la fruste hospitalité des bûcherons et des charbonniers dans les hameaux perdus au fond des bois où ils demeurent, ou se résigner à dormir sous l'abri des arbres, au clair de la lune ou à la lueur des étoiles!

Ainsi, pourvu qu'ils aient de bonnes jambes et l'estomac complaisant, un artiste, un poète, apprendraient à connaître, à aimer, non pas une terre vierge, — il n'en est plus depuis longtemps ; — non pas une région haute en couleur, âpre et puissante, comme l'Auvergne ou le Velay, mais un peu de tout cela, un coin de terre presque oublié de l'engeance touriste avec des rudesses charmantes et des verdures moins contaminées que la neige des Alpes !

Il y a d'ailleurs autre chose que des beautés pittoresques dans ce rustique Morvan. De petites villes ignorées, comme Moulins-Engilbert, Châtillon-en-Bazois, Luzy, Château-Chinon, vous retiendraient devant leurs castels, leurs murailles édifiées par les grands chasseurs du moyen âge dans un pays naguère essentiellement giboyeux, où même la grosse bête ne manquait pas. On rencontre facilement, sans les chercher, chez des gens qui portent encore la *saga* bariolée de fleurs des paysans gaulois, des monuments de leurs aïeux : dolmens, cromlechs, pierres assises et levées, étonnants mégalithes, comme, par exemple, l'étrange tumulus situé à Maison-de-Bourgogne, dont les cent trente-six mètres de circonférence et les vingt-trois mètres de hauteur font songer au tombeau de quelque géant antédiluvien. Une station d'exploration, toute trouvée et délicieuse, serait Saint-Honoré-les-Bains, dont les sources thermales sulfureuses, *Aquæ Nisixi*, très appréciées des Romains, sourdent de roches granitiques cachées sous bois, dans un paysage exquis.

La plus grande ressource du Morvan et sa plus curieuse industrie, c'est le *flottage à bûches perdues* de ses bois coupés, marqués ou *martelés*, accumulés durant l'hiver dans les criques des ruisseaux, des rivières navigables. Certain jour d'été, hommes, femmes, enfants, par multitudes, les lancent, ces bûches, au fil de l'eau; les écluses levées lâchent le flot qui les entraîne; les

CERCY-LA-TOUR (MORVAN)

meneurs d'eau les poussent; les flotteurs les surveillent, et elles vont ainsi jusqu'aux ports de Clamecy, de Vermanton où les bateaux plats de la Seine les recueillent pour les transporter à Paris. Quand nous voyagerons dans le bassin de la Seine, nous assisterons de plus près au flottage si ingénieusement inventé par Jean Rouvet, de Paris, l'an 1549.

Une autre ressource des ménages morvandiaux, c'est,— qui l'ignore? — l'élevage des enfants : le Morvan est par excellence le pays des nourrices. Ses femmes, de petite taille, brunes, le teint bistré, les yeux noirs, doux et malicieux, sont d'excellentes laitières. Combien d'enfants de Paris grandissent et s'ensauvagent dans ses vallons d'herbe molle et grasse ! Cette coutume profitable ne semble pas à la veille de disparaître, malgré qu'elle soit bien ancienne ; on n'en saurait dire autant de beaucoup d'autres, infiniment plus caractéristiques.

« Voyez-vous, — nous avouait, non sans regret, un vieux médecin du pays, — tout change autour de moi : coutumes, usages, mœurs, vêtements ; le Morvan d'aujourd'hui n'est plus celui de ma jeunesse. Vous y cherchez de l'inconnu, de l'inédit, du pittoresque : à peine en trouvez-vous dans les hameaux reculés, à l'écart des chemins déserts. Personne, si ce n'est en ces endroits, ne porte le costume de nos aïeux, si élégant dans sa rusticité. Les femmes s'habillent en madame, les hommes délaissent le pantalon rayé, la veste brodée, les sabots et ces immenses chapeaux ronds qui, remarquait notre spirituel Claude Tillier, font, dans une réunion, un marché, l'effet d'une couche de champignons noirs. A peine si, dans les champs, les cultivateurs consentent à passer la *bliaude*, la saga des Celtes.

« Vous souriez ? — Ce n'est rien que cela, pensez-vous ? Mais, Monsieur, tout s'en va de pair ainsi vers la banalité. Dans quelques années tout ce qui distinguait le Morvan aura disparu. On y vivra comme partout, on n'y croira plus à rien ; les êtres merveilleux et chimériques en seront bannis. On se moquera des sorciers, des meneux de loups, des flutteux, des dames blanches, des loups-garous, des pacolets et des culards, ces terribles fantômes des enfants morts avant le baptême. Et le sabbat ? et le diable, — ou le Peut, le Gros, l'Autre, — car le malin, ici très redouté, a reçu tous ces noms, — qui s'en souciera, je vous prie ? Où seront désormais les chercheurs de trésors, capables pour en dénicher de vendre leur âme à Satan ? Quelles paysannes oseront, afin de rappeler à la ruche les abeilles essaimées, offrir à Notre-Dame un gâteau de miel, et, pour obtenir la guérison de leurs brebis malades de la clavelée, lui couvrir dévotement les épaules d'un bourgeron de laine ? Les pauvrettes vont craindre le ridicule ; plus de naïveté chez elles, partant plus de foi, plus de souvenirs, de légendes, de poétiques accoutumances !...

— Quoi ! docteur, est-ce vous qui regrettez ces préjugés, ces superstitions ? Parlez-vous sérieusement ?

— Très sérieusement. Ces préjugés, ces superstitions, nés dans l'enfance de l'humanité, avaient les charmes de l'enfance. Loin de me déplaire, ils m'amusaient. Dans ce court voyage de la vie, — sitôt fait et si monotone dans le train chauffé à toute vapeur où la civilisation nous empile, pêle-mêle, bon gré, mal gré, — ils mettaient de l'étrange, du mystérieux, de l'imprévu, de la joie. Ils me créaient de chères habitudes. J'aimais, en me promenant dans mon village, voir à la porte d'une chaumière un tison embrasé : c'était le signal de prochaines épousailles. Ce flambeau, allumé par l'amour, annonçait du bonheur au fiancé, qui l'épiait dans l'ombre. Le marieur, le *croque-avoine*, ayant réussi dans ses délicates négociations, avait conquis de haute lutte sa place d'honneur aux *mengâles* nuptiales. Bientôt la noce chamarrée, bigarrée, passait, précédée des flutteux, tout heureuse, si elle ne s'avisait point d'une quenouille piquée par un amant éconduit sur le chemin de la mariée, afin que celle-ci n'eût que des filles. Quelque loustic chantait bien pour railler les atours des demoiselles :

> Gentilles Morvandelles,
> Troussez, belles,
> Votre cotillon ;
> Il est si long
> Qu'il traîne !

N'importe ! On n'en dansait pas avec moins de passion, de folie au bal de nuitée. Et les conviés, reconnaissants, quand venait le premier dimanche de carême, couraient allumer sur la colline les feux de brandon ou de *bordes* qui saluaient de leurs flammes cordiales les mariés de l'an ! Coutumes proscrites, usages surannés, quand vous ne serez plus, de quoi parlera-t-on aux veillées d'hiver dans les campagnes ensevelies sous les *ravouses* de neige, près des *feux de balais*, sous les granges illuminées et frileuses, tandis que les chiens de garde hurleront aux loups ?.... »

Comme au début de ces excursions, retournons aux bords de la Loire. Voici Digoin, près duquel vient aboutir le canal de Roanne et d'où part le canal latéral au fleuve ; la fabrication des faïences et des porcelaines est le principal élément d'activité de cette florissante petite ville de quatre mille habitants, favorisée par de multiples voies de transport : railway, Loire, Arroux et Bourbince, double canal.

Bien moins occupé, Bourbon-Lancy — ou l'Anci, comme on écrivait plus judicieusement autrefois, en

GILLY-SUR-LOIRE (MORVAN)

mémoire de l'un de ses premiers barons, *Andelme* Archambault, — continue d'attirer à ses thermes d'eaux salines les malades affectés de rhumatismes, de scrofules, d'anémie. Les Gallo-Romains appréciaient grandement l'efficacité des sources de Bourbon-Lancy, ils ont laissé de nombreuses traces de leur séjour sur la colline de granit, où se groupe la petite cité, et que dominait sans doute un temple d'Esculape ou des Nymphes secourables. Les statues en bronze du philanthrope marquis d'Aligre et de la marquise se dressent devant l'Hôpital, qu'ils ont agrandi et doté richement. Çà et là, des ruines du moyen âge, une tour de l'Horloge du quinzième siècle, un château-fort démantelé, deux portes, une enceinte détruite, une maison de bois sculpté....

Au delà de Bourbon, la Loire, toujours plus large, et plate, et sableuse, s'encombre de grandes îles dont l'étendue varie incessamment. Dans l'une de ces îles,

DECIZE

mais sur un sol granitique, Decize est située, considérable petite ville de cinq mille âmes, dont le canal latéral et le canal du Nivernais, l'Aron et le chemin de fer desservent les industries variées, transport des houilles extraites dans les huit mille hectares du bassin houiller environnant, tanneries, corroieries, ateliers de construction....

Decize, ville ancienne, l'un des plus beaux fleurons de la couronne des seigneurs de Nevers, et leur résidence fréquente, est encore dominée par les restes de leur château; son église possède quelques reliques et précieux objets d'art. De ses spacieuses promenades, à l'Ouest, les regards s'arrêtent aux vastes forêts du

DECIZE

Perray, de Chabot, dont les ombrages, à peine coupés d'éclaircies, atteignent Saint-Pierre-le-Moutier, obscur

LA LOIRE A SAINT-LÉGER-DES-VIGNES, PRÈS DECIZE

chef-lieu de canton, mais jadis célèbre prieuré de clunistes, commune franche, siège de l'un des quatre bailliages royaux fondés par Philippe-Auguste.

Sur la rive droite du fleuve rient les verts coteaux de Saint-Léger-des-Vignes; Imphy se couvre, comme d'un nuage, des fumées de son immense fonderie; Saint-Eloy élève le clocher de son église du treizième siècle; — et le railway décrit un long circuit autour de Nevers, visible déjà.

A TRAVERS SABLES ET PLAINES

CHAPITRE VI

LA NIÈVRE

Il est des villes qu'il faut aborder avec précaution, cérémonieusement, pour en recevoir l'impression juste ; elles se dérobent aux yeux distraits ; on les découvre peu à peu. Indifférentes ou mêmes revêches aux gens affairés, impatients, elles se révèlent admirables ou singulières à qui sait les voir à une certaine heure, à une certaine distance, les prendre par un certain côté. Cela s'entend des villes anciennes. Lentement formés, construits, animés par des siècles de générations, ces vieux habitacles de l'humanité, ces organismes vénérables et complexes, pensez-vous qu'on puisse les pénétrer, les connaître en quelques minutes ? Comme on frotte minutieusement le bronze d'une médaille antique pour en distinguer l'effigie, cachée sous la rouille ; comme on gratte doucement le beau marbre exhumé pour en restituer les traits, ainsi les doit-on regarder, étudier lentement pour les comprendre, les goûter, aspirer un peu de leur âme subtile et modeste.

..... Le railway vient de franchir la Nièvre, il contourne au large la ville où il s'arrêtera dans cinq minutes. Nous nous disposons à descendre. Mais, avant de quitter un obligeant compagnon de route, nous le questionnons, et ce dialogue s'engage :

« Êtes-vous allé à Nevers, Monsieur ? — Oui. — Qu'en

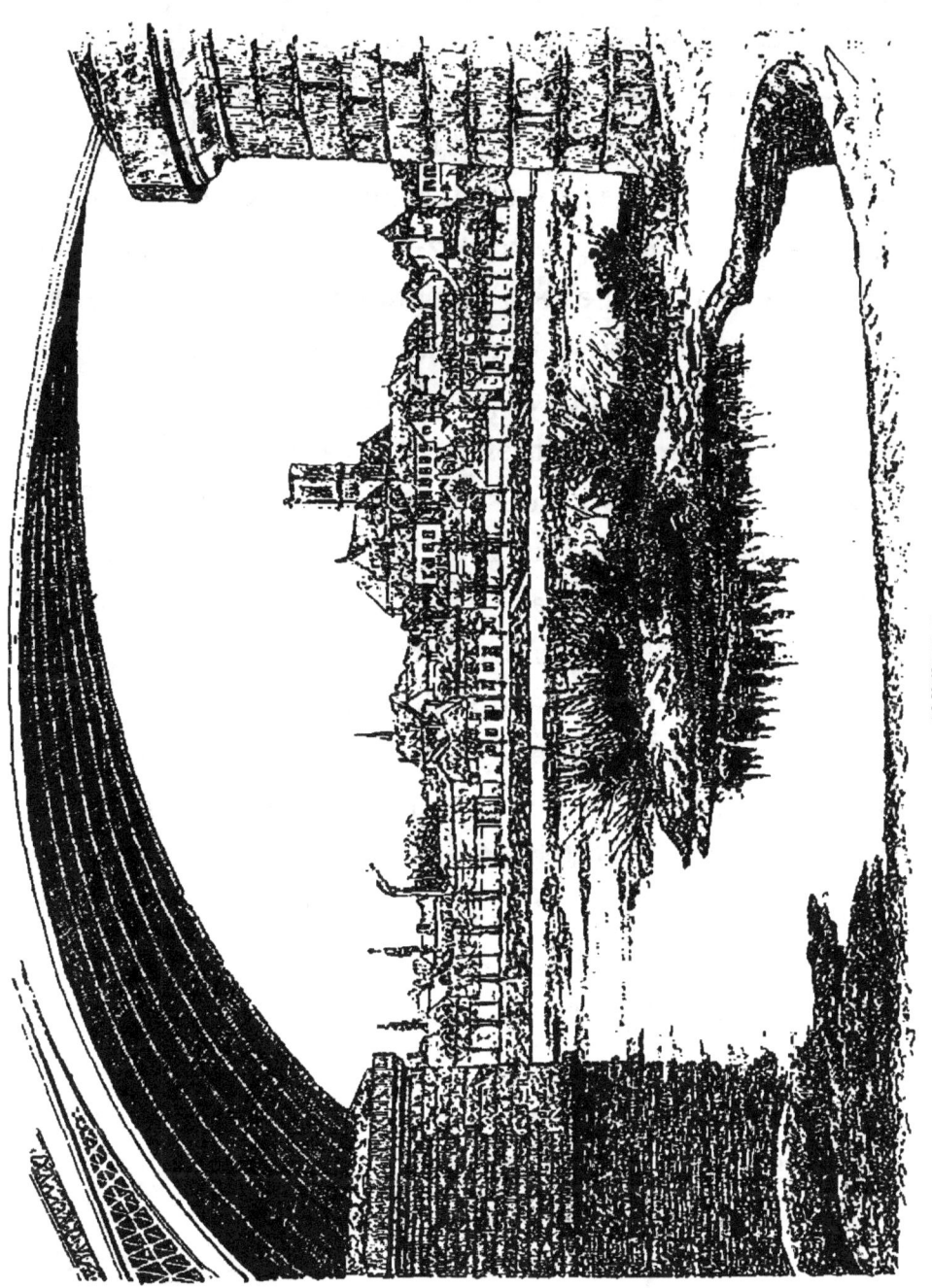

NEVERS

pensez-vous ? — Il y a deux bons hôtels, des magasins

passables et des cafés suffisants dans la rue du Commerce. — Bien cela, et puis? — Les habitants sont polis. — Et encore? — On boit au frais dans le parc de Paillemailles. — Est-ce tout? — J'oublie peut-être des avenues ombragées pour les promenades sentimentales. — Mais... — Que voulez-vous de plus? — Du nouveau.—L'impossible! Si j'inventais pour vous intéresser des farces à la Gaudissart ou des aventures à la Faublas, vous ne les croiriez pas. Nous ne sommes plus aux jours fortunés des diligences et des chaises de poste, des mousquetaires et des commis-voyageurs. — Sans doute. Pourtant... — Songez-vous aux monuments, aux musées? — Pourquoi pas? Sont-ils à dédaigner? — Je ne sais. Rien ne m'a semblé merveilleux. Le palais ducal, la cathédrale, la porte du Croux, qu'est-ce que cela quand on a vu Paris, le Louvre, Notre-Dame et la porte Saint-Martin? — Merci, je me déclare renseigné. — Attendez donc... — J'attends. — Je vous recommande les pâtisseries et les confiseries de la capitale du Nivernais. Instruits — je l'ignore mais je le suppose — dans l'art de confectionner

> Mille bonbons, mille exquises douceurs,

par les couvents si nombreux autrefois dans la ville heureuse où vivaient ensemble Vert-Vert et les visitandines, les artistes de la bouche ont ici une supériorité marquée. Et le spirituel perroquet s'y laisserait mourir encore voluptueusement sur des tas de dragées, de pra-

lines, de gâteaux, et autres menues sucreries !...
Cherchons ensemble des impressions moins superfi-

VIEUX PUITS, A NEVERS

cielles et frivoles. Franchissons le banal quartier de la
gare, tirons vers l'Est où la ville se groupe, légèrement

PORTE DU CROUX, A NEVERS

en amphithéâtre, sur la rive droite de la Loire. La creuse rue de la Grappe remplace les fossés de la cité du moyen âge, ceux mêmes, peut-être, de la citadelle gauloise que César appela Noviodunum et qu'illustra, pendant la conquête romaine, le hardi coup de main des chefs éduens Viridomar et Porédovix. Car la ville, aujourd'hui paisible près du fleuve dormant, est ancienne et glorieuse dans les annales de la patrie !

La porte du Croux est devant nous, édifiée en 1393, et toujours d'une élégante et fière allure, avec ses tourelles en encorbellement, ses mâchecoulis, ses étroites fenêtres de guetteur, et son blason effrité — le blason des Gonzague — accompagné du mot *Fides*, leur devise.

Au delà, des rues étroites, obscures, en zigzag, en labyrinthe, la rue Saint-Genest, la rue Grélée, la rue du Singe, ont jadis contourné de vastes établissements militaires ou religieux. Tel, l'abbaye de bénédictines de Saint-Genest, dont le cloître, les dépendances sont transformés en logements particuliers. Le portail ogival de son église, orné de figures délicieuses, qui, pour l'art et la finesse de leurs draperies, rappelaient à Mérimée les frises du Parthénon, ouvre sur une nef intacte mais convertie, hélas! en magasin de spiritueux.

Les quais n'ont pas de physionomie ; le fleuve coule, limpide et sans profondeur, entre des bancs de sable, dans un paysage maigre. Au-dessus de maisons grises, adossées en terrasse contre des lambeaux de remparts, l'église cathédrale dresse sa masse lourde et puissante. On voit à côté poindre les clochetons du vieux palais ducal, que devait, suivant une estampe d'Israël Silvestre, précéder un escalier monumental majestueusement abaissé jusqu'aux bords de la Loire, projet digne de Mansart et de l'immense fortune des Mazarin-Mancini, ducs du Nivernais, par la volonté du cardinal-ministre et par la force de ses écus. Plus loin, une écluse facilite le confluent de la Nièvre ; au delà, c'est la plate campagne, insignifiante et riche.

On revient dans la ville par un faubourg de maisons de bois, que deux bras de rivière découpent en îlots ; de pauvres gens, cordiers, maraîchers et pêcheurs, y vivent près de murailles séculaires, dans les rues des Pâtis, de la Poissonnerie, de la Corderie, aussi vieilles que Nevers. Chemin faisant vers le centre actif et bourgeois, on rencontre et on salue la maisonnette tapissée de vignes, où vécut, de 1600 à 1662, rabotant et rimant, le joyeux poète maître Adam Billaut, l'auteur gaillard et plein de verve des *Chevilles*. Vous avez dû fredonner quelqu'un des refrains bachiques sortis de sa plume, ou du moins les lire ; il était simple et gai, — n'est-ce pas ? et sa bonne humeur valait bien les airs moroses des poètes-ouvriers de notre temps. D'ailleurs, il se rendait justice :

>Et sans faire le vain, j'aurais bien l'assurance
>De dire qu'il n'est point de menuisier en France
>Qui sache comme moy le bel art de rimer.

Maître Adam est une gloire locale; son buste en bronze, élevé sur la place de la République, fait face

TOUR SAINT-ÉLOI, A NEVERS

à celui de Claude Tillier, écrivain de la même souche gauloise et narquoise, pamphlétaire de la grande école

ANCIEN PALAIS DUCAL, A NEVERS

des Camille Desmoulins et des Paul-Louis Courier, écrivain franc et savoureux de *Mon oncle Benjamin*, immortelle fantaisie.

Le château ducal, dont l'on a fait un palais de justice, décore la place. Bâti vers la fin du quinzième siècle par Jean de Clamecy, comte de Nevers, achevé au dix-septième par les Clèves et les Gonzague, féodal mais touché par l'art de la Renaissance, il offre une façade un peu froide et guindée, avec de charmants détails. Le pavillon central, tout en saillie, où de riches fenêtres alternées suivent la rampe d'un escalier tournant, serait une ébauche intéressante de l'escalier de Blois, si ce n'en était qu'une pâle copie. Il est orné de mascarons, de cariatides, de corniches, de frises délicates et de jolis bas-reliefs, représentant, dans une série de compositions finement traitées, certaine légende d'un cygne, d'une damoiselle et d'un chevalier, particulière à la maison de Clèves, poétique emblème de son origine.

A ce seigneurial édifice attenait, il n'y a pas encore bien longtemps, le vieux donjon des comtes de Nevers, dont les murs énormes bordent la rue voisine du Vieux Château. Les archéologues, les historiens, que ravissent les traces palpables du passé, déplorent la perte de ce témoin des anciennes dominations.

C'était sur le point culminant de la cité, la résidence des premiers comtes établis par Charlemagne au neuvième siècle, maintenus et déclarés héréditaires par les descendants du grand empereur. Landry, sire de Metz-le-

Comte, qui épousa, l'an 1015, Adélaïde de France, fille du pieux roi Robert ; Guillaume Ier, fondateur du célèbre monastère de la Charité-sur-Loire ; Guillaume II, Guillaume III, qui furent de vaillants croisés ; Guillaume IV, qui mourut en Palestine et créa dans ses états de France, près de Clamecy, un évêché de Bethléem, pour un prélat dépossédé par les Sarrasins ; tous ces actifs, braves et vaillants féodaux l'avaient habité. Il rappelait encore le nom du petit-fils de Louis le Gros, Pierre de Courtenay, futur empereur de Constantinople, comte de Nevers par droit de mariage, et celui, plus fameux, d'Hervé IV de Donzy, batailleur enragé, ennemi de Philippe-Auguste, ennemi et vainqueur du sire de Courtenay, lequel, pour obtenir la paix, dut lui accorder la main de sa sœur et le droit d'hériter du Nivernais. Il concentrait l'histoire du pays. Si les ducs de Bourbon, les comtes de Flandre, les ducs de Bourgogne, suzerains étrangers, par alliance, n'y avaient que rarement séjourné, en revanche il pouvait accoler les armoiries des premières maisons du Nivernais, celles de Metz-le-Comte, de Donzy, de Châtillon et de Clamecy. Assurément ce fut là, en 1434, que se réunirent pour conférer des préliminaires de la paix les grands vassaux de France, les princes de son Église et le duc de Bourgogne Philippe le Bon.

Fait ducs de Nevers et pairs du royaume, les Clèves abandonnèrent la demeure gothique de leurs prédécesseurs pour le château neuf de la Renaissance, et les

Gonzague, ducs de Mantoue, préférèrent trop souvent à l'un et à l'autre leurs magnifiques domaines d'Italie. Quand, en 1659, le cardinal Mazarin acheta à ces ultramontains, pour sa famille, leur fief et leur titre, on les avait déjà presque oubliés. Ils laissaient, du moins, le souvenir d'hommes habiles, nullement fanatiques, et, comme les Médicis, aimant les arts et les protégeant. N'est-ce pas à eux, à leur munificence que Nevers doit les faïences, de formes charmantes et de solides couleurs, que les collectionneurs se disputent aujourd'hui à prix d'or? Et le vieux château n'a-t-il pas été la première fabrique ducale de ces gracieux produits?

Les Mancini-Mazarini, ducs de Nivernais, ne résidaient guère plus dans leur capitale que les prélats de cour dans leur évêché : il leur fallait Paris ou Versailles. Est-ce à Nevers que l'on eût admiré comme il convenait des beaux esprits de leur mérite ? Ils étaient poètes, c'est-à-dire qu'ils composaient de petits vers. L'un fréquentait l'hôtel de Rambouillet, y rendait des oracles en matière de goût, forgeait des cabales contre Racine en faveur de Pradon, et menaçait Boileau de la bastonnade. L'autre, dernier de sa race et de sa dignité, rimeur aussi fertile, mais qui fut ambassadeur, ministre, correspondant de Voltaire, académicien, homme de bien, de générosité et de courage, a jeté quelque gloire sur son nom. Le Nivernais a disparu dans ce rayonnement avant de se transformer, d'après les décrets de 1790, en département de la Nièvre.

On reconnaît aisément dans la cathédrale l'influence

ÉGLISE SAINT-ÉTIENNE, A NEVERS

transitoire des maîtres, dont le pays changea si souvent. Commencée au douzième siècle, continuée au quatorzième, reprise au seizième, embellie au dix-septième, elle semble faite de pièces et de morceaux. Une première abside romane, ou plutôt un majestueux narthex mêle ses arcades à plein cintre aux voûtes ogivales d'une triple nef gothique ; un superbe clocher de la Renaissance domine l'étrange vaisseau ; un portail néo-grec y donne accès. L'intérieur conserve quelques vestiges attachants de somptuosité : des peintures murales, un élégant escalier à jour du quinzième siècle, des retables sculptés précieusement et stupidement mutilés. Dans une chapelle latérale, un tableau commémore l'institution en 1619 par le duc Charles Ier de Gonzague d'un ordre de *chevalerie de l'Immaculée-Conception*. Le dix-huitième siècle, qui a bâti le palais opulent de l'évêché, a lambrissé le chœur de boiseries où les anges bouffis, à la Boucher, volètent parmi des médaillons à personnages. La tour à trois étages du clocher est seule une œuvre complète, harmonieuse, d'une parfaite unité et d'une beauté vraie ; ses multiples ornements, pinacles, frises, balustres, statues, partout semés à profusion, fixeront longuement les regards des artistes.

Au nord de la cathédrale, un quartier populeux et mouvant, dont un beffroi du quinzième siècle est comme l'enseigne, et dont la rue du Commerce est la voie maîtresse, tromperait un passant hâtif sur le caractère de la ville : il l'imaginerait sur l'apparence, active, intéressée, moderne en un mot. Mais une flânerie dans le voisinage le détromperait bien vite. Des maisons bourgeoises sommeillent autour de ce bruit, dans la paroisse où la basilique Saint-Étienne arrondit ses voûtes romanes, où la Nièvre, issant vers la campagne, coule transparente et silencieuse sous des saulaies. Comme au temps de ses ducs et de Gresset, Nevers est un asile de dévotes personnes; le couvent de la Visitation n'a pas fermé ses portes, et qui ne sait que les sœurs de charité, les sœurs grises, y ont leur maison mère, de recrutement et de noviciat ?

Cette maison, c'est le très vaste et très riche couvent de Saint-Gildard, sur la plate-forme d'une colline, au milieu d'un jardin embaumé et profond, contre les allées du parc de Pallemailles. Là, en tout temps, sinon les dimanches d'été, jours de musique militaire, point d'échos profanes ; — mais de lointaines et pieuses mélodies, des airs affaiblis de cantiques, et, dans le murmure du vent, dans le bruissement des feuilles, comme un soupir exhalé vers le ciel par les âmes ferventes ou déçues, que l'espoir ou la douleur mènent à la prière !

Ne vous avisez pas de quitter Nevers sans avoir passé sous l'arc de triomphe, ridiculement flatteur, que dressa en 1746 Philippe-Jules-François Mazarin-Mancini, duc de Nivernais et de Donzy, grand d'Espagne de première classe, etc., etc., par-dessus tout, bon courtisan, sur la route de Louis XV, au retour du Bien-Aimé de la campagne de Fontenoy. Une inscription en vers alexandrins est gravée sous la voûte, et quelle inscription !

> Dans ce temps fortuné de gloire et de puissance,
> Où Louis, répandant les bienfaits et l'effroi,
> Triomphe des Anglais aux champs de Fontenoy ;
> . . . .
> Les peuples de Nevers en ces jours de victoire,
> Ont voulu signaler son bonheur et sa gloire.
> Etalez à jamais, augustes monuments,
> Le zèle et la vertu de ceux qui vous fondèrent,
> Instruisez l'avenir, soyez vainqueur du temps,
> Ainsi que le grand nom dont leurs mains vous ornèrent !...

Qui croirait que ces rimes lamentables sont de Voltaire, auquel elles furent payées 100 livres ? N'est-ce pas le cas de répéter un refrain de Favart :

> Dieu, que les gens d'esprit sont bêtes !

Hélas ! surtout quand ils se mêlent de flatter et de prédire l'avenir !

..... Aux environs de Nevers florissaient, jusqu'en ces dernières années, de grandes industries métallurgiques. Imphy, Decize, Fourchambault, Guérigny, occupaient plusieurs milliers de forgerons, de mécaniciens, d'ouvriers du fer, dans tous les genres. Cette population remuante, ardente, républicaine et socialiste, comme animée de l'esprit de Saint-Just et d'Abraham Chaumette, enfants du pays, s'est en majeure partie dispersée, répandue où le travail donne, à Vierzon, à Bourges et dans la Loire-Inférieure, aux usines de la Basse-Indre et d'Indret, qui reçoivent maintenant les commandes de la marine. Quelques feux brillant encore à Fourchambault, de loin, font illusion; en réalité, à peine quelques centaines d'hommes sont employés dans les forges où naguère on manipulait annuellement quarante millions de kilogrammes de minerai. De même, le matériel énorme des forges et fonderies de la Chaussade,— nom célèbre dans l'histoire de la guerre de l'indépendance de l'Amérique, — se rouille presque tout entier, inutilisé, improductif. Là, principalement, se fabriquaient les multiples éléments de l'armature, l'outillage des navires : clouterie, câbles, chaînes, tôles, plaques de blindage, machines. La fonderie de Nevers, éteinte, elle aussi, s'est transformée en école pratique de chaudronnerie.

Dépouillé, appauvri, au profit d'autres régions, d'une source féconde de prospérité, le pays nivernais vit par l'agriculture, l'élevage, l'exploitation de ses bois, de ses mines, de ses verreries, poteries, fabriques de faïence, d'émaux et de porcelaine estimées. A Nevers, on a pris à tâche de refaire, avec les procédés modernes, à bon marché, les jolies faïences d'autrefois, et nous avons vu dans le magasin de cette intéressante entreprise, près de la porte du Croux, des pièces de belles dimensions, d'un travail achevé, dignes d'entrer en comparaison, — non pour la forme qu'elles imitent, mais pour l'éclat des couleurs et la naïveté des sujets décoratifs, — avec les modèles du musée.

..... Inégalement large, marbrée de bancs de sable jaune, paresseusement allongés entre ses rives, la Loire, lente, presque immobile, y met comme une traînée de verre et d'or entre des collines vineuses. Toujours son altitude s'abaissant, elle coule droit vers le Nord, peu navigable, à peine flottable, suppléée par le canal latéral. Elle sépare le département du Cher de celui de la Nièvre. Des prairies, des moissons s'étendent sur les

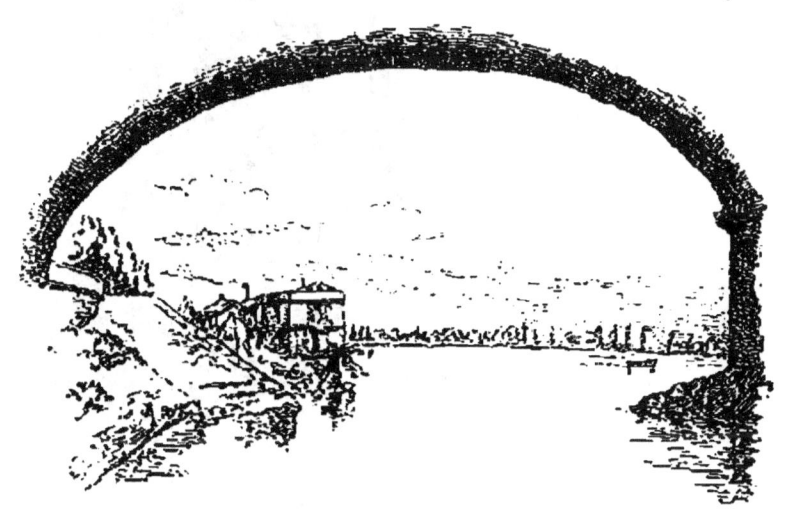

LA CHARITÉ-SUR-LOIRE

basses terres d'alluvion, près de ses rives, dans le Bon Pays. Au delà, du côté de l'Est et de l'Ouest, croissent de grandes forêts.

Les villes et les villages, assis sur les coteaux, sont nombreux, agréables et paraissent aisés. Pougues-les-Eaux, dans un vallon bien abrité contre les vents du Nord et du Levant, attire à ses trois sources minérales les malades affligés de gastralgies, de gastrites rebelles, d'affections morbides particulières aux organes de la génération. Ces malades étant nombreux et le plus sou-

ÉGLISE DE LA CHARITÉ-SUR-LOIRE

vent riches, la station thermale s'est revêtue d'élégance et de confort. Le paysage en est gracieux, et, venue la saison d'automne, on y peut joindre, à la cure par le bicarbonate calcique et le fer, la cure par le raisin, le délicieux raisin de la Charité et de Pouilly, richesse du terroir, égal au chasselas de Fontainebleau, et que l'on accepte comme tel à Paris.

Ces vignobles excellents, on les doit, suivant la tradition, aux moines clunistes de l'antique abbaye de la Charité, fondée par les comtes de Nevers : ils les ont transplantés de Bourgogne. Une rare petite ville, la Charité, aussi peu moderne que possible, étroite, incommode, décrépite, pittoresque, avec des ruines sublimes : gardez-vous de n'y pas entrer.

La grand'rue monte jusqu'au parvis de l'église, puis descend vers le fleuve, que traverse un double pont. Arrêtez-vous au milieu de ce pont, regardez la petite ville, elle en vaut la peine. Un géant de pierre noircie, tour carrée, festonnée de quatre rangs d'arcades romanes, la domine, membre isolé d'un édifice tronqué, œuvre d'un âge où les hommes avaient la taille plus haute et l'âme plus ambitieuse. L'arche brisée d'une façade détruite rattache à cette tour sa courbe béante. Tout près, les bâtiments de l'abbaye groupent leurs pignons en ardoises. Plus loin, l'église abbatiale, — du moins, ce qu'il en reste : le vaisseau du chœur et le massif clocher, — s'élève, et ce vaste ensemble de constructions monastiques s'encadre dans les débris des remparts, enlacés maintenant par les pampres, le lierre et les fleurs, qui défendaient autrefois la cité des moines.

Un de nos parents nous a guidé parmi ces ruines. Intelligence simple et peu érudite, il admire en elles le passé historique de sa ville natale. Le travail morcelé des siècles disparus lui semble grand et vénérable. Comme la plupart des hommes dont la vie s'écoule sur le même coin de terre, dont les regards, sans viser au delà, embrassent toujours le même horizon étroit et familier, il tient à ces pages de pierre, muettes aux indifférents, éloquentes pour lui, poésie des innombrables existences provinciales vouées aux destins paisibles. Par elles, il communique en pensée avec ses ancêtres; elles lui racontent leurs aspirations, leurs efforts, les luttes qu'ils ont soutenues *pro aris et focis* contre des étrangers envahisseurs ou de fanatiques démolisseurs. N'est-ce pas assez pour qu'elles soient respectées, préservées de toute injure?....

Voyez la tour isolée. Elle avait jadis un pendant. Un portail s'ouvrait entre les deux tours. Un escalier de cent marches précédait ce portail. Jusqu'à cet escalier, pareil à une digue, montait le fleuve. Conception grandiose. La guerre ou l'inondation, l'un et l'autre peut-être, ont détruit cela.

Consacrée l'an 1107 par le pape Pascal II, l'église abbatiale Sainte-Croix marque une ère de transition bien définie dans l'histoire de l'art chrétien. L'arcade, légèrement ovale et dentelée à la sarrasine, y remplace le cintre plein de la basilique romane. Les sculptures au trait, losanges, clous et dents de scie entremêlés rappellent les capricieux dessins, *inanimés*, selon les préceptes du Coran, prodigués dans la décoration des mosquées et des palais arabes. Le chœur, appuyant ses voûtes sur d'énormes colonnes à doubles chapiteaux, est d'une ampleur hardie et majestueuse. Sous de longues feuilles pareilles à celles des iris et des nénuphars, les chapiteaux rassemblent des poissons et des grenouilles, naïvement copiés, synthétisant les ressources de ce pays de pêcheurs, où si souvent la Loire mêlait ses flots à l'eau stagnante des marécages. Cette décoration symbolique se reproduit ailleurs, en maints endroits. N'en cherchez point d'autre. Plusieurs fois saccagée, pillée, l'abbaye avait perdu bien avant la Révolution ses vitraux, ses peintures, ses tapisseries et ses reliquaires. Une charmante estampe d'Israël Sylvestre, datée de 1687, représentant le prieuré de la Charité, inscrit au-dessous cette légende significative : « Son église, une des plus grandes de ce royaume, fut si mal traitée qu'elle porte les marques de la première fureur qu'a causée l'hérésie et qu'il faudra plusieurs années de paix profonde pour la remettre dans sa première beauté. » Par miracle, on a pu sauver de ces désastres un grand retable de pierre, dont le musée des moulages du Trocadéro expose les admirables sculptures : *Dieu dans sa gloire, la Nativité, les Mages*.....

Le cloître conserve de belles salles voûtées où des marchands ont établi leurs comptoirs ; toute une population d'assez pauvre apparence s'est installée dans les bâtiments, les cours et les jardins immenses de « la fille aînée de Cluny », comme on appelait l'opulente abbaye de la Charité.

Les remparts témoignent des épreuves subies par la petite ville, assiégée et prise tour à tour par les catholiques et les protestants en 1560, 1561, 1563, puis encore en 1569 et en 1577 : ils sont dispersés, à demi enfouis dans le sol et comme hachés. Bien que les traces des boulets et des arquebusades y soient à peine visibles, ils commentent suffisamment les dits de l'histoire : le terrible assaut que leur livrèrent, le 10 juin 1569, les lansquenets et les reîtres de Wolfang le Cruel, duc des Deux-Ponts, abominable massacreur d'hommes, de femmes et d'enfants; et ce long siège d'un mois qu'ils subirent, défendus par l'héroïsme des habitants, en avril 1577. La Charité appartenait alors aux protestants, c'était une de leurs places de sûreté, et il faut lire en quels termes ils défiaient l'armée royale du duc d'Alençon :

> Où allez vous, hélas! furieux insensés
> Cherchant de Charité la proie et la ruine,
> Qui sans l'ombre de Foy abbattre la pensez!
> . . . .
> Le canon ne peut rien contre la vérité,
> Plus tôt vous détruira la peste et la famine,
> Car jamais sans la Foy n'aurez la Charité

Malgré ce jeu de mots, il fallut capituler et, le 15 mai, au château de Plessis-lez-Tours, Henri III célébrait la victoire de son frère par une fête ultra-galante, où, tenant lieu de pages, « des dames vestues en habits d'hommes, à moitié nues et ayant leurs cheveux épars comme espousées, furent employées à faire leur service ». Tel était le contraste des mœurs: fanatiques et débauchées, efféminées et violentes, excessives en tout.

VIEILLES MAISONS SUR LE QUAI, A LA CHARITÉ

Ces malheurs sont oubliés. Les tours, jadis farouches, rient de toutes leurs crevasses, parmi les verdures. Il en est une où certain propriétaire va goûter les douceurs du *farniente*, jouer au billard et se régaler de vin blanc. De sa plate-forme, il découvre vingt lieues de pays plat, plongé dans une quiétude profonde. Il a sous les yeux les réjouissants coteaux de Pouilly et la colline de Sancerre, et il sait que celle-ci, redoutable à ses aïeux, se contente, comme ceux-là, de produire d'excellent raisin. Sans porter nulle envie à la noblesse d'alentour, aux Duvergier de Hauranne, aux Vogüé, aux Hyde de Neuville, aux Chasseloup-Laubat, s'il les rencontre, il les salue, songeant que le peuple de sa petite ville, mis à l'aise par le commerce, l'industrie et la culture, n'a plus rien à craindre des aristocraties turbulentes. Et pourvu que le phylloxera et le mildew respectent ses vignes, ce philosophe se trouve le plus heureux du monde.

ÉGLISE SAINT-JACQUES, A COSNE

... Pouilly, Cosne... Qu'en peut-on dire, sinon qu'il ferait bon s'arrêter pour y vivre grassement, dans une auberge avenante, libre de soucis, pénétré jusqu'aux moelles de l'imperturbable sérénité des paysages de la Loire, qui semblent vous convier au repos végétatif. On se réveillerait quelquefois pour aller visiter les curiosités d'alentour : le château de Vieux-Moulin, un peu trop arrangé à la moderne, mais où vécut Théodore de Bèze; les ruines de la Chartreuse de Bellay, fondée sous Philippe-Auguste; les castels et les manoirs, fort délabrés, curieux encore, de Sully-la-Tour, de Bulcy, de Sainte-Colombe et de Saint-Vérain; le beau portail Renaissance de Saint-Père du Trépas, en face de Cosne, et, surtout, Donzy, dont la place est considérable dans l'histoire du Nivernais. Ici, on ne perdrait son temps ni sa peine, fâcheux accident, trop fréquent en voyage. Lecteur, méfie-toi des guides !

Donzy, baronnie célèbre au moyen âge, possédait de nombreux édifices religieux et féodaux. Le château seigneurial est en morceaux informes. En retour, les restes du prieuré de l'Épau, fondé en 1214, ses arcades ébréchées, ses contreforts moussus, sa tourelle carrée, réfléchies par les eaux calmes du Nohain, ne manquent pas de caractère.

Un autre prieuré défunt, Notre-Dame du Pré, avoue son importance ancienne par la grandeur de ses débris : les arceaux d'une nef du douzième siècle, une tour du treizième, et un massif portail roman, orné de ses statues, de ses bas-reliefs, sculptés avec beaucoup de verve et d'expression mystique.

Et puis? — Ce sera tout, s'il vous plaît. Le sobre château de Saint-Amand en Puisaye, bâti par un Rochechouart, au seizième siècle, mériterait bien une excursion, mais quoi? Cette contrée de la Puisaye est triste avec ses longues plaines humides, parsemées d'étangs, et il nous tarde de voir le Berry.

CHAPITRE VII

ÇA ET LA DANS LE BERRY

La colline de craie, dont le sommet porte à trois cents mètres d'altitude la tour féodale des comtes de Sancerre, règne sur une immense plaine, comme une roche isolée sur la mer ; en août, les moissons, autour de ses flancs plantés de vignes, ondulent comme des vagues. De Cosne à la Charité, pendant dix lieues, sa lourde masse, écrasant le fleuve et la campagne, vous hante les yeux, et l'on songe vaguement à ce qu'elle devait être autrefois, combien oppressive et redoutable, quand ses maîtres pesaient, eux aussi, de toute leur force, sur les paysans et les riverains.

Assez loin de la station du chemin de fer, sur la rive gauche de la Loire, se hausse la petite ville. On franchit un pont suspendu. A midi, le fleuve large, découpant de grands îlots de sable jaune en ses flaques d'eau brillantes, ressemble à une coulée de diamant dans une traînée de poudre d'or. Contre les rives, des touffes d'une herbe longue, flexible et résistante, bonne à tresser des paniers, nuancent heureusement l'éclat métallique des tons ensoleillés.

Des chaumières de pêcheurs et de vignerons, au bord de la Loire : c'est le port de Saint-Thibaut. Au delà, au pied de la colline, un gros village autour d'une église étrange, sans nef ni abside : c'est Saint-Satur.

Une abbaye de Saint-Satur a possédé tout ce pays. L'église, commencée par elle, de 1360 à 1370, sur un plan grandiose, resta inachevée : manque d'argent. C'est pourquoi des ogives, rattachées à la haute voûte du chœur, béent dans le vide, que devait remplir, dans

PONT SUSPENDU SUR LA LOIRE, A SANCERRE

la pensée des bénédictins, l'édifice élevé à la gloire de Dieu et de leur maison.

Elle eut, cette abbaye déjà ruinée, un plus grand malheur, après celui-là. En 1419, les Anglais s'en emparèrent, lesquels, non contents de voler tout ce qu'elle renfermait encore de précieux, au point d'en charger douze bateaux plats amarrés au port de Saint-Thibaut, exigèrent mille écus pour la rançon de chaque religieux. Les pauvres moines s'excusèrent vainement, vainement assurèrent qu'ils n'avaient pas de trésors enfouis; ils furent, au nombre de cinquante-deux, jetés au fleuve, pieds et poings liés. Huit seulement s'échappèrent. Voilà bien des cruautés pour un pays de douceur et de liesse, où le vin blanc est si gai, le poisson si délicat ! Il y en eut, pourtant, un siècle et demi plus tard, d'autrement terribles.

Sancerre, malgré l'étymologie : *Sacrum Cæsari,* est d'origine féodale. Forteresse et comté, sous la suzeraineté des comtes de Champagne, c'était un repaire de batailleurs, d'aventuriers, de pillards, qui terrorisaient le Berry. A la fin du douzième siècle, certain comte de Sancerre, à la tête des bandits nommés *Brabançons,* poussait sa pointe jusqu'à Bourges, incendiait, tuait ; il fallut que le roi de France, uni à la fameuse association plébéienne des *Confrères de la paix,* fondée au Puy par un simple artisan, vînt l'assiéger dans son nid de vautours. Saint Louis, connaissant par là ce que valait la citadelle de Sancerre, l'acheta au comte Thibaut, en 1226. La couronne sut la conserver. Charles VII, dauphin, partageait ses loisirs nonchalants entre Bourges, Mehun et Sancerre.

Mais voici le drame, en deux actes mémorables.

Au début de la Réforme, Sancerre, presque tout entier, se convertit au calvinisme. Plusieurs fois attaqué par les royalistes catholiques, il résiste, se défend avec un courage opiniâtre. En 1569, cinq semaines durant, dans un premier siège dirigé par La Châtre, gouverneur du Berry, François d'Entrague, gouverneur d'Orléans, et le noble vénitien Sciarra Martiningo, ses bourgeois tirent si habilement l'arquebuse, jouent de la fronde avec tant d'adresse, qu'ils obligent leurs ennemis à se retirer ; mieux encore, ils les poursuivent. Mais, faibles quand leurs murailles ne les protègent plus, ils sont vaincus, taillés en pièces, au moment d'assaillir la grosse tour de Bourges.

En 1572, nouveau siège. Le 9 novembre, Honorat du

SANCERRE

Bueil et son frère Racan, par surprise, s'emparent nuitamment du château ; les habitants le reprennent de suite après un combat de dix-sept heures, se fortifient, s'approvisionnent. Mais, en 1573, les royalistes, revenus en forces, cernent la ville, l'affament : alors la résistance devient sublime. Sans artillerie, on lutte jusqu'à la dernière extrémité. Les frondes, si habilement maniées, qu'on les surnomma, depuis, *arquebuses de Sancerre*, suffisent à protéger l'approche des remparts; les provisions épuisées, on se nourrit avec des rats, des taupes, on dévore des détritus, des cuirs bouillis. Le maire Jouhanneau, le ministre Jean de Leri, par leurs prédications bibliques, entretiennent l'enthousiasme sacré. On meurt d'épuisement, de faim. Morte d'inanition, une petite fille est dévorée par ses parents. N'importe, huit mois s'écoulent et personne ne veut se rendre. Et quand enfin, non secourue par ses coreligionnaires, la ville capitule, ce n'est plus qu'un monceau de décombres et de cadavres, dont La Châtre fait abattre aussitôt la forteresse.

Après ces épreuves, que peut-il subsister d'une ville ancienne, ruinée encore par la révocation de l'édit de Nantes ? Ses rues sans intérêt se croisent dans un dédale obscur, sur un sol inégal. Le beau château de la duchesse du Crussol d'Uzès, fièrement assis sur la crête de la colline, renferme, unique débris de l'illustre citadelle, la *Tour des fiefs*. L'étranger, bien accueilli, peut entrer au château, gravir l'escalier de la tour et de la plate-forme, embrasser l'un des plus vastes paysages du centre de la France : le ruban lumineux de la Loire, que double le limpide cordon du canal latéral ; au levant, Nevers, Pougues, la Charité, Pouilly, Cosne, Briare, penchés sur le fleuve ; le noir massif du Morvan ; au couchant, une multitude de villages éparpillés dans les plaines du Berry, comme les vaisseaux d'une flotte sur la mer !...

Bourges !... Plus d'un railway, plus d'une route aboutissent ou mènent à l'ancienne capitale du Berry, mais notre fantaisie a été d'y d'arriver, étape par étape, à travers plaines et pâturages, en contournant les collines isolées de Neuilly et de Nouvy, pareilles à celles de Sancerre, et cette ancienne principauté de Boisbelle ou d'Henrichemont, dont le seigneur fut toujours indépendant, même du roi de France. Henrichemont, création de Sully, ministre de Henri IV, présente la très curieuse et très ennuyeuse figure d'un quadrilatère parfaitement régulier, dont chaque côté a cinq cents mètres ; au milieu s'encadre la place de Béthune. C'est ainsi déjà que l'on concevait une ville à la fin du seizième siècle, soixante-dix ans avant Versailles et deux cent soixante-dix ans avant M. Haussmann.

Bien différent est Bourges : cité antique, ouvrage des siècles, greffé sur les fondations d'un oppidum gaulois, et dont les murailles féodales reposaient sur les débris de l'enceinte romaine d'Avaricum, capitale de l'Aquitaine. Les batailles, les sièges, les dévastations l'ont défiguré, non déplacé. Comme au temps des Bituriges, il gravit une colline ardue, s'y répand en amphithéâtre ; deux rivières, l'Yèvre et l'Auron, coulent à ses pieds, et le frais canal du Berry anime ses fabriques, ses fonderies militaires.

Il n'est pas joli, nullement moderne, pas du tout géométrique. Ses rues étroites, bizarrement percées, contournées dans un véritable labyrinthe où, malgré l'exiguïté du lieu, un étranger peut s'égarer, fatiguent le piéton de leurs pavés aigus, de leurs trottoirs inégaux ;

les maisons apparaissent plates, incommodes. Pourtant sous l'aspect désagréable, infligé par la désuétude, l'usure, à la ville célèbre, l'observateur reconnaît et salue bientôt une physionomie distincte et distinguée.

Qu'il erre, entre chien et loup, dans les vieilles rues et carrefours Bourbonnoux, Paradis, Mirebeaux, des Toiles, Saint-Bonnet : le clair-obscur accuse et relève les formes saillantes, penche les toits, bombe les encorbellements, enfonce les boutiques dans la pénombre des auvents, effile les pignons, grandit les murailles, élance les tourelles. Alors, ressuscitant le moyen âge, ressortent curieusement des coins d'autrefois, des groupes de logis surannés et pittoresques, dont un graveur à la manière noire ferait de frappants tableaux. Malheureusement, le plein jour dissipe cette magie, que la truelle des maçons et le pinceau des barbouilleurs ont effacée depuis longtemps.

Il faut tout dire : Bourges a maintes fois profondément souffert. Capitale de l'Aquitaine, point de mire des barbares au cinquième siècle, les Visigoths s'en emparent, puis les Francs ; Pépin le Bref l'incendie, les Normands le pillent. Comté ou vicomté féodal, soit qu'il ait pour suzerain le roi de France ou le duc d'Aquitaine, il n'est jamais en sûreté. L'an 1100, Eude Arpin, vicomte, vend au roi son fief pour soixante mille écus d'or, la ville passe sous l'autorité directe des Capétiens et ne s'en trouve pas mieux. Les Pastoureaux la ravagent en 1240, les Anglais en 1347. En 1360, Jean, troisième fils du roi Jean le Bon, étant fait duc de Berry, vient y résider : c'est pourquoi, aux mois de juin et

ÉGLISE NOTRE-DAME, A BOURGES

juillet 1412, le duc de Bourgogne, Jean sans Peur, traînant à sa suite Charles VI et le dauphin, assiège la capitale de Jean de Berry, chef des Armagnacs.

Malgré tout, Bourges est encore ville de richesses, de ressources et de bonne compagnie, puisque, dépossédé de Paris, Charles VII y établit sa cour, et en fait le centre de la résistance à l'étranger. Cour bien étrange, celle du petit roi de Bourges, dissolue, joyeuse, indolente, misérable aussi, besogneuse, emprunteuse, où l'on n'a pas toujours assez d'argent pour la table royale, où l'on n'en a pas du tout pour solder les gens de guerre, où l'on en trouve à foison pour les maîtresses et les favoris ; cour où dominent des voluptueux sanguinaires, comme Pierre de Giac, Le Camus Beaulieu, Georges de la Trémoille. Si Dunois et Richemont, hommes de commandement, de vaillance et d'habileté, en murmurent, voyant l'Anglais couvrir la terre de France, et sur leur passage arder, rober tout, que peuvent-ils ? Il faudra pour sauver le roi, sinon la France, l'inspirée Jeanne d'Arc. La Pucelle séjourna fréquemment à Bourges, objet d'un culte superstitieux ; les bonnes gens venaient la trouver en foule, la suppliant de toucher des médailles, chapelets et autres amulettes. Elle en souriait, disant à son hôtesse, Mary la Touroulde : « Touchez-les vous-même, ils seront aussi bons ! »

Ce quinzième siècle est la grande époque de l'histoire de Bourges ; il y brilla de tout son lustre, il lui doit son plus admirable édifice civil. Plus grand qu'aujourd'hui, mieux entouré de faubourgs et d'annexes, plus beau in finiment, il n'enfermait pas moins de quarante églises, couvents et monastères. Près de la superbe cathédrale Saint-Étienne s'élevait une sainte chapelle d'un grand style, construite l'an 1400, aux frais du duc de Berry. Au-dessus de la ville se dressait la grosse tour, citadelle puissante, imprenable, disait-on : des courtines l'entouraient, et cinq tours garnies de meurtrières, très hautes, s'y rattachaient. Elle comptait sept mille cinq cents maisons habitées par neuf mille cinq cents familles, soit environ soixante mille habitants adonnés spécialement à la fabrication des laines et des draps. Ses bourgeois, en vertu de chartes réitérées, déléguaient un conseil de prud'hommes pour administrer la commune, composaient la milice urbaine, rendaient la justice. Dans leur sein grandit le plus illustre d'entre eux, Jacques Cœur, fils d'un simple pelletier, que son génie pour les affaires fit l'homme le plus riche et l'un des plus puissants de son pays et de son temps.

La partie supérieure de la ville en est restée la plus agréable : là se trouvent les vieux hôtels de l'aristocratie berrichonne, encore nombreuse, opulente, exclusive, à peine touchée par la Révolution ; de vastes pensionnats, des promenades ; le jardin, dessiné par Le Nôtre, pour l'archevêché et rendu public ; le Mail, longue promenade que termine un fastueux château d'eau toujours à sec ; des avenues ombreuses remplaçant l'ancienne enceinte ; le cimetière urbain, où repose le tribun éloquent qui fut Michel de Bourges.

La cathédrale domine majestueusement ce quartier paisible et fleuri.

Construite du treizième au seizième siècle, sur les fondations d'une église plus ancienne dont il subsiste deux jolies portes, Saint-Étienne, jadis entouré d'un cloître, était dirigé par un chapitre indépendant, même de l'archevêque, primat d'Aquitaine. Ses privilèges étaient considérables : par lettres royaux de 1174 « le doyen des chanoines et le chapitre exerçaient par leurs baillis, lieutenants et officiers, la haute, moyenne et basse justice sur tous les individus logés dans l'enceinte du cloître ». Son clergé disposait de grandes richesses : pendant la détresse de Charles VII, il put, comme il possédait de vastes étangs, fournir à crédit, pour quatre mille livres parisis, le poisson nécessaire à la table royale.

La magnificence de l'église répond à ce passé. C'est un immense vaisseau parfaitement régulier, arrondi au chevet, sans transept, à triple étage, chaque étage étant distinctement marqué, le premier par une toiture en ardoises à pinacles flamboyants, le second par des arcs-boutants d'une belle hardiesse, le troisième par un pignon arrondi que cerne une balustrade à jour. Le portail, encadré par deux tours inégales, flanquées de contreforts, percées de niches, chargées de pinacles et de dentelures, a cinq portes, auxquelles on accède par un large escalier.

Ces portes offrent une minutieuse décoration, d'autant plus remarquable que l'édifice est d'un style sobre et pur. Tout en est sculpté à profusion : les très profondes voussures en capuchons, les pieds droits, les impostes, les trumeaux, panneaux et vantaux. Les trois portes de droite, celle du centre surtout, sont animées par une multitude de personnages et de bas-reliefs représentant, avec une verve naïve, des scènes de la Bible, de l'Évangile et de l'Apocalypse; le Jugement dernier, l'histoire d'Adam et d'Ève, celle de Noé, des traits de la vie de la Vierge et de la vie des saints Étienne, Ursin et Guillaume, ici particulièrement honorés. Les deux portes de gauche, ouvrage de la Renaissance, sont affreusement mutilées, mais ce qu'il en reste suffit à prouver le travail le plus fin et le plus délicat.

Le dedans, partagé en cinq nefs, est vraiment d'une ampleur et d'une harmonie magistrales : c'est la perfection même, dans l'unité et la simplicité. Les piliers énormes paraissent s'être élancés tout seuls, d'un seul jet, comme des tiges géantes, pour soutenir sans effort les voûtes immenses. Dans cette œuvre pleine et forte, rien de trop et tout ce qu'il faut: nulle fantaisie, où l'œil se complaise de préférence; point de sculptures superflues, de lignes ou d'arêtes importunes : on dirait d'un produit même de la nature, de pierres assises dans un ordre immuable par des forces mystérieuses pour une destination sublime!

Les nefs sont éclairées par des roses et des vitraux de différentes époques : ceux du treizième siècle, les plus nombreux, d'une intensité de couleur extraordinaire, déroulent une telle quantité de légendes sacrées et profanes, de fabliaux et de vies des saints, qu'ils forment à eux seuls toute une chronique des mœurs, des idées et des croyances du moyen âge, à déchiffrer par les érudits. Ceux du seizième siècle, plus doux, plus savants, mieux composés, représentent, selon l'esprit de l'époque, des martyres et de riches donateurs agenouillés.

La porte de la sacristie, toute fleuronnée, ornée des coquilles et des cœurs composant le blason de l'argentier de Charles VII, ouvre sur une très belle salle voûtée en ogive, qui fut construite aux frais de Jacques Cœur, par son fils Jean Cœur, archevêque de Bourges,

Dans une crypte spacieuse et fort élégante où descend un escalier de quelques marches, se voient le tombeau, assez ordinaire, du duc et de la duchesse Jean de Berry, et un saint-sépulcre de la Renaissance, dont les personnages polychromes, de grandeur naturelle, sont posés autour du Christ avec beaucoup d'art et de sentiment.

Malgré ses mérites inestimables, l'église Saint-Étienne n'est peut-être pas la merveille de Bourges, qui possède un édifice d'une espèce unique : l'hôtel Jacques Cœur. On dit à Bourges, s'adressant aux étrangers : « Êtes-vous allé à Jacques-Cœur? » comme on dirait à Paris : « Avez-vous vu le Louvre? » et à Rome : « Que pensez-vous du Vatican? »

MAISON DE JACQUES-CŒUR, A BOURGES

L'hôtel s'élève sur les limites de la ville ancienne : sa façade inférieure, en contre-bas, absorbe une partie des murailles de l'enceinte. Une tour d'angle énorme, des tourelles coupant des murs étroits, percés de courtes fenêtres, n'annoncent guère les miracles d'élégance que réalisent la cour et la façade bordant la rue Jacques-Cœur. Par un long couloir voûté on va de ceci à cela : de la force à la grâce, de l'ombre à la lumière.

Un magnifique bâtiment serré entre deux tourelles et flanqué au milieu d'un escalier tournant enfermé dans une tourelle saillante à fenêtres obliques, — véritable ébauche du célèbre escalier de Blois ; — puis, trois corps de logis le long desquels règne une galerie ouverte, ogivale au dehors, cintrée au dedans, c'est le cadre de la cour d'honneur. Cette cour est irrégulière et mesquine, en comparaison de la hauteur des pavillons que surmontent d'énormes toitures en ardoises couronnées de crêtes et de figures en plomb d'un excellent travail. Les pavillons eux-mêmes, avec leurs fenêtres dissemblables, placées comme au hasard, leurs angles heurtés, leurs vides capricieux prouveraient que l'architecte du quatorzième siècle se souciait peu de la symétrie et des proportions. Cependant, malgré la bizarrerie évidente des lignes, l'édifice produit une heureuse impression de fantaisie et de variété, grâce aux sculptures prodiguées aux portes, aux balustrades, aux panneaux, aux frises, grâce aux balcons prolongeant les fenêtres, aux collerettes ajourées de trèfles passées autour des toits.

Les bas-reliefs et les pendentifs sollicitent l'attention ; ce sont autant d'emblèmes instruisant qui sait les interpréter des goûts, mœurs et usages du grand financier ; ce sont aussi de précieuses notes sur le costume et l'état des personnes en son temps. Tel, à la porte des cuisines, un bas-relief où des serviteurs s'évertuent aux apprêts d'un repas. Tels, à la porte fleuronnée de l'escalier tournant, un oranger, un dattier, un pin, des plantes exotiques, des galères remémorant les expéditions lointaines du négociant ; gravés dans les feuillages, les mots : **En. Bouche. Close. Y'entre. Mousche — Oyr; dire; faire; taire — De. Ma. Joie**, résument ses maximes de conduite. Ailleurs, des encadrements gothiques mettent en scène des gens de métiers, laboureurs, fileuses, colporteurs, des nobles, des bourgeois et des mendiants. En maintes places, des coquilles, des cœurs, des galères marchandes se mêlent à la devise de l'argentier : **A. Vaillans. Coeurs. Riens. In. possible**, et lui-même figure dans une charmante composition, en qualité d'époux fidèle et galant de Macée de Léodepart, sa femme, à laquelle il présente un bouquet.

La façade de la rue Jacques-Cœur est d'une originalité délicieuse. Au milieu, s'élève le pavillon de la chapelle, accoté d'une ravissante tourelle surchargée de broderies et couronnée d'une statue de plomb que l'on suppose être celle de Jeanne d'Arc. Entre la porte et la fenêtre ogivale du pavillon, un dais magnifique abritait jadis la statue équestre de Charles VII. De chaque côté de ce dais, deux fenêtres simulées s'entr'ouvrent pour livrer passage à deux figures inquiètes de bons serviteurs penchés à mi-corps sur la rue, comme pour observer ce qui s'y passe, guetter l'arrivée du seigneur du logis ou prévenir celle d'un fâcheux. La grande porte est secondée d'une porte basse; l'une et l'autre pointillées de clous en forme de cœur gardent leurs serrures ouvragées. Au-dessus de la grande, un bas-relief très curieux rassemble un orchestre de musiciens. Des entrelacs de chicorées et de feuilles de chêne s'enroulent le long des frises, où sourient malicieusement des masques d'une agréable bonhomie.

Il reste à voir les appartements de l'hôtel, malheureusement transformé en palais de la chicane, et que les scribes et autres gribouilleurs de papiers timbrés ont dépouillé sans scrupule d'un aménagement plein de goût et de faste. Les *chambres des Galères*, des *Évêques*, des *Mois de l'an*, des *Angelots*, du *Trésor*, car chaque pièce avait un titre correspondant à son emploi, sont méconnaissables. Seules, la salle des gardes et la chapelle, encore à peu près intactes et superbes, font amèrement regretter les profanations accomplies.

La salle des Gardes, devenue salle des Pas-Perdus, est une galerie voûtée d'ogives en accolade formées par des boiseries dessinant des cœurs; aux retombées des arcs s'accrochent des figures grotesques. La cheminée monumentale renouvelle la décoration de la grand'porte et groupe des animaux fantastiques chargés de fleurs et de fruits. Mais le morceau le plus singulier est, en miniature, une forteresse du quinzième siècle, habitée, gardée par une multitude de petits personnages : chevaliers, arbalétriers, archers, fauconniers, lanceurs de pavés, de poix bouillante et de balistes, seigneurs et dames châtelaines, insérés dans les mignonnes baies des fenêtres et des créneaux : les uns paraissant se défendre contre un siège en règle et les autres narguer les assaillants.

La chapelle, si exiguë qu'elle mériterait plutôt le nom d'oratoire, est un véritable bijou artistique. On y accède par un escalier tournant au bas duquel trois bas-reliefs représentent les préparatifs accoutumés de la Messe. tout un petit drame de dévotion, fidèlement et naïvement exprimé, où jouent leurs rôles Macée de Léodepart, l'Argentier et ses fils.

Elle est d'un beau style ogival. Sur la voûte, les arcs élancés se croisent de manière à former douze compartiments peints en bleu de ciel constellé d'or, où planent des figures angéliques. Ces figures de rêve, aux abondantes chevelures blondes pareilles à des nimbes, aux yeux bleuâtres noyés dans l'extase, le corps enveloppé d'une robe blanche, les mains diaphanes, respirent naturellement dans l'idéal azur des bienheureux. On les attribue à des artistes italiens, élèves peut-être de Fra Angélico. Cependant, par la plénitude des joues, la blancheur rosée de la peau, un air de santé tout bourgeois, elles semblent bien françaises, et même berrichonnes. Pourquoi ne les devrait-on pas à des peintres français, revenus d'Italie? Des banderoles, où sont inscrits des versets du Cantique des cantiques, flottent aux mains de ces créatures divines.

Tel est, en 1888, le palais où vécut Jacques Cœur à l'époque de sa plus grande fortune, quand « il estoit si riche qu'on disoit qu'il faisoit ferrer ses haquenées et chevaulx de fers d'argent ». Il lui en coûta plusieurs centaines de milliers d'écus d'or.

Si le splendide logis — splendide surtout par ce qu'il était, et que l'on devine et restitue — dit l'existence opulente, large, enviable de l'argentier de Charles VII, il révèle aussi par ses basses portes méfiantes, ses issues secrètes, ses couloirs étrécis, ses cachettes, les transes, les embûches, auxquelles l'exposaient ses trésors, la haine des courtisans qu'il obligeait, la jalousie du faible roi. Patriote, quand il n'y avait pas encore de patrie, la main toujours et généreusement ouverte pour

HOTEL CUJAS (EXTÉRIEUR)

aider Charles VII à chasser l'Anglais, il eut, comme on sait, pour loyer de ses services, l'ingratitude, la calomnie, la prison ; ses biens furent confisqués, vendus à l'encan. S'étant évadé, il dut s'en aller mourir loin de son pays, au service du pape, dans une expédition aventureuse à l'île de Chio, triste fin dont s'est ému plus d'un historien, lamenté plus d'un poète. Qui ne sait le couplet mélancolique de Villon :

> De pauvreté me guermentant,
> Souventes foys me dit le cueur :
> « Homme, ne te doulouse tant
> Et ne demaine tel douleur,
> Se tu n'as tant qu'eust Jacques Cueur.
> Myeulx vault vivre soubz gros burcaux
> Pauvre, qu'avoir esté seigneur
> Et pourrir soubz riches tumbeaux ! »

Après le palais de Jacques Cœur, ou peut encore admirer de jolis détails à l'hôtel Lallemand, à l'hôtel Cujas, à l'ancien hôtel de ville, aujourd'hui l'un des pavillons du lycée.

L'hôtel Salvion Cujas, où demeurait l'illustre juriste de l'Université de Bourges, mais qui fut longtemps caserne de gendarmerie, est complètement délabré, semble irréparable. Que, du moins, on en sauvegarde la grand'porte toute sculptée, ciselée d'une façon ravissante, peuplée, illustrée de sphinx, de chimères, d'amours montés sur de fabuleux dragons, de sirènes s'enlaçant à des coupes, figures, entrelacs d'une grâce exquise.

L'hôtel Lallemand est en meilleur état. On prétend que Louis XI y naquit en 1423, et ce n'est pas impossible, mais il doit à la Renaissance ce qu'il a de vraiment joli : une gracieuse tourelle terminée en coupole, des médaillons en terre cuite incrustés dans les murs et une cheminée extrêmement sculptée, où se rencontrent, comme aux châteaux de Blois et d'Amboise, le hérisson de la maison d'Orléans et l'hermine des ducs de Bretagne.

HOTEL CUJAS (INTÉRIEUR)

Ces demeures des quinzième et seizième siècles, la cathédrale, quelques débris épars d'églises anciennes, une porte du moyen âge où l'architecte a gravé son nom : *Giraldus fecit istas portas*, des restes de cu-

DONJON DE MEHUN-SUR-YÈVRE

rieuses sculptures à saisir à la pipée, en errant par les vieilles rues, sur des façades modernisées : voilà Bourges, pour l'antiquaire, l'artiste. Le passé, depuis la Renaissance, ne lui a rien légué de plus et lui a beaucoup ravi. Louis XI, sévère pour la ville aimée de Charles VII, lui ôta violemment ses privilèges. Il a prodigieusement souffert des guerres religieuses, de la Ligue, des révoltes des princes de Condé, ses gouverneurs. Où le clergé de France avait rédigé la Pragmatique Sanction, on a vu Calvin prêcher hardiment ses doctrines, et le protestant Montgomery entrer en vainqueur impitoyable. Louis XIV fit démolir la Grosse-Tour; en tombant sous l'explosion d'une mine, elle tua quinze personnes et en blessa soixante. L'hôtel Jacques Cœur, acheté par Colbert, fut par lui vendu aux échevins. La Révolution, ou plutôt la Terreur, rigoureusement organisée par le conventionnel La Planche, détruisit peu, mais le vandalisme stupide des municipalités sévit toujours; à preuve, la ruine de l'hôtel Cujas.

De nos jours, une fonderie militaire, une pyrotechnie prêtent aux faubourgs une apparence industrielle; la ville a nombreuse garnison; sa position au milieu de la France la désignerait, en cas de guerre d'invasion, comme le point de concentration des troupes et du matériel d'artillerie. Le camp d'Arvor, à proximité, ralliait les jeunes levées de 1870-1871.

Les environs de Bourges ont subi le rayonnement historique de la défunte capitale du Berry; leurs châteaux célèbres datent du quinzième au seizième siècle, ils les doivent à Charles VII ou à ses courtisans.

Ainsi, Mehun-sur-Yèvre se groupe encore près du donjon élégant où Charles VII résidait et où il se laissa mourir de faim, le 22 juillet 1461, de peur d'être empoisonné par ses serviteurs, devenus les espions de son fils le dauphin, volontairement exilé.

A une heure de Mehun, près de la commune de Saint-Éloi-de-Gy, le château des Dames fut celui d'Agnès Sorel, qui possédait également le château du Bois-Sir-Amé; en tous les deux, après sa mort, sa cousine germaine. Antoinette de Maignelais, dame de Villequier, donnait rendez-vous au roi victorieux et galant. Plus encore au Sud, entre Châteauneuf-sur-Cher, Dun-le-Roi, Saint-Amand-Mont-Rond, petites villes d'origine gauloise et féodale, parmi des bois immenses, le château de Meillant, construit par le cardinal Georges d'Amboise, et splendidement restauré par ses propriétaires actuels, les Mortemart, offre d'admirables parties de la Renaissance : entre autres, la fameuse tour des Lions.

A côté des œuvres du passé, l'industrie lentement insinue les siennes. L'activité moderne triomphe des béates habitudes, du snobisme invétéré d'une province essentiellement moutonnière. Bourges est comme une ville morte auprès des grandissants Vierzon et Montluçon : celui-ci, ville bourbonnaise, mais situé, comme celui-là, sur le Cher, et trop près de nous pour en être oublié.

Montluçon, il y a soixante ans, n'était qu'une bourgade sans intérêt, amas de vieilles maisons bossues, bancales, lézardées, malpropres, pittoresques, dominées par un château-fort. Personne ne le connaissait, sinon peut-être les baigneurs de l'antique Néris, station thermale du voisinage, où les Romains ont laissé, pour l'inépuisable joie des archéologues, un palais, des théâtres, des piscines, des portiques, d'innombrables inscriptions lapidaires. Mais, utilisant les charbons du « cinquième bassin houiller de la France », voici qu'il s'est couvert d'usines et peuplé d'ouvriers : lui-même se surnomme Manchester français. Et, de fait, il a déjà plus de vingt-six mille habitants, groupés dans une ville basse, cernant, étouffant la ville haute, grimpant à l'assaut du passé, qui s'effacera bientôt. Ses usines métallurgiques, ses filatures de laine, surtout ses verreries, ses fabriques de glaces, rivales de celles de Saint-Gobain, lui insufflent la sève, le mouvement, la richesse.

De même Vierzon.

C'était jadis une cité purement féodale. Les deux tours rondes et la belle porte gothique que l'on y voit encore sont les restes de la forteresse édifiée par Philippe-Auguste et souvent assiégée; en 1346, l'habile prince de Galles échoua devant ces robustes murailles. Mais, au-delà de ce donjon, des fossés qui l'environnent, une ville nouvelle s'est formée, ville de dix-sept mille âmes laborieuses, disséminées sur un vaste espace, dans les localités sans cohésion qui portent les deux noms de Vierzon-Ville et de Vierzon-Village. Là travaille aux industries métallurgiques, aux grandes porcelaineries, toute une population ouvrière que les *débêteux* (maîtres d'école) dégrossissent, affinent ; rebelle aux traditions aristocrates, aux croyances des aïeux, enhardie par un commencement de bien-être, elle s'agite pour le progrès et transformera, à la longue, le pays du Berry, au tempérament paisible, aux vénérables et pieuses coutumes !

CHAPITRE VII

DANS LE VAL

Entre des collines toujours plus rares et plus basses, la Loire s'épanche, très large et très lente, s'infléchissant vers l'Ouest : à droite, à gauche, des prairies naturelles, puis des vignes, des champs de méteil, de seigle, de safran; mais aussi des bois, des étangs et des *gâtines*, marécages creusés par les pluies sur un sol à demi inculte, morceaux de steppe, avec des bouleaux, des peupliers, une maigre et pâle verdure croissant parmi les eaux stagnantes : nous sommes dans le Gâtinais et dans cette partie du Gâtinais nommée la Puisaye, près de la Sologne, avant la Beauce, entre l'abondance et la stérilité.

Briare est une petite ville toute blanche, proprette, commerçante, chargeant de grains, de fourrages, de vins, de vinaigres, les bateaux plats que charrient les deux belles routes d'eau limpide qui se joignent dans son port : le canal latéral et le canal de Briare. Celui-ci, commencé sous Henri IV, en 1604, perpétue chez les riverains la mémoire du roi de la poule au pot et de son fidèle ministre Sully, infatigable planteur de mûriers, jadis nombreux dans cette région où il se plaisait, où il se retira.

Gien..... La ville est à deux kilomètres de la station; on voit de bien plus loin se détacher en arêtes vives, en cônes effilés sur le transparent de l'horizon, le château du quinzième siècle, au bas duquel elle se répand. Ce château, assez curieux par ses chaînages de pierres et de briques, rouges et noires, croisant des figures géométriques, n'est pas le premier venu. Bâti en 1494 pour dame Anne de Beaujeu, il remplace le chastel où, l'an 1410, Jean Sans-Peur, duc Bourgogne, a célébré les noces de sa fille avec le comte de Guise; où, en 1420, messires Jean duc de Berry, Charles duc d'Orléans et Charles comte d'Armagnac se sont ligués contre le même Jean Sans-Peur; où, en 1429, Jeanne d'Arc, à force de supplications agenouillées, a décidé l'indolent et sceptique Charles VII à marcher sur Reims. Et ce chastel lui-même remplaçait une forteresse de Charlemagne. Dernier souvenir du passé : Louis XIV, enfant, Anne d'Autriche, régente, ont tenu dans ce château de Gien une cour fugitive, pauvre, incertaine, et, dans les premiers jours du mois d'avril, ils écoutaient, pleins d'anxiété, le canon des combats de Bléneau, distant de cinq lieues, où se décidait entre Turenne et Condé le sort de leur couronne chancelante.

Aux yeux modernes, Gien compte surtout par sa grosse et populaire faïencerie, dont le millier et demi d'ouvriers fabriquent, suivant les procédés anglais, ces faïences brillantes, de forme et de couleur vilainement banales, que leur bas prix rend d'un commun usage.

Dans nos yeux, à nous, Gien a gravé l'ineffaçable image d'une très vieille rue, bordée de très vieilles maisons, que l'ombre indécise de la presque nuit, piquée des seules lumières allumées au fond des boutiques, découpait merveilleusement en logis d'il y a trois ou quatre siècles. Chaîne étrange de pignons aigus, d'auvents pansus, de grotesques grimaçant aux chevrons des façades, de basses portes aux enseignes ballantes, et aussi de herses peureuses dressées contre l'étal des boucheries, de grilles protégeant les boulangeries, comme dans les épidémies de misère où il fallait défendre, contre une multitude de convoitises affamées, le pain, la viande, denrées précieuses entre toutes !

Évanouie cette vision, nous nous sommes trouvé devant la Loire glacée d'or vert par la réflexion des nuages où le soleil venait de se plonger ; l'ombre, nous cachant l'une de ses rives, la grandissait à l'infini, l'immensifiait, la brise y soulevait de petites vagues clapotantes ; la lumière, l'obscurité, la brise, lui prêtaient la gloire d'un grand et beau fleuve.

Passé Gien, on entre dans le *Val*, aux inépuisables fécondités, « doulce France » des trouvères, « jardin de la France » de nos aïeux, qui n'allaient guère au-delà de cette région plate, fraîche et verte, chercher leur idéal paysage. Le Val, c'est Orléans, Blois, Tours, des moissons de fleurs et de fruits à ramasser à pleines mains, des moissons d'histoire à ramasser à pleins cerveaux. Villes et villages séculaires, châteaux immortalisés racontant les luttes, les souffrances et les bonheurs de la Patrie ; les fastes, les amours et les crimes des princes s'y pressent autour de la Loire, ou se mirent dans son onde dormeuse et perfide.

LE CHATEAU DE GIEN

Dans cette plaine du *Val*, en apparence infinie, trompeusement limitée par de légères ondulations du sol estompant l'horizon, la Loire, si elle n'était contenue par des levées, des *turcies*, et secondée par des canaux, des rivières artificielles, aurait, comme le Nil, son lit naturel où, aux époques redoutables de crues subites, elle se déverserait, s'étalerait en nappes d'eau, de limon et de sable. Mais sa largeur, qui pourrait être immense, est rétrécie par le génie insuffisant du riverain à une moyenne de deux cent cinquante à trois cents mètres ; et sa hauteur augmente en proportion. Si, en temps ordinaires, les entraves opposées au cours d'un fleuve constamment à sec ou très bas semblent inutiles, on dirait que, rancunière et mauvaise, la Loire veuille s'en venger, lorsqu'elle s'échappe soudainement à flots pressés, tumultueux, irrésistibles, de sa couche de sable, inonde tout à de lointaines distances sur son passage, déjoue les turcies, les digues, dévaste les villes et les champs, déracine les habitations et les arbres, noie les êtres, et, pêle-mêle, emporte à l'Océan des cadavres et des ruines. Les campagnes du Val, riantes sous sa caresse paisible, devraient trembler au souvenir de ses accès de colère en 1841, 1856, 1866, des millions engloutis par le fléau, que l'industrie des ingénieurs, faute de persévérance ou de ressources, n'a pas encore réussi à conjurer, ni même à prévenir!

« On pourrait, écrit un spécialiste, M. Onésime Reclus, supprimer en partie les inondations et tripler le débit estival dans la région qui va du Bec-d'Allier à

Tours. Soixante-huit barrages-réservoirs, étudiés sur la Loire et l'Allier supérieurs, emmagasineraient ensemble 520 millions de mètres cubes d'eau de pluie et de neige. Ces 520 millions de mètres cubes enlevés au volume des débordements donneraient 60 mètres cubes d'eau par seconde de plus à la Loire pendant cent jours, c'est-à-dire pendant tout le temps où le fleuve est dans le voisinage de l'étiage. »

On pourrait?... Pourquoi ne pas l'essayer? C'est que les plus terribles catastrophes s'oublient bientôt, même de ceux qui les ont vues, en ont souffert. Croit-on jamais au retour des calamités? L'homme ne supporterait pas la vie s'il lui fallait prévoir le malheur. Ici, particulièrement, sur les bords du fleuve si calme, dans la douceur du paysage, on comprend son insouciance. A voir comme la Nature répare vite les maux qu'elle fait, comment y songerait-il? pourquoi serait-il inquiet?

Les traces des ravages passés s'effacent moins facilement dans les villages, les villes; on s'en aperçoit à la pauvreté de leurs habitations, à leur dénûment de choses anciennes, à leur aspect gris, presque morne. Il en est cependant où il y a plaisir et profit à s'arrêter : Saint-Gandon, Sully, Saint-Benoît, Châteauneuf....

Saint-Gandon : des pierres celtiques, un menhir, un tumulus, des maisons du quinzième siècle, les débris d'une enceinte. Sully : le château, flanqué de quatre grosses tours féodales, où le grand ministre de Henri IV se retira pour dicter les *Économies royales* et vieillir paisiblement. La statue du duc se dresse au milieu de la cour d'honneur, hautaine et rude figure de marbre blanc. On montre aux étrangers une opulente salle des gardes, une galerie de portraits de famille, de tableaux d'histoire et, dans une chambre à coucher, le lit à baldaquin et courtines où le Vert-Galant dormit son somme.

Saint-Benoît a son admirable église romano-ogivale, commencée au onzième siècle, achevée au treizième, reste d'une abbaye déjà célèbre et puissante sous les Mérovingiens, et si réputée, au temps de l'empereur Charlemagne, que plusieurs centaines d'écoliers y venaient suivre les leçons des moines dans les écoles instituées, à l'imitation de celles d'Alcuin, par l'évêque Théodulfe.

L'église, en pierre roussie, d'un ton mordoré fort agréable, développe un beau vaisseau, à double transept, que précède un péristyle ouvert, soutenu par d'énormes colonnes dont les rangées composent une triple nef. Ce porche original est surmonté d'une salle voûtée, et on lit au-dessus, gravée sur un bas-relief, l'inscription *Umbertus me fecit*, qui transmet peut-être le nom de l'architecte. A la façade du Nord, une magnifique porte offre, en manière de cariatides, six grandes statues de personnages bibliques, et des bas-reliefs représentant les miracles de saint Benoît au mont Cassin, morceaux de caractère traités avec une vigueur toute barbare. Cette énergie d'expression, dans la naïveté des attitudes et des physionomies, éclate encore aux chapiteaux du péristyle, de la nef et du sanctuaire.

RUINES DE L'ÉGLISE SAINT-JACQUES, A ORLÉANS

C'est là qu'il faut voir, étudier toute la poésie du haut moyen âge : des lambeaux d'antiquité païenne, mêlés à des scènes de l'Écriture, des animaux de la Fable et des visions de l'Apocalypse, des démons et des sphinx, et des conceptions de rêves associées à des images réalistes : les *Quatre Ages du monde* à côté des *Misères de la vie humaine*. Dans le chœur, une tablette de pierre, appuyée sur deux lions au repos, et sur cette tablette une statue d'homme en longue robe à plis rigides et portant la couronne royale : c'est le tombeau de Philippe Ier, roi de France.

Autre tombeau célèbre à Châteauneuf-sur-Loire : celui de Louis-Phelyppeaux de la Vrillière, secrétaire d'État sous Louis XIV, mort en 1681; sa famille possédait le château seigneurial, presque entièrement détruit. Ouvrage d'un art pompeux, dans la manière un peu théâtrale de Girardon et des Tuby, le tombeau, placé dans le chœur de l'église, se compose d'un sarcophage en marbre noir posé sur un soubassement et portant la statue, en marbre blanc, du noble défunt, agenouillé sur un coussin, les yeux levés vers le ciel, que lui montre du doigt un ange planant au-dessus de lui, dans une posture élancée, souple et gracieuse.

... Jargeau où, le 22 mai 1429, Jeanne d'Arc a repoussé les Anglais... Orléans, d'où elle les a chassés. Et, malgré le glorieux souvenir des exploits de la Pucelle, on bâille instantanément à l'aspect de cette grande ville plate, figée dans la correction morne des boulevards, des voies trop larges, qu'elle ne peut remplir, animer de sa population glaciale. Comme à Saint-Etienne, un tramway —

sans locomobile à vapeur — la parcourt; mais quelle différence! Dans la cité industrielle, le véhicule commun emmène et confond tout le monde: vrai symbole démocratique; ici, pareil aux diligences surannées, il se divise en plate-forme pour le peuple, intérieur pour le bourgeois, coupé pour la noblesse et le clergé : symbole des distinctions de classes.

Des quartiers muets de maisons religieuses et d'hôtels morguants, immobiles depuis le dix-septième siècle, des quartiers pauvres dont les terrassiers et les maçons abattent les rares côtés pittoresques, quelques rues de magasins luxueux, c'est Orléans, ville sans relief, sans originalité, où l'on cherche à peu près vainement, en dehors des monuments officiels souvent restaurés, les vestiges d'une grande histoire. Les remparts, les portes, le fort célèbre des Tourelles, devant lequel Jeanne d'Arc fut blessée, ont successivement disparu. Seuls, non loin de la Loire aux bords flétris, une tour, des pans de murailles ont peut-être joué un rôle, essuyé le feu des Anglais, dans ce merveilleux siège, où l'on vit toute une armée, tout un peuple dirigés par une paysanne, encouragés par ses prières, ses larmes, ses exhortations, ses promesses, sa bravoure fervente, vaincre et repousser l'ennemi, ce qu'ils n'avaient pu faire sous le commandement des plus valeureux capitaines, Dunois, Richemont, La Hire, Xaintrailles, et ces chefs eux-mêmes, hommes de cour, sceptiques, forcés de croire à la mission providentielle de la sainte du patriotisme. Le siège de 1429 est la grande émotion des annales d'Orléans, si remplies des faits graves et terribles de l'histoire nationale. Aussi, chaque année, le 8 mai, une fête publique, une procession autour de l'enceinte comblée célèbrent le miracle de la délivrance accompli par l'héroïne.

Une autre tour ronde, la tour Blanche, derrière l'église Saint-Aignan, défendait peut-être *Aurelianum* au temps de ce récit de l'*Historia Francum*, qui rend si bien les émotions poignantes d'une ville épouvantée des tueries prochaines : « Attila, roi des Huns, étant sorti de Metz, ravagea plusieurs villes des Gaules et vint mettre le siège devant Orléans, dont il essaya de s'emparer en battant à grands coups de bélier les murs de la place. Le siège épiscopal de cette ville était alors occupé par le bienheureux Aignan, homme d'une éminente sagesse et d'une grande honnêteté, dont les actions vertueuses sont fidèlement conservées parmi nous. Comme les assiégés demandaient à grands cris à leur évêque ce qu'ils avaient à faire, celui-ci, mettant sa confiance en Dieu, leur conseilla de se prosterner à terre pour prier et d'implorer avec larmes le secours du Seigneur, toujours présent lorsqu'on a besoin de lui. Ils se mirent en prière suivant ce qui leur avait été recommandé, et l'évêque leur dit : « Regardez du haut des « murs de la ville, et voyez si la miséricorde de Dieu « vient à votre secours ». Trois fois, l'évêque répéta cette exhortation; à la troisième, on vit à l'horizon un grand nuage de poussière : c'étaient les armées attendues d'Aétius et de ses alliés... » Les Huns s'enfuirent, ils devaient laisser bien des leurs aux champs Catalauniens.

La cathédrale Sainte-Croix est fort belle sans être originale ; elle a tout ce que l'art sans la foi peut donner de style, d'éclat aux édifices religieux. Rebâtie en 1601 à la place d'une église du treizième siècle, détruite par les protestants, et dont il reste peu de chose, elle a été achevée seulement de nos jours. Le gothique le plus flamboyant, ses roses, ses galeries d'arcades légères, ses dentelures, ses pinacles, ses niches fleuronnées, parfaitement imitées et multipliées, font d'un vaisseau de cent quarante-sept mètres de longueur et de soixante mètres de largeur, quelque chose comme un immense pièce de filigrane, extrêmement jolie, élégante, bien travaillée, mais ne dégageant aucune impression de grandeur mystique.

A l'intérieur, un artiste local, M. Clovis Monceau, a sculpté avec talent, à même la pierre, tout un Chemin de croix. Une *Mater dolorosa* de Michel Bourdin, sculpteur expressif et gracieux, un *Christ*, de Tuby, décorent l'abside.

Sainte-Croix, sur une grande place ornée de la statue du jurisconsulte Pothier, s'élève au centre de la ville riche, au point d'aboutissement des belles rues Jeanne-d'Arc, Bannier, Royale ; l'Hôtel de Ville, les musées, les maisons qu'il faut voir, sont aux alentours.

L'Hôtel de Ville, gentil palais de la Renaissance en

briques et pierres, beaucoup trop restauré, remanié, est décorée de cariatides assez charmantes pour qu'on puisse sans preuves les attribuer à Jean Goujon. Construit pour un particulier, il devint presque aussitôt maison royale et princière. François II, venu à Orléans pour tenir les États généraux de 1560, y mourut la même année ; les chefs protestants maîtres de la ville en 1562 y avaient leur quartier général. Charles IX y séjourna, et c'est de là qu'il partait, accompagné d'une beauté orléanaise, Marie Touchet, fille du lieutenant au présidial, pour ses promenades au faubourg de Saint-Jean-le-Blanc, où son plaisir était de « déchaperonner » les femmes, les filles protestantes, à la sortie du prêche : les chapeaux jetés à la rivière, pères, frères ou maris, qui s'avisaient de s'en plaindre, s'en allaient tête baissée les rejoindre. De là aussi partit, toutes les cloches d'église carillonnant, le signal du massacre de la Saint-Barthélemy qui, dans la nuit du 25 au 26 août, fut atroce, laissa sur le carreau dix-huit cents morts, sans compter les femmes et les enfants occis à coup d'épée, d'arquebuse ou brûlés.

Rue du Tabour, la maison de l'Annonciade où Jeanne d'Arc demeura chez messire Boucher, trésorier du duc d'Orléans, et, tout à côté, la maison aux galeries intérieures en arcades cintrées dite d'Agnès Sorel, sont de toutes charmantes demeures du quinzième siècle. Rue de Recouvrance, un hôtel à doubles galeries superposées, flanqué d'une tourelle marquée au millésime

1540, a peut-être logé la future duchesse d'Étampes, Mlle d'Heilly, c'est la *Maison de François Ier*.

MAISON DE DIANE DE POITIERS, A ORLÉANS

Il y a deux musées : l'un d'antiquités de tous les âges, installé dans une gracieuse maison de la Renaissance appelée faussement hôtel de Diane de Poitiers, au lieu d'hôtel Bécu ; l'autre emplit de peintures anciennes et modernes les salons de l'ancien hôtel de ville, autrefois hôtel des Carnaux.

Jeanne d'Arc, à laquelle sont consacrées une ou deux salles du Musée historique, garnies de tableaux, de tapisseries, est encore honorée par trois statues de bronze : la première, œuvre aimable de la princesse Marie d'Orléans, est au bas du perron de l'hôtel de ville ; la seconde, un peu ridicule, signée Gois, commande l'entrée du pont sur la Loire ; la troisième — due à Foyatier — est équestre et se

ANCIEN HOTEL DE VILLE, A ORLÉANS

dresse sur la place du Martroy. Ici, la Pucelle à cheval sur un rude destrier qui se cabre, le casque en tête, une pesante armure couvrant sa robe, la face virile, n'est point la visionnaire paysanne de l'histoire, la « fille si simple que tout au plus savait-elle son *Pater* et son *Ave* » : mais cette effigie de convention est entourée de bas-reliefs, par M. Vital Dubray, extrêmement étudiés et d'une vérité probable saisissante.

Sous une physionomie gelée, Orléans cache une vie active de ville fabricante et commerçante, servie d'ailleurs à souhait par sept lignes de chemins de fer et le canal joignant la Loire au bassin de la Seine. Il a des vinaigreries, des manufactures de bonneterie, de laines ouvrées et unies, des poteries, des fonderies de fer et de cuivre, des corroieries et des mégisseries. Sa population ouvrière se fixe dans les grands faubourgs environnants et sa bourgeoisie se déplace pour habiter les hautes maisons de rapport neuves, toutes blanches encore, dans des trouées faites au fond des vieux quartiers, tandis que des rentiers, même parisiens, achètent près de la gare les terrains devenus libres par le morcellement de grandes propriétés et la démolition de la vaste usine de la Motte-Sanguin.

Comme un antidote à l'ennui de la ville, le Loiret, à moins d'une lieue, abrégée par le tramway, offre la promenade délicieuse de ses rives ombragées partout de peupliers, d'aulnes, de saules penchés sur l'eau qu'ils verdissent. Au-dessus de ses rives, des maisons de campagne mettent la blancheur de leurs façades ; et des jardins descendent jusqu'à lui les fruits, les légumes abondants de menus potagers, vergers et vignobles. Dans sa fraîcheur se blotissent des guinguettes, ses anses mignonnes abritent les canots réservés aux joyeux rameurs des dimanches d'été. Ces mêmes jours, dans le proche village d'Olivet, la foule émigre pour se régaler de vin clairet, de fromage du pays et de galette de Saint-Jean-le-Blanc.

Les Sources du Loiret sont aussi la grande attraction des promeneurs qui vont les admirer au château de la Source, à Saint-Cyr-en-Val, et se répandent ensuite, pour un repas et des danses champêtres, sur une large pelouse en talus, montant devant la grille.

Elles naissent en deux endroits dans le parc exquis du château que possède la comtesse de Polignac. On voit d'abord, au centre d'un bassin ovale, sur la transparence de l'eau bleue, monter comme la colonne blanche et mobile d'un thermomètre à mercure ardemment chauffé ; c'est ce qu'on nomme le *Bouillon* : il s'est fait jour il y a deux cents et quelques années. Avant cela, une source unique, l'*Abîme*, existait, sourdait à fleur de sol, et c'est en creusant le bassin circulaire qui l'entoure, qu'on a provoqué un autre jaillissement. Toutes deux versent environ dans le Loiret sept cent litres à l'étiage par seconde, ce qui lui permet d'alimenter les fontaines d'Orléans, des moulins et maintes grosses usines.

La campagne orléanaise, sauf l'oasis du Loiret, a la monotonie de la ville ; à l'Ouest, c'est la Beauce, au Midi, la Sologne ; mais au-delà et en deçà de la Loire,

MOULINS SAINT-JULIEN (ENVIRONS D'ORLÉANS)

sur une superficie de plus de quarante mille hectares entrecoupés d'une multitude de villages, s'étendent les taillis de chênes, de bouleaux et de charmes de l'immense forêt, que des percées, des éclaircies, des mises en culture ont lentement tronçonnée. Telle quelle, elle se peuple à l'automne de citadins, heureux de secouer leur léthargie, en chassant, non pas seulement le lièvre, le lapin, la perdrix, mais le cerf, le chevreuil, le renard le loup.

A la lisière de cette forêt, vers l'Ouest, deux villages, deux champs de bataille et de victoire de la guerre de 1870, Coulmiers et Bacon, sont de pieux pèlerinages aux consolants anniversaires des 8 et 9 novembre. Les débris des régiments pris à Sedan ou immobilisés dans Metz, et de jeunes troupes, exposées au feu pour la première fois, s'y battirent en héros sous le commandement du général d'Aurelles de Paladines. Beaucoup d'entre eux, mêlés aux envahisseurs, y reposent sous des tertres de verdure, que dominent des mausolées anonymes. Honneur à eux ! Leur dévouement raviva les espérances de la Patrie : Orléans, que les Prussiens occupaient depuis le 11 octobre, redevint français, et de là, si près de Paris assiégé, on crut pouvoir lui tendre la main.

Qui ne sait le reste ? le retour offensif de l'ennemi, trop nombreux, le rude combat de Patay, où succombèrent tant des magnanimes zouaves de Charette, et, parmi eux, le jeune duc de Luynes, et la reprise d'Orléans le 5 décembre, désastre irréparable ! Patay, dans les mornes plaines de la Beauce, Patay, illustré d'une victoire de Jeanne d'Arc, dresse aussi vers le ciel un monument funéraire à la mémoire des héros de la défense nationale.

Reprenons notre chemin.....

Meung-sur-Loire..... C'est la patrie du poète Jehan, qui continua le roman de la Rose, de son compatriote orléanais maître Guillaume (de Lorris), et ce fut au quinzième siècle la prison d'un autre poète, pauvre alors autant qu'immortel aujourd'hui, maître François Villon. — Où vécut,

> D'une petite miche
> Et de froide eau tout ung esté,

par ordre sévère de l'évêque d'Orléans, Thibaut d'Aussigny, l'auteur des poignantes ballades du Grand Testament ? Ce pouvait bien être, il nous semble, dans la tour fortifiée qu'une légère courtine rattache au clocher de l'église paroissiale Saint-Liphard, et qui dépendait d'un château de plaisance appartenant aux évêques. Château de plaisance il ne fut pas du moins pour Villon, qui là, peut-être, dans l'horreur d'un geôle,

> En ung bas lieu, non pas en hault,
> Mangeant d'angoisse mainte poire,

a souffert la cruelle infortune du génie avili. Avec l'intuition de cette douleur, nous aimons nous représenter Louis XI venant à Meung dans l'automne de 1461 ; il passe avec son cortège sous la porte d'Aumont — que l'on a conservée, — il visite la prison de l'Official, et, recevant du poète une noble supplique dans un compliment spirituel, il le délivre...

Sans doute, en quittant Meung, Louis XI ne manqua pas d'aller faire ses dévotions au pèlerinage voisin de Notre-Dame de Cléry, sa patronne : c'est à une lieue de la rive droite de la Loire, sur l'Ardoux. La grande église de Cléry est celle qu'il fit construire, et en laquelle est son tombeau, près ceux de Dunois, de François d'Orléans, d'Agnès de Savoie. « Louis XI, nous apprend Commines, décéda le samedy pénultieme jour d'Aoust, l'an mil quatre cens quatre-vingtz et trois, à huit heures du soir... Et après le trépas, son corps fut porté inhumé en l'église Nostre Dame de Cléry, pour ce qu'il voulut et ordonna, en son vivant, que ainsy fut faict et ne voulut estre mis avec les deffuncts ses prédécesseurs en l'Église de Saint-Denis en France, et voulut jamais dire la raison. Mais aucuns pensent que ce fust pour la cause de l'Église, où il fist moult de biens, et aussi pour la grande dévotion qu'il avoit à la benoite vierge Marie, priée au dict lieu de Cléry. »

ÉGLISE NOTRE-DAME-DE-CLÉRY

Au-dessus de son tombeau s'élevait — suivant contrat passé entre Jehan Bourré, trésorier de France, Conrart de Coulongue, orfèvre, et maistre Laurent Wrine, canonier du Roy — une statue en cuivre de fonderie couvert en vermeil doré de fin or de ducats, « pourtreture à la semblance et à la haulteur du Roy à genoulz devant l'ymage de Notre Dame de Cléry ».

Ce monument n'est plus; les calvinistes de 1561 l'ont brisé, dispersé, et jeté à l'eau la dépouille royale. Ce qui le remplace est l'œuvre de Michel Bourdin, sculpteur du temps de Louis XIII, fort habile en son art, qui

BEAUGENCY

a tout bonnement représenté Louis XI en gentilhomme de la cour d'Henri III. Un artiste de la première Renaissance a décoré avec beaucoup de goût les portes de la sacristie, du chapitre, les stalles du chœur.....

... Des champs de bruyères, de sarrasin florissant contre les derniers taillis de la forêt d'Orléans, et sur ces champs de petites huttes jaunes en forme de pain de sucre, toutes bourdonnantes, bruissantes : spectacle fréquent si l'on va à pied de Cléry à Beaugency, puis au delà, en Loir-et-Cher, sur les confins de la Beauce et de la Sologne. Ces huttes de paille tressée sont des palais d'abeilles en herbage, on pourrait presque dire en villégiature. Leurs propriétaires, de très loin souvent, les ont amenées, et ils payent un loyer de six francs par ruche afin qu'elles se puissent engraisser, régaler, enivrer du pollen des plantes aromatiques.

ÉGLISE DE BEAUGENCY

Beaugency s'étale au bord du fleuve, bourgade rustaude, où l'on est tout surpris de découvrir de beaux restes de grandeur et d'élégance. Un énorme donjon carré du onzième siècle, nommé tour de César, un château aux galeries joliment voûtées, qui fut celui de Dunois, comte de Longueville, des tours, près d'un vieux pont aux arches basses et moussues, une large

HOTEL DE VILLE DE BEAUGENCY

porte féodale, une ravissante maison de la Renaissance, sculptée à profusion, y remémorent un passé de vie guerrière et luxueuse, qui semble bien loin.

Mais le donjon est un gigantesque nid d'oiseaux, le château, un dépôt de mendicité, la porte encadre une horloge, les tours sont des greniers, le pallazzino de le Renaissance, dont la façade s'effrite misérablement, est un hôtel de ville où du mobilier d'autrefois ne subsitent que des tapisseries, admirables d'ailleurs..... En retour, Beaugency a de bien bon petit vin blanc, qui console des ruines.

..... Le Blaisois..... C'est, par excellence, le pays des châteaux, parce que c'est le pays des chasses, celui des immenses forêts, forêts de Marchenoir, de Boulogne, de Russy, de Blois ; forêts de chênes, de charmes, de châtaigniers, qui se rejoignaient, il y a longtemps, bien avant l'Histoire, en futaies inextricables, entre lesquelles la Loire se frayait chemin, comme tel fleuve majestueux dans les solitudes vierges de l'Amérique. Alors, de populations, point : des arbres et des fauves. Le vieux peuple Carnute pénétra le premier dans cette ombre, humanisa cette terre opulente, mais il fallut l'invasion de César pour y créer, à la place des cabanes de bûcherons, des villages et des villes.

Cependant les traces de la civilisation romaine sont rares en Blaisois, et nombreuses les œuvres du moyen âge ; les vrais civilisateurs de la contrée ce sont, avec les moines, les féodaux. Partout, afin de s'assurer la possession des chasses, ils bâtirent des châteaux-forts, qui devinrent des citadelles, et que leurs maîtres, du quinzième au seizième siècle, transformèrent en châteaux de plaisance. Pourtant, combien de cités aux mystérieuses origines ! Que sait-on, par exemple, des commencements de Blois, sinon qu'il a peut-être pour étymologie le mot gaulois Bleiz ou Blezian ?

... Gardez-vous d'arriver à Blois par une soirée sans lune, car la ville est littéralement sans lumières : entendez qu'elle n'a point le gaz, ou si peu !... Oui, à la fin du dix-neuvième siècle, quand l'électricité supprime la nuit, Blois, comme au moyen âge, se plonge dès le potron-minet dans des ténèbres impénétrables où se fondent, dans une masse inquiétante, son château, ses églises, ses maisons, étagés en amphithéâtre, sur un roc. On éprouve, y pénétrant au hasard et sans guide, la désagréable impression d'une chute dans un trou. Les murailles affectent des allures menaçantes, et les rues enchevêtrées semblent se donner le mot pour vous rouler dans leur dédale, comme un chien savant dans un cerceau, ou un philosophe dans un dilemme.

Naturellement, le jour dissipe le mystère des rues malveillantes, et la caverne suspecte devient une honnête ville bourgeoise, irrégulièrement bâtie, dont une partie s'allonge au bord de l'eau, l'autre gravissant.

un escalier de rues
Que n'inonde jamais la Loire au temps des crues.

Au sommet, un jardin public, des avenues bordées de maisons de campagne, un faubourg embaumé s'espacent sans contrainte. De là, tranquillement assis sur un banc, près de la cathédrale, on embrasse l'infini panorama des campagnes environnantes où pointent, contre les rives du fleuve, en des bois, les blancheurs de Ménars, de Beauregard, de Chambord et de Chaumont.

En redescendant la côte avec une lenteur de badauderie, on aurait plaisir à reconnaître, à de jolis détails visibles sous les replâtrages, les ajustements modernes, beaucoup d'hôtels du quinzième et du seizième siècles, construits par des courtisans, des fonctionnaires, vraies antichambres du château.

Heureuses les villes qui possèdent des châteaux comme celui-là ! Elles ont le superflu et le nécessaire de la vie ; un reflet de gloire les éclaire et elles le monnayent en gros sous ; elles s'enorgueillissent de leur passé et elles en tirent leur subsistance ; les étrangers les honorent de leurs visites, et elles les exploitent généreusement! L'art, l'histoire, enrichissent les hôteliers, les photographes et les concierges : c'est leur dernier mot.

Blois entre toutes ces villes est favorisé : son château

> Bien qu'il ait à la face une tache de sang,

ou plutôt, à cause de cette tache, ne chôme jamais de curieux : source intarissable de fortune, il lui tient lieu de commerce et d'industrie.

CHATEAU DE BLOIS — FACADE LOUIS XII

D'ailleurs, nul édifice plus divers, plus intéressant. Ses fondations, sur un roc incliné, sont peut-être les assises puissantes d'un castellum romain. Au-dessus se dressent des tours gothiques. Au-dessus de ces tours écimées, ou entre elles, s'élèvent les restes du château des comtes de Blois, et le château de Louis XII, le palais de François Ier, le pavillon de Gaston d'Orléans ; des murailles grises, des façades roses, des façades blanches : de l'énorme et du gracieux, de l'art dans de la force, du naïf et de l'exquis ! Le château garde les marques de ses différents maîtres et réunit leurs écussons : le cygne percé d'une flèche des comtes de Blois, l'hermine d'Anne de Bretagne, le porc-épic couronné des ducs d'Orléans, la salamandre de François Ier.

Le sobre château de Louis XII présente à l'extérieur une façade en briques rouges et noires, appareillées en losanges, dont les deux étages, éclairés par des fenêtres à linteaux et meneaux sculptés, sont ornés de pinacles à fleurons et de culs-de-lampe soutenus par des grotesques. Une balustrade en pierre blanche, coupée de gargouilles fantastiques allongeant le cou, entoure la toiture en ardoise où s'adossent des fenêtres d'un très joli dessin. Au-dessus de la voûte d'entrée, sous un dais magnifique et sur un fond d'azur fleurdelisé d'or, s'enlève la statue équestre, refaite par M. Seurre, du roi Louis XII, lequel, selon la chronique, « étoit très beau et très agréable ainsy que tous ses portraits l'ont représenté, comme celui qui est au grand portail de

Bloys ». De longs corps de reptiles rayés d'or traversant l'édifice auquel ils servent de gouttières se terminent en gueules monstrueuses.

A l'intérieur, une galerie ouverte, supportée par des colonnes alternativement rondes et carrées, règne au rez-de-chaussée et relie des tourelles où tournent les deux escaliers du château, l'un conduisant aux appartements d'honneur, l'autre aux salles du musée blaisois, lequel expose, parmi beaucoup de copies, des peintures originales de maîtres, des portraits, et d'anciennes poteries, faïences et verreries d'une grande valeur.

A la tourelle du musée se rattache un pavillon, de style inférieur et antérieur, probablement construit par les soins du duc Louis Ier d'Orléans, premier seigneur de Blois issu de la maison de France, et payé avec les deniers de son aimante épouse, la belle et riche Valentine Visconti, héritière des ducs de Milan. Si les murs n'en avaient trop souvent été grattés et replâtrés, on y lirait, partout écrite entre des draperies de deuil, la devise : *Rien ne m'est plus, plus ne m'est rien !* qui rappelait à la veuve au grand cœur inconsolable la mort prématurée de son volage et fol mari, assassiné, comme on sait, par les sbires de Jean-Sans-Peur, à l'angle des rues Barbette et Vieille-du-Temple, en Paris.

La très élégante chapelle de Saint-Calais s'élève au bout de ce pavillon, toute blanche et dorée, décorée de vitraux et pavée de faïences vernissées.

Une voûte, dont les arcs retombent sur d'amusants

pendentifs, précède les appartements d'honneur, et reçoit l'escalier tournant pratiqué dans une cage à multiples solives se croisant dans tous les sens sur de larges clefs de voûte, qui ressemblent à des assiettes jetées en l'air par un jongleur et fixées au hasard.

En partie restaurés, sous la direction du très habile et savant architecte Duban, à qui l'on doit le nouveau château de Blois, — lavés des souillures de l'incurie et de la bêtise, splendidement refaits, les appartements se composent de quelques salles vides, mais peintes et sculptées à neuf. Elles offrent de beaux plafonds lambrissés de poutres blanches et rouges, des murs revêtus de teintes foncées simulant d'épaisses draperies et semées de quadrilobes aux couleurs mi-parties de France et de Bretagne, un joli carrelage blanc et bleu et, surtout, de colossales cheminées décorées d'écussons, de figures, de lettres et d'emblèmes sculptés dans le vif : cordelières, anges, semis d'hermines, hermines et porcs-épics couronnés, devises : *A ma vie,* — *Cominus et Eminus*, toutes choses symbolisant l'alliance de Louis XII et de la reine Anne.

Ici, en effet, se plaisait particulièrement à demeurer la reine Anne, la pieuse Bretonne, d'humeur sédentaire, aux mœurs graves et familiales. En pleine débauche du seizième siècle, le libre Brantôme lui rendait cet hommage : « Sa cour estoit une fort belle escole pour les dames, car elles les faisoit bien nourrir et sagement, et toutes, à son modèle, se faisoient et se

CHATEAU DE BLOIS — AILE DE FRANÇOIS Ier

façonnoient très sages et vertueuses, et d'autant qu'elle avoit le cœur grand et haut, elle voulut avoir ses gents. »

Entre le château de Louis XII et celui de François Ier s'intercale, dans l'épaisseur même de la muraille, la grande salle des États, œuvre du treizième siècle, seul reste important du chastel édifié par les héritiers du fameux comte de Champagne et de Blois, Thibaut le Tricheur, et augmenté par Jean de Châtillon; chastel déjà « bel, grand, fort et plantureux, l'un des plus beaux du royaume de France », s'il en faut croire Jehan Froissart.

La salle est de vastes proportions : longue de trente mètres, large de vingt-deux, haute de dix-huit; huit colonnes massives supportant des arcades en ogives la divisent en deux nefs inégales. Les charpentes de la voûte sont fleurdelisées sur azur, et les murs enduits d'une chaude couleur imitant les draperies. Des grotesques, joueurs de biniou et bouffons, s'épanouissent aux pendentifs avec une telle expression de grasse hilarité que les délibérations des États tenus céans en 1576 et 1588 pouvaient, ce semble, en être troublées. La salle, en effet, n'était pas destinée à si haut emploi : les anciens maîtres du château y recevaient l'hommage et les redevances souvent facétieuses de leurs vassaux — et les Valois y donnaient bals et festins.

Par-dessus cette salle, dont la voûte se nivelle aux substructions du château, s'élève l'aile de François Ier;

étrange et superbe au dehors avec sa lourde base qui plongeait sur des fossés maintenant comblés, ses deux étages de belles fenêtres aux baies profondes, séparées par d'élégants pilastres, ses balcons aux mille sculptures, ses fines balustrades, ses encorbellements à facettes, sa mince galerie sous les combes énormes, écrasants, mais surmontés de si exquises cheminées ! A l'angle de cette façade se dresse, rude encore malgré ses enjolivements, la vieille tour du Moulin, d'où, par une fenêtre d'en haut, Marie de Médicis, prisonnière, osa se laisser glisser le long d'une échelle de soie dans le vide.

Sans aucune âpreté féodale, ni dissonance gothique, la façade intérieure est tout à fait charmante. Au milieu, dans la

> tour octogone
> Qui fait à ses huit pans hurler une gorgone,

s'inscrit le grand escalier à jour, merveille de légèreté, de grâce et de délicatesse, pur chef-d'œuvre, sans égal en France et comparable aux morceaux d'architecture Renaissance les plus vantés de l'Italie.

Imaginez entre des piliers, où s'entrelacent des fleurs, des trophées, des couronnes, des personnages et des bustes à la romaine, et où s'adossent trois adorables statues de femmes sveltes posées en des niches infiniment sculptées, une rampe de pierre ciselée montant en spirale jusqu'à une première terrasse, cerclée d'un balcon, d'où s'élève encore une riche ordonnance de pilastres, de chapiteaux, de frises, de gargouilles et de balustrades couronnant la tour. Animez cet ensemble aussi harmonieux qu'original d'une décoration extrêmement variée.

Admirez encore les délicieuses fenêtres des combles — charmants édicules, dont les attiques, entre d'espiègles petits génies accoudés, encadrent de mignonnes statuettes de bronze, posées en des niches en coquilles; — puis entrez, par le monumental escalier, dans les appartements que le séjour de François Ier, de Catherine de Médicis et d'Henri III a rendus si célèbres.

Ici, la restauration dirigée par Duban est complète. Chaque pièce a retrouvé son décor primitif altéré par le temps. Les cheminées immenses étalent, comme autrefois, leurs manteaux de marbre sculptés et dorés, et leurs plaques de bronze aux chiffres royaux. Les murailles, peintes ou lambrissées, brillent de vives couleurs constellées d'or. Au plafond, se croisent d'épaisses solives rehaussées de nuances sombres; on glisse sur un carrelage de faïence luisante émaillée de fleurs de lis bleues. Rien de plus opulent, de plus chatoyant, mais où sont les âmes de ce logis féerique? Pourquoi l'avoir ainsi paré, s'il ne doit qu'amuser un instant les oisifs et servir de texte aux banalités d'un cicérone? A quoi bon une solitude fastueuse et tant de luxe prodigué au néant?

On parcourt ainsi trop vite, sur les pas du concierge obligé, les deux salles des gardes et l'appartement où Catherine de Médicis vivait en joie, malgré

VIEILLES MAISONS, A BLOIS

les dissensions, crimes et massacres du siècle, « inventant toujours quelques nouvelles danses et quelques beaux ballets et des jeux ». Rien de plus somptueux que la galerie de la reine, son cabinet de toilette, la chambre à coucher, aux panneaux secrets, où elle mourut en 1589, le 5 janvier, « adorée et révérée comme la Junon de la cour », et sitôt oubliée « qu'on n'en fît pas plus de compte que d'une chèvre morte ». Encore deux pièces, petites, exquises, ce sont l'oratoire, et surtout le cabinet de travail, dont les boiseries sculptées pouce à pouce offrent deux cent quarante-huit caprices différents, deux cent quarante-huit motifs d'une fantaisie ravissante, à admirer et sans cesse étudier par les ornemanistes.

La chambre de la reine communique avec la *tour du Moulin* — dite aussi *tour des Oubliettes*, — et le guide ne manque pas de vous inviter à plonger vos regards dans un cachot muni d'une porte effroyablement bardée de fer, tout en vous récitant la triste aventure du cardinal de Guise : Enfermé un peu plus bas, dans ces murailles assez épaisses pour étouffer des hurlements de douleur, il y fut occis très proprement à coup de hallebarde ; ce qui constitua le deuxième acte de la sanglante tragédie représentée au second étage du château de Blois les 23 et 24 décembre 1588.

On monte à ce théâtre spécial par le même escalier que prit Henri III, principal auteur et machiniste de la pièce, pour venir en raconter le dénouement à Madame la Reine, sa mère. Le décor, restitué scrupuleusement, est celui que les acteurs ont connu. La salle des gardes du roi, où stationnèrent les Quarante-Cinq ; la salle du conseil, où fut résolue la mort du Balafré ; le couloir, où s'ouvraient les cellules des pères capucins chargés de prier pour le succès; le cabinet du roi, où Henri de Guise devait entrer pour parler à Henri III et où il n'entra point; le couloir oblique où il reçut dans le sein le premier coup de poignard des coupe-jarrets, la chambre du roi où il reçut les derniers, et mourant, se traîna d'un bout à l'autre, bras tendus, yeux éteints, bouche ouverte, suivi de ses assassins : tout se retrouve tel quel, et s'indique, et se montre du doigt. Mais entre ces murs, si joliment décorés, et le parquet éclaboussé, taché, imbibé jadis du sang de la victime, on cherche involontairement les tentures où se crispèrent ses mains défaillantes, et le lit, le lit royal, où, sous une légère poussée, il s'affaissa, avant de rouler par terre, cadavre heurté du pied par le maître, et bientôt déshabillé par les valets qui voulaient chacun leur part de sa riche dépouille.

A côté des vivantes façades de Louis XII et de François Ier, le bâtiment édifié par F. Mansart pour Gaston d'Orléans paraît étrangement solennel et superflu. Quelle différence et quelle infériorité en toutes choses de l'art du seizième siècle à celui du dix-septième ! Toutefois, si l'on consent à l'examiner, une certaine grandeur dans l'ordonnance générale, la majestueuse coupole de l'entrée, prouvent au moins le talent supérieur de l'architecte.

De la petite terrasse du château, nommée la *Perche aux Bretons* — parce que les gardes de la reine Anne de Bretagne « jamais ne failloient de l'attendre (à cette place) quand elle sortoit de sa chambre fust pour aller à la messe ou s'aller promener », — Blois apparaît tout entier groupé en bas, tassé dans ses rues, ruelles et impasses surannées. Et ses monuments dominent des rangées de murailles grises percées de trous, des

FONTAINE DE LOUIS XII, A BLOIS

maisons que l'on dirait creusées dans des blocs de granit, des couloirs enjambant les chaussées, des passages frayés sous les routes, des pignons démesurés, toute une anatomie de ville moyen-âgeuse.

A ses pieds, voilà Saint-Laumer, originale et belle église, bâtie du douzième au treizième siècle, pour une abbaye de bénédictins transformée en hôtel-Dieu; plus loin, l'Immaculée-Conception, élégant spécimen du style jésuite, renferme le cénotaphe élevé par la grande Mademoiselle à son père. Sur la rive gauche de la Loire, dans le faubourg de la Vienne, l'église Saint-Saturnin attire encore les pèlerins dévoués à Notre-Dame-des-Aides, que vénérait la reine Anne. En face du fleuve, sur une plate-forme d'escalier, se dresse l'expressive statue du blaisois Denis Papin, par Millet. On distingue dans le fouillis des maisons, la Tour de Beauvoir, la Tour d'argent, la tourelle de l'oratoire de la Reine, restes épars de vieux édifices. La fontaine Louis XII moisit près du marché; le haras occupe le couvent des carmélites. Çà et là, se retrouvent les hôtels fameux de Guise, d'Alligre, de Cheverny, d'Epernon, d'Amboise, Sardini...

Mais le rêveur, guidé par l'immortel poète des *Feuilles d'automne*, cherchera peut-être hors de la ville, au midi, la maison où se retira après les guerres de l'Empire et mourut en 1828 le général Sigisbert-Léopold Hugo :

..... bâtie en pierre et d'ardoise couverte,
Blanche et carrée au bas de la colline verte,
Et qui, fermée à peine aux regards étrangers,
S'épanouit charmante entre ses deux vergers.
. . . .
Et qui fait soupirer le voyageur d'envie
Comme un charmant asile à reposer sa vie,
Tant sa neuve façade a de fraîches couleurs,
Tant son front est caché dans l'herbe et dans les fleurs!

La maison ainsi décrite existe — et les années, respectueuses des beaux vers, l'ont à peine ternie.

Où vous plaît-il aller maintenant? vous n'avez qu'à choisir. Blois est ville d'excursions où il faut retenir sa voiture à l'avance et la prendre au petit jour pour toute la journée. On vous conduira, si vous voulez, à travers les forêts de Blois, de Russy, de Boulogne, chez les *fendeurs* qui l'exploitent, population de sylvains assez farouche, et quelque peu braconnière, mais au fond généreuse et joviale. Joviale, disons-nous: ce mot définit l'humeur du pays, qui compte Triboulet au nombre de ses illustrations. Aisés à rencontrer y sont les gens gais, narquois, farceurs, joyeux mystificateurs. Secrète influence d'un terroir doux et fertile sur de petits hommes bruns, trapus, rugueux d'écorce, aimables et plaisants à connaître, et plus obligeants, liants qu'on ne saurait le supposer à première vue. Et de si clair, net et franc parler!...

Autour de la forêt de Blois, vous attireront les belles ruines du château de Bury, bâti en 1515 par le riche financier Robertet, ministre de Louis XII et de François Ier, et les restes de l'abbaye de la Guiche, fondée en 1268 par Jean de Châtillon, comte de Blois; ce devait être, dans la pensée du fondateur, le saint Denis de sa puissante lignée.

Au nord de Blois, en terrasse sur le fleuve, où se détache en clair sa façade du dix-huitième siècle, Ménars fut un rendez-vous de chasse pour Mme de Pompadour et le galant château de son frère, M. de Marigny. Au-dessous de Ménars, la petite ville de Saint-Denis attirait aux eaux ferrugineuses de la Fontaine Médicis la cour des Valois et celle d'Henri IV ; au loin, l'ancien château de Pezay appartient à M. Bonneau, d'Alençon.

Ce sont encore de magnifiques demeures, à la lisière de la forêt de Russy, et un peu au delà, que les châteaux de Villelouet, à Mᵐᵉ de Froberville ; de Beauregard, à Mᵐᵉ la vicomtesse de Cholet ; de Cheverny, au marquis de Vibraye ; tous les trois conservant d'inestimables legs du passé : Villelouet, une bibliothèque de choix ; Beauregard, une galerie de portraits historiques, exécutés par Paul Ardier, artiste amateur et conseiller d'État au dix-septième siècle, et tout un précieux carrelage, en cette galerie, de faïence émaillée de figures bleues représentant une armée en ordre de bataille ; Cheverny, de rares tapisseries, des tableaux mythologiques du peintre blaisois Jean Mosnier, un appartement habité par Henri IV et meublé comme il était pendant le séjour du Vert-Galant...

Mais les grands domaines historiques du Blaisois sont Chambord et Chaumont. Pas un voyageur ne quitterait le pays avant d'avoir paraphé son nom sur les registres que leurs concierges n'oublient jamais de présenter.

Chambord est à quatre lieues de Blois : trajet monotone que nous vous souhaitons, lecteur, de faire dans la voiture du brave compagnon et bon raillard blaisois qui nous en évita l'ennui. On traverse la maigre, plate campagne de Nozieux, de Montlibauld, de Saint-Dyé-sur-

Loire, villages déjà lointains quand on découvre le merveilleux édifice.

Oui, merveilleux de grandeur et d'élégance, développant entre quatre tours, énormes sans être lourdes, des façades blanches si bien proportionnées, remplies, ornées, éclairées, qu'on ne voit pas qu'elles sont immenses, étonnant les yeux et les ravissant par la grâce extrême et la sveltesse hardie des hautes cheminées, fenêtres et clochetons posés sur le toit comme une forêt de sculptures... Brillant poème de pierre que l'on dirait composé par un Tasse de l'architecture, séduisant, amusant comme un chant de prouesses courtoises et d'amour chevaleresque.

Restez longtemps à le contempler à distance. Attendez que le crépuscule, l'enveloppant dans un voile de pourpre et d'or, enflammant ses vitraux, l'ait jeté dans une sorte d'apothéose fantastique, comme un palais de féerie. Courte et splendide apparition ! Fantôme du passé, couché dans les gloires du ciel, il ne tarde pas à se fondre dans l'ombre de la nuit, comme ses anciens maîtres dans l'ombre de l'histoire, et l'on songe qu'il s'est évanoui peut-être dans la mort des choses, comme son dernier seigneur dans le néant des êtres !

Un édifice dans un autre édifice : c'est Chambord, disposition fort curieuse et principale originalité de la création de l'architecte blaisois Pierre Nepveu, seul auteur de l'œuvre admirable naguère attribuée au Primatice. Ensemble, les deux édifices dessinent un carré

CHATEAU DE CHAMBORD

long de cent cinquante-six mètres, large de cent dix-sept ; et sont, chacun, flanqués aux angles de tours rondes à toits pointus terminés par des campaniles. Du côté Nord seulement, l'enveloppant se réunit à l'enveloppé, pour former la façade d'honneur.

Des fossés, pleins des eaux limpides du Cosson, qui traverse le domaine, entourent les assises, que la Loire elle-même, détournée de son cours, eût arrosées, s'il n'eût tenu qu'à la volonté du « grand et présomptueux roy François Ier ». A la fin du seizième siècle, Brantôme y voyait encore « de grands anneaux de fer enchâssés dans les murailles pour y tenir attachés les barques et grands batteaux qui là fussent venus aborder ».

Le château est accessible ; — ses gardiens vous promènent complaisamment en d'innombrables pièces, salons, chambres et cabinets vides, peu ornés, à peine bâtis, inhabitables assurément, et d'une commodité douteuse, avec quelque chose de hâtif, d'incomplet, de provisoire, qui saisit et blesse les yeux.

De fait, Chambord, « abrégé de toutes les merveilles » pour l'empereur Charles-Quint, n'a jamais été achevé. Henri II se plaisait davantage à Anet ; Catherine de Médicis, Charles IX, à Blois, à Chaumont, à Chenonceaux ; pour Louis XIII, Louis XIV, c'était un grand rendez-vous de chasse. Donné en apanage au vainqueur de Fontenoy, l'illustre Maurice de Saxe, celui-ci songeait beaucoup moins à l'embellir qu'à dépenser sa verte vieillesse, sa fougue martiale, en fêtes, plaisirs, et parades militaires. Les menues casernes qu'il fit bâtir pour y loger quelques vétérans sont encore là : il s'exerçait à la guerre avec eux ;

> a de feints combats
> Lui-même en se jouant conduit les vieux soldats,

écrivait son contemporain, l'abbé Delille.

Les sculptures prodiguées par les grands artistes de la Renaissance, Jean Cousin, Pierre Bontemps, Jean Goujon, Germain Pilon, au dessus des portes, aux fenêtres, aux cheminées du dehors et du dedans, aux clochetons, aux flèches, donnaient à Chambord une splendeur qui va de plus en plus s'effaçant, se pulvérisant par l'usure de la pierre tendre où ces caprices étaient ciselés. Et comme si ce n'était pas assez de l'air corrosif, des pluies moisissantes, de l'abandon pour anéantir ces chefs-d'œuvre, les maçons, les plâtriers s'en mêlent, et ils disparaissent sous le grattoir et sous la chaux. Malgré tout, un cri d'admiration vous échappe à gravir le grandiose escalier dont les doubles rampes, au centre de l'édifice, déroulent leurs spirales avec tant d'adresse que deux personnes y peuvent monter et en descendre sans se rencontrer. De tous côtés, à chaque étage, s'ouvrent d'immenses salles voûtées, et parvenu au faîte, sur la terrasse, où tout semble fini, les regards s'éblouissent d'une étonnante superposition d'arcades, de colonnes, de contreforts, de corniches, de campaniles, de clochetons s'évasant, s'effilant en pyramide avec une légèreté, une grâce exquises, et renfermant un mince escalier à jour déroulé en hélice : le tout blasonné d'F royales, de salamandres, de coquilles, de rinceaux charmants et couronnés par une fleur de lis colossale. Ce belvédère de Chambord est la perle d'un incomparable écrin.

Contre le château, sur la lisière du parc, se groupent un petit nombre de maisons proprettes, logis de gardes-chasse, de jardiniers, de vassaux du domaine; deux auberges pour les visiteurs; et une petite église pimpante, ornée de fresques, de vitraux représentant les saints et les saintes de la monarchie : Charlemagne et la reine Blanche, saint Henri et sainte Clotilde.

... Tout à l'extrémité du Blaisois, sur la limite de la Touraine et en bordure de la Loire, qu'il domine de ses deux grandes tours entées sur roc, au-dessus du village, Chaumont n'a pas la grandeur de Chambord, mais il est mieux situé et bien autrement féodal. Bâti à la fin du quinzième siècle pour la famille d'Amboise, il a conservé ses grosses tours d'angles coiffées en éteignoirs, les créneaux, les mâchecoulis, les rudes corniches, les fossés, le pont-levis, la voûte méfiante, l'ogive hersée. Un peu d'élégance lui vient de l'amiral Charles de Chaumont d'Amboise, neveu du cardinal Georges, ministre de Louis XII, qui porta si haut la fortune de sa famille.

Un joli bas-relief héraldique, les armes du prélat et celles de l'amiral décorent l'entrée. La cour d'honneur présente dans une face un gracieux encorbellement, une

CHATEAU DE CHAUMONT

galerie ouverte à la manière de celle de Blois, et un escalier tournant à pendentifs sculptés, par lequel on monte aux chambres historiques. Ces chambres, inhabitées, meublées de reliques : lits Renaissance, énormes landiers en fer forgé, tapisseries, portraits, coffres vermoulus, poteries, vaisselles de plomb, bric-à-brac à faire se pâmer les badauds, s'appellent, d'après le concierge inévitable : — C'est mon petit revenu, Monsieur ! — chambres de Catherine de Médicis, de l'astrologue Ruggieri, de Diane de Poitiers, du Conseil, des Gardes... La chapelle, extrêmement jolie, toute pavée de faïences en couleurs claires, a des retables finement sculptés, des vitraux éclatants.

Une aile du château, complètement restaurée, renferme les appartements particuliers de la princesse de Broglie, — née Constant Say — dont la grande fortune se dépense à relever, consolider, rajeunir le vieil édifice aristocratique, où brille maintenant le blason de son mari.

CHAPITRE IX

AUTOUR DU VAL

De Chambord, nous l'avons entrevue, la contrée lamentable dont les plaines se déroulent maintenant sous nos yeux, la Sologne maladive et désolée :
Aussi loin que les regards peuvent s'étendre, une terre jaune ou grise, lépreuse, hérissée d'herbes sèches, maigres, blessant la main comme des épines ; des bancs de sables gonflés d'eau ; des cultures rares, espacées, de céréales, de betteraves, d'arbres fruitiers étiques, se partageant en avares les sucs d'une couche d'humus mince, humide ou sèche, où pompent concurremment la vie des générations spontanées d'insectes malfaisants, empoisonnants ; — çà et là, des fermes de pionniers, enragés à lutter avec les marnes du Cher, les semis de pins maritimes et de Riga, les drainages, les chaulages, contre la dureté d'une nature marâtre ; des chaumières de paysans, basses, enfoncées sous leur poids ; et surtout, et partout, des étangs verdâtres, des mares stagnantes qui semblent amassées par de récents déluges, évaporant sous le soleil, dans l'aigre atmosphère, les miasmes dangereux que l'on aspire avec inquiétude, un battement de fièvre aux tempes, et le pas fugitif !...
Et dire que ce misérable plateau de la Sologne fut jadis une immense forêt de charmes, de bouleaux, de

hêtres, de chênes ; oui, de chênes druidiques, prêtant leur ombre sacrée aux mystères d'Hésus, de Teutalès ! De grands animaux, des fauves superbes, vivaient libres où s'étiolent des hommes petits, rabougris pâles, les veines saturées, les poumons et le ventre enflés d'exhalaisons morbides.

Pourquoi la forêt s'est changée en plaine insalubre, le taillis en mare croupissante, on l'ignore ; on ne sait à quelle époque, ni comment le mal est arrivé : le déboisement, l'avidité peut-être. Aujourd'hui, c'est au reboisement que l'on demande le remède. Les bois de pins, multipliés, puisent les eaux que le sol à fond d'argile et de mâchefer refuse d'absorber ; de tous les côtés, comme dans les Landes, on les voit à l'horizon, barré d'une grosse tache noire contrastant avec la blonde feuillée des bouleaux, des peupliers nains, des aulnes, croissant sur le bord des eaux mélancoliques. Ces plantations asséchantes, les remèdes conseillés par l'agronomie, les larges achats de marnes de Blancafort, apportées du Cher par le canal de la Sauldre, les engrais, les efforts énergiques d'une population entêtée à reconquérir, assainir la terre, peu à peu réussissent. Des centaines d'étangs sont déjà comblés, de grands espaces arrachés à la fièvre paludéenne, rendus presque fertiles. C'est un beau spectacle que cette lutte de l'homme contre les choses !

Dans ces pauvres campagnes, malgré leurs belles rivières civilisatrices, le Cosson, le Beuvron, la Sauldre, le Cher, aux multiples affluents, les agglomérations humaines ne sont pas nombreuses. Mais, à cause des pêches, des chasses, plus d'un château de plaisance dresse ses tourelles entre les miroirs troubles des étangs. Le chemin de fer d'Orléans à Vierzon frôle en passant celui de la Ferté-de-Saint-Aubin ou de Lowendal, construit par François Mansart, et le domaine jadis impérial de la Motte-Beuvron, converti en colonie agricole. Sur d'autres lignes, Romorantin, capitale historique de la Sologne, loge encore son sous-préfet, ses juges, ses prisonniers, ses gendarmes et son théâtre dans le château patrimonial de François Ier; — Saint-Aignan a le grand château de ses ducs, Mennetou, des ruines. Entre ces deux bourgades, Selles-sur-Cher, dont il faut au moins regarder l'intéressante église mi-romane et gothique de Saint-Ensice, est le point d'où l'on va en excursion au célèbre château de Valençay, — habité par Talleyrand, et encore possédé par un de ses héritiers, duc de Valençay.

... La Sologne est déjà loin : on voyage dans la jolie vallée du Nahon. Des eaux transparentes, la belle forêt de Gâtines, précèdent le très vaste et très élégant édifice bâti par Philibert Delorme pour les comtes d'Étampes, seigneurs du domaine depuis le quinzième siècle. Le grand architecte a fait œuvre singulière, inégale et puissante. Au donjon énorme, qui subsistait du castel féodal, il a relié en équerre des corps de logis traversés de pilastres, que séparent et terminent des tours pareilles, coiffées, comme dans l'ancien Meudon, d'écrasantes coupoles mauresques. Coupant l'une des ailes assez bizarrement, un pavillon à haute toiture rappellerait le pavillon de l'Horloge du défunt palais des Tuileries, n'étaient ses tourelles d'encoignure et le rang de corniches à modillons qui surmonte le second étage. A l'intérieur, des galeries en arcades bordent les rez-de-chaussée. Au delà, des jardins embaumés devancent un parc superbe. Et le tout s'environne de fossés à pont-levis, isolant la grandeur et la morgue aristocratiques.

Les appartements des maîtres sont meublés dans le style froid et somptueux du premier Empire, époque mémorable des fastes de Valençay. Alors, par la volonté de Napoléon, des rois, des ambassadeurs y recevaient l'officielle hospitalité du prince de Bénévent, et, de 1808 à 1814, il fut la prison dorée, regrettée, du prince des Asturies, depuis Ferdinand VII, de son frère et de leur oncle don Antonio, insouciant mortel que la confection des pièges à loup et la culture des légumes dans des pots à fleurs consolaient de la captivité. Une rareté du château, c'est, dans la riche galerie où sont exposés les portraits en miniature des souverains qui ont traité avec Talleyrand — entre autres, celui du sultan Sélim — peint en secret, malgré le formel interdit du Koran — la collection précieuse de petites gravures anciennes représentant des personnages historiques, collection due à l'abbé Morellet.

..... Passé Valençay, en marche vers le Sud, on traverse de nouveau les pays tristes, une interminable succession de plaines sèches, mornes, les quatre-vingt mille hectares de terre calcaire, blanchâtre, aveuglante, de la Champagne berrichonne. A signaler, comme l'oasis de ce désert, un seul château, mais charmant : Villegongis.

Nous sommes bien près de l'Indre. Remontons cette paisible rivière d'une contrée paisible entre toutes, nous irons vite à Châteauroux, à la Châtre, dans les campagnes, chez les paysans décrits et racontés par George Sand, en de poétiques fictions bien plus séduisantes que la réalité.

Châteauroux..... Ville sans physionomie, déblayée de tout son passé, idéalement provinciale. Dans le haut quartier, en terrasse, au-dessus des bords de l'Indre, un bâtiment flanqué de tourelles est, paraît-il, ce qu'il reste de l'ancien château Raoul, édifié par Raoul, prince de Déols, à la fin du dixième siècle. Forteresse puissante, rempart du Berry, maintes fois assiégé, le château Raoul ou Roux fut le noyau du chef-lieu actuel. La statue du général Bertrand se dresse sur un tertre, près de l'église. Ce héros de la légende napoléonienne, prototype de la fidélité, est la gloire de Châteauroux, comme les cigarières, gentilles grisettes venues par centaines de la Châtre, d'Issoudun, du Blanc, de Châtillon — pour s'employer à la manufacture de tabacs — en sont la joie, le mouvement, la fantaisie.

Un superbe clocher roman, où se rattache un pan

de nef brodé de lierre, marque, à deux pas de Châteauroux, l'emplacement de l'antique et riche abbaye de Déols, que les chartes et les chroniques appelaient le Bourg-Dieu, et qui, résidence des princes suzerains, issus d'Ebbes le Noble, et de André de Chauvigny le Clop, fut longtemps la cité maîtresse de la contrée. L'église renferme le tombeau de saint Ludre, sarcophage de pierre sculptée du troisième au quatrième siècle de l'ère chrétienne, déjà rendez-vous de fidèles à l'époque de Grégoire de Tours : les bas-reliefs en représentent des chasses gallo-romaines fort habilement mouvementées.

A l'orient de Châteauroux, entre la Théols, l'Indre et la Creuse, dans les arrondissements d'Issoudun et de la Châtre, s'étend la région nommée le Boichaut, d'un mot de basse latinité : *boschetum* (bosquet).

Accidentée sans rudesse, assez pour demeurer originale et maintenir dans ses mœurs, ses usages, ses croyances, ses traditions, et son attachement au sol natal, une population vigoureuse, pauvre et naïve, cette portion du Berry est, plus que toute autre, empreinte du génie particulier à cette ancienne province, l'une des plus caractérisées de la France d'autrefois.

Dans les vallons profonds, où ses rivières coulent entre des schistes et des granits sous d'épais ombrages, dans ses brandes et ses bruyères, les pastours et les *boirons* (bouviers) parlent encore le rustique patois de leurs ancêtres. Comme eux, tout en « briolant » (chantant), pendant que leurs aumailles paissent ou labourent les champs, ils s'entretiennent des mystérieux esprits mêlés à l'existence des paysans pour l'aider ou lui nuire. Écoutez ces poètes en sabots :

« Chez nous, les sorciers, les *devineux*, peuvent frapper à distance ou protéger d'un mauvais coup ; par un seul regard, un signe, ils guérissent les troupeaux ou les font périr. D'un souffle, le *caillebotier* flétrit la végétation mûrissante, sèche le raisin sur la grappe et le grain dans l'épi. A la voix des *meneux de nuées*, des *grêleux*, de terribles orages s'abattent soudainement, ravagent, anéantissent les moissons.

« Auprès des mares et des étangs, sous la pâleur de la lune grandissant les roseaux jaseurs, les fades et les martes, les dames et les demoiselles fées, s'assemblent pour danser : approchez-vous, aussitôt s'évanouiront leurs robes blanches et légères comme la brume, et de moqueuses petites flammes vertes, à leur place, sautilleront sur l'eau comme sur un bol de punch.

« Fêtes saintes et païennes, naissances, mariages et funérailles se célèbrent dans nos fermes comme au temps jadis, par des cérémonies symboliques. A la Noël, pas un foyer où ne s'allume l'énorme bûche taillée dans le chêne vierge : la *Causse de Nau*. Au premier dimanche de Carême, dimanche brandonnier, pas un village, un hameau où, soleil couché, les habitants, comme les processionnaires des Éleusines, n'allument une torche de paille, et ne se répandent, et ne se poursuivent, semblables à des feux follets, à travers prés, vignes et jardins, en dansant, tandis que les « fumelles » fricassent les brugnons (beignets). Pas un conducteur de troupeaux, le lundi et le mardi de la semaine de Pâques, ne manquerait pour un trésor au repas champêtre appelé *manche* ou *berluée*, que l'on prend en commun dans la prairie. Seules les bergères, armées de gaules de bouleau sans écorce et *guisées* (sculptées) par les amoureux, honorent le vendredi blanc, neuvième jour avant Pâques; mais bergers et bergères ensemble festoient les *tondailles*, la tonte enrichissante des laines.

« Également, pasteurs et pastourelles s'empressent aux rondes menées autour des pétillantes *jonées* de la Saint-Jean, dont les garçons se plaisent, à pas cadencés ou pieds joints, hardiment, à sauter l'ardent brasier. Les cœurs se rapprochent, les alliances se préparent dans ces réunions. Quand le jeune homme y a choisi sa *blonde*, il se déclare en plantant devant sa porte un mai chargé de rubans, de fleurs et de bonbons, il la courtise; puis le *menon*, ou le *chat-bure*, s'entremet pour la demander à ses parents. Bientôt les *prieux de noces* ou *semonneux* iront de porte en porte convier aux épousailles prochaines les amis des fiancés.

« A jour dit, tous ces invités viennent les mains pleines de *livrées* : ce sont pièces de linge et parures à monter le futur ménage. On chausse la mariée, on la conduit à l'église avec d'étourdissants *iou! iou!* criés à pleine gueule, et les cornemuseux résonnent, et l'on s'attable aux longues bombances dans les granges tendues de draps piqués de bouquets. Le soir tombe, heure des plaisanteries gaillardes, des propos sentencieux, des refrains bachiques ou mélancoliques : oyez ce chœur de jeunes filles à leur compagne de la veille :

> « Recevez ce bouquet
> Que ma main vous présente,
> Prenez-en une fleur
> Et qu'all' vous donne entente,
> Madame, que vos couleurs
> Passeront comme ces fleurs.
>
> . . . .
>
> « Recevez ce gâteau
> Que ma main vous présente,
> Cassez-en un morceau
> Et qu'il vous donne entente,
> Que pour ce pain gagner
> Madame, faut travailler. »

— Le génie de George Sand s'est formé au spectacle assidu de ces coutumes, qui feront vivre à jamais la Petite Fadette, François le Champi et la douce héroïne de la *Mare au diable*. Tableaux enchanteurs, mais infidèles, délicieuses et fausses images de la vie pastorale : les paysages du Boischaut s'y réfléchissent tels qu'ils sont, les Boischautins, tels qu'ils ne sont pas ; les uns avec leur grâce agreste et leurs tranquilles horizons, les autres idéalisés, sans leur grossièreté brutale de rustres ignorants et superstitieux, durs aux faibles, méfiants envers l'étranger, sournois et lourds !

Et pourtant, si puissante est la magie exercée par le talent de l'écrivain, qu'on se laisse volontiers persuader de son exactitude ; les êtres, dans une rapide et songeuse vision, nous apparaissent comme elle les a dépeints. Nous voilà parmi les sites aimés qu'elle a revêtus de rayonnante poésie. Nous marchons sur la terre qu'elle a foulée, où son inspiration naissait de la contemplation et du rêve.

Voici Ardentes, à la vieille église penchée sur les rives de l'Indre ; le Muguet, au castel féodal ; le Lys-Saint-Georges, dont Jacques Cœur eut le château ; Corlay, d'où l'on découvre l'étroite et charmante Vallée Noire ; Saint-Chartier, aux vieilles tours ; Ars, berceau d'une famille de preux, propriété, à l'époque des *Lettres d'un voyageur*, d'un « chevaleresque voisin, d'un loyal ami ». Et, entre ces deux domaines, voici Nohant, humble village plein de sa haute renommée, le château patrimonial, dont tant d'amis chers ou illustres ont franchi la porte hospitalière, la maison blanche aux grands toits d'ardoises où se sont écoulées les meilleures années de sa vie, le cimetière où elle se repose, près des siens, d'un labeur immense et magnifique !

Il ne tient qu'à nous de faire ses excursions préférées ; tous les environs de Nohant évoquent sa mémoire ; il n'en est pas un qu'elle n'ait marqué d'un trait ineffaçable. Nous quitterons, si vous voulez, la vallée si bien décrite : « Les prairies, rapidement inclinées, se déroulent avec mollesse ; elles étendent dans le vallon leur tapis que blanchit encore la rosée glacée du matin ; ses arbres, qui pressent les rives de l'Indre, dessinent sur les prés des méandres d'un vert éclatant que le soleil commence à dorer au faîte... » Nous passerons devant la Rochaille, du botaniste Néraud, le familier Malgache, qui « lui fit de la nature une adorable maîtresse ». La Châtre, où elle a souvent demeuré dans une vieille et très curieuse maison de bois, est décorée de sa statue... Sur les eaux limpides de la Bouzanne, Cluis mire une forteresse démantelée, et Neuvy-Saint-Sépulcre l'église byzantine à triple rang d'arcades superposées, que fit construire, au onzième siècle, sur le plan de celle du Saint-Sépulcre de Jérusalem, on ne sait quel seigneur de Bourges ou de Déols, au retour d'un pèlerinage en Palestine. Près des sources de l'Indre, la solitude de la Motte-Feuilly, ou Veuilly, garde mémoire et reliques de très haute, très puissante et très affligée dame Charlotte d'Albret, veuve de César Borgia, duc de Valentinois, auquel un mariage politique l'avait livrée ; elle s'y retira du monde et y mourut ignorée, toute jeune encore, le 11 mars 1514.

Il faudrait passer toute une saison de printemps ou d'automne sur les rives de la Creuse et de l'Anglin, dans les montagnes de la Marche, pour goûter pleinement le charme rustique du pays le plus aimé de George Sand. Heureux ceux qui n'ont pas à s'en éloigner, heureux les natifs, comme MM. de la Tremblais et de la

Villegille, comme M. Laisnel de la Salle, qui peuvent lui consacrer pieusement un beau livre d'érudition, d'art pittoresque et d'observation morale ! Pour nous, le temps et la matière nous sont comptés; nous ne disposons que d'un moment et de quelques pages; mais si notre voyage fut court, nos impressions furent aussi vives.

Nous n'avons qu'à fermer les yeux pour revoir les admirables sites d'Aiguerande, de Crozant, du vallon de la Gargilesse, de Saint-Benoît-du-Sault!...

Nous nous rappelons nos promenades à travers une région tourmentée, presque sauvage, par des sentiers de chasseurs. Entre des collines zigzagantes frétillent des rivières de cristal, coupées d'écluses, de cascatelles, de chutes retentissantes qui font tourner des moulins. Dans le fond aplani des ravins, parfois très larges, des saulaies et de longues rangées de peupliers ombrent la riche verdure des prairies. Aux flancs des roches, les palmes des fougères se balancent sur les grappes d'or des genêts. En haut les vignobles alternent avec les bois. Partout une fraîcheur délicieuse, un silence d'éternité : on peut se croire égaré dans une solitude vierge.

Tout à coup, au détour d'une gorge, un village surgit, campé sur une sorte de promontoire, au milieu des eaux vives qui se brisent en écume à ses pieds. Et la surprise est grande de voir ces groupes de chaumières, de cabanes humblement pressées, le plus souvent, contre la formidable stature d'un donjon juché depuis des siècles sur un escarpement de granit, et toujours aussi solide, aussi noir que son piédestal naturel... Beaux et touchants paysages d'Argenton, aux maisons étagées ; des Chocats, aux croix géantes ; du Pin, de Montgarnaud, des Rendes, aux multiples et bruissantes cascades ; de Gargilesse, de Châteaubrun, de Crozant, de Brosse, de Plaincourault, de la Roche-Froide, de Bellusson, d'Ingrandes, aux ruines superbes : qui pourrait vous oublier ?...

Mais, formant un pénible contraste avec cette nature fruste et charmante, voici la Brenne, qui reproduit, sur une surface trois fois plus petite, entre la rive droite de la Creuse et la rive gauche de l'Indre, la misère de la Sologne : ses étangs fiévreux, sa terre infertile et mortelle. Féconde et même opulente avant le treizième siècle, la Brenne n'avait alors à se plaindre que des inondations fréquentes ; c'est en voulant les empêcher que les habitants ont causé sa ruine. Des bondes, ou digues jetées sur les rivières, ont forcé celles-ci à déverser leur trop-plein sur un sol presque imperméable, à se creuser des étangs méphitiques, qui l'ont dépeuplée, appauvrie. Comme en Sologne, les desséchements, les reboisements, entrepris avec méthode, arriveront peut-être à lui rendre son ancienne prospérité..... Quoi de plus remarquable ici ? Peut-être Fromenteau, où naquit Agnès Sorel ; Saint-Cyran, dont l'abbaye fut abattue sous Louis XIV, pour expier l'attachement au jansénisme de son rigoriste abbé Duvergier de Hauranne ; et encore le portail et la nef imposante de l'antique abbaye de Fontgombault, détruite par les calvinistes... Oui, mais nous ne pouvons que les nommer en courant, notre itinéraire nous appelle assez loin de cette terre malsaine, en Vendômois.

Le chemin ? Celui que vous voudrez : l'essentiel est d'arriver vite à Vendôme, d'où nous gagnerons la charmante vallée du Loir, si curieusement tourmentée, s différente du Val, aux plaines monotones. Vendôme, au bord des eaux bleues du Loir, est une petite ville très vivante, quoique très ancienne; les archéologues la tiennent en estime particulière et justifiée. Libre à vous d'y entrer par la belle porte de son enceinte abolie : deux tours du quinzième siècle réunies par un corps de ogis ; le tout logeant la municipalité. Le château-fort, en ruines hautaines et compactes, vous sollicite, mais vous vous arrêterez d'abord, avant de gravir la colline où il s'élève, très imposant à l'horizon, devant la grande église de la Trinité, qui dépendait d'une des plus riches abbayes de la France. Fondée au moyen âge, on y conservait précieusement, dans une fiole de cristal niellée d'or, une larme du Christ répandue, disait-on, et recueillie sur le corps ressuscité du pauvre Lazare. Cette relique tout à fait extraordinaire lui valait de nombreuses aumônes de la part des pèlerins, d'abondantes largesses de la part de ses comtes.

CHAPELLE DU LYCÉE, A VENDOME

Aussi elle put faire construire à ses frais ce bel édifice, œuvre compliquée, une pourtant, des onzième, treizième, quatorzième, quinzième siècles et de la Renaissance, offrant une large façade ogivale splendidement sculptée, une nef à deux étages d'arcs-boutants, de jolies chapelles absidiales. A l'intérieur, parmi des statues, des clefs de voûte, des retables, des bénitiers antiques, brille — acquisition toute moderne — une vie de Jésus, développée dans les vingt-deux tableautins d'une peinture byzantine, provenant de l'église Saint-Vladimir, de Sébastopol. Le clocher féodal de l'abbaye en est isolé : massif et singulier, avec des arcades romanes éclairant, au rez-de-chaussée et au premier étage, d'amples salles voûtées, et sa flèche en pierre qui monte à soixante-dix-huit mètres : — « Le plus haut édifice du département, Monsieur ! » vous dira l'admiratif sonneur de cloches.

Le château-fort, enserré dans une large enceinte, fut peut-être commencé au onzième siècle par le comte d'Anjou, Geoffroy Martel. Souvent assiégées, criblées de projectiles, ses vieilles murailles ont encore une mine assez farouche, mais nulle élégance, et si Charles VII, François Ier et même César, duc de Vendôme, l'ont habité, comme on l'assure, on ne s'en douterait guère. L'énorme donjon demi-cylindrique est rempli de cachots, véritables *in pace*, ténébreux, grouillants à donner le frisson, pratiqués à l'époque des guerres de religion, et dont l'usage se devine.

Çà et là des lézardes pronostiquent des ruines prochaines, le château étant bien délaissé : les derniers Vendôme, le brillant maréchal et le voluptueux grand prieur, tous deux si fort amis du plaisir et de leurs aises, n'avaient garde d'habiter ce nid de hiboux.

... Au nord de Vendôme, le Loir, traversant la longue forêt de Fréteval, va sillonner les champs beaucerons, où il rencontre une ville illustre pour tout le monde depuis la guerre de 1870 : Châteaudun, auparavant déjà si connue des artistes et des touristes pour son admirable château du quinzième au seizième siècle, propriété de la duchesse de Chevreuse. Bâti sur un monticule d'où la vue parcourt sans limite des plaines d'or — de l'or des blés de la Beauce — ce château a des parties de chefs-d'œuvre : une porte, des fenêtres exquises, un escalier tourné comme celui de Blois, avec de charmants bas-reliefs, des frises, des pendentifs de la meilleure période de la Renaissance. Etrange revers à ce luxe artistique, qui fut l'œuvre du connétable de Dunois et des Longueville, ses successeurs, il renferme aussi, en des tours d'angle, d'affreux cachots sans air ni lumière, et si étroits, si courts, que les malheureux prisonniers devaient y rester accroupis, s'y ankyloser, s'y pétrifier en des attitudes définitives de culs-de-jatte.

A l'ouest de Vendôme, la rivière, dans une assez large vallée, toute verte, toute fraîche, parsemée de pommiers et de peupliers voilant des métairies, coule entre des collines très curieuses. Souvent droites, lisses, comme taillées au couteau et polies au rabot, d'autres fois hérissées d'aiguilles, de pics, rugueuses, escarpées comme des falaises, on voit, à leurs flancs grisâtres, luire des rangées de vitres et s'enrouler des spirales de fumée blonde : elles sont, en effet, peuplées. Friables, formées de cette roche calcaire, tendre et résistante, que les géologues nomment tuffeau, la hache et la pioche — peut-être la hache de silex de l'âge de pierre — y ont creusé des grottes, des logis commodes et spacieux, où le paysan ne vit pas plus mal qu'ailleurs. Par endroits, deux et même trois étages de ces habitations primitives se superposent aux flancs des roches. Auprès de la petite ville de Montoire, elles composent à elles seules tout un village, qui domine et le vieux donjon de Montoire et les ruines superbes de Lavardin.

Lavardin : une forteresse colossale du haut moyen âge encore en état d'héberger, l'an 1447, Charles VII et sa cour, aujourd'hui tronçonnée, éparse, envahie par le lierre, les hautes herbes, noyée dans les buissons d'un grand bois poussé dru sur la colline, que son donjon couronne encore fièrement. Le canon, la mine, en 1589, et par ordre du prince de Conti, ont renversé le géant, dont les siècles n'auraient pas eu raison. On peut en explorer les débris grandioses, pénétrer dans sa double enceinte par la porte, flanquée de deux tours intactes, qui s'ouvre au fond du ravin, gravir des fragments d'escaliers et de courtines, s'égarer à travers des salles voûtées à nervures élégantes et des souterrains aux issues secrètes. Parvenu, à force d'agilité, sur la plateforme culminante, la vallée tout entière s'abaisse à vos pieds, humble, soumise.

Un des points distincts de ce rare paysage est le ma-

HOTEL DE VILLE D'AMBOISE

noir de la Poissonnière, où naquit Ronsard. Il en coûte deux lieues de promenade champêtre pour rendre hommage au grand lyrique de la Renaissance, au poète aimé du seizième siècle et méprisé du dix-septième, mais honoré du nôtre, non pas, il est vrai, pour les vers pédantesques et cacophoniques dont se régalaient les savantes oreilles de ses contemporains. On charme la route en se récitant à soi-même les stances et odelettes que le prince des poètes de la Pléiade jugeait peut-être indignes de sa muse : ces pièces ont la grâce, la fraîcheur et l'originalité de son pays,

Un regard, je vous prie, à la gentille porte fleuronnée de son domaine : lisez, s'il vous plaît, les nombreuses sentences et maximes latines inscrites, dit-on, par sa volonté, sur les murs; admirez la superbe cheminée de la grande salle; puis veuillez nous accompagner en Touraine.

CHAPITRE X

EN TOURAINE

A TRAVERS POITOU ET LIMOUSIN

Amboise!...

Il est midi. Le soleil de juin incendie la rue poudreuse qui, de la gare à la ville, traverse un long faubourg maussade. Sous un double pont jeté par dessus l'île Saint-Jean, la Loire sèche et fume, entre ses bancs de sable jaune. Nul bruit, pas une âme ; la province déjeune, digère ou sieste. Mais, au front de la ville, silencieuse comme toutes celles que l'histoire abandonne après les avoir comblées, et qui semblent se reposer toujours de l'agitation d'un moment, un édifice original éclate de blancheur sur sa haute et lourde terrasse de murailles grises, faites pour supporter la massive architecture d'un château-fort. Cet édifice a deux étages, marqués par des balcons de fer et de pierre ; aux ardoises du toit s'appuient de hautes fenêtres bien joliment sculptées.

Mais nous regardons les balcons. Ils s'animent à notre appel : des figures de médaille et d'estampe s'y penchent, curieuses. Non pas celles des enfants de Louis XI, dont l'enfance délaissée s'écoula dans l'exil du château, non pas celle de l'aventureux, brave et bon Charles VIII, qui naquit et mourut dans cette résidence qu'il avait fait rebâtir à la mode italienne, non plus celle de François Ier; mais celles, toutes jeunes et charmantes, de François II et de Marie Stuart, ayant à leurs côtés Catherine de Médicis, leur mère, François et Charles de Lorraine, leurs oncles, Henri de Guise et Condé, leurs cousins, Olivier, leur chancelier, et tout une cour de fringants gentilshommes, de belles dames, de beaux esprits, comme eux-mêmes, en habits de velours, de soie et d'or, chamarrés de dentelles et de diamants. Ils se penchent et voici ce qu'ils voient :

Aux gargouilles de la terrasse, des cadavres attachés par le cou pendent, raides comme des pantins, hideux à voir. Sur la plate-forme, entre deux rangs de hallebardiers et d'arquebusiers, une file d'hommes, tête nue, baissée, mains jointes, récitant des prières ou chantant des cantiques, s'approchent d'un échafaud drapé de rouge, où les attendent le billot et le bourreau. Un à un, ils montent l'escalier du funèbre piédestal, court chemin de la vie au néant, s'agenouillent, tendent la nuque : le glaive les frappe. En haut, on muguette, on caquette, on rit. Ce qu'entendant, l'un des condamnés au supplice trempe sa main dans le sang des morts, ruisselant de toutes parts, la lève au ciel, la secoue comme s'il en voulait asperger la cour joyeuse, et profère des mots de malédiction !...

Comment, éclaboussé de ce carnage, que représente énergiquement la gravure populaire de 1560, le château d'Amboise n'a-t-il pas couleur de sang ? Quelques jours après l'exécution des conjurés calvinistes, d'Aubigné,

CHATEAU D'AMBOISE

passant dans la ville royale avec son précepteur et son père, celui-ci lui montrait encore sur la terrasse les têtes coupées des suppliciés plantées sur des piques et les pendus que la corde balançait. Les routes, les rues, le fleuve, semblaient pourpres. D'Aubigné se signa et promit de se souvenir.

Nous, nous avons oublié. M. le duc d'Aumale a fait gratter, réparer le château de Charles VIII : il paraît neuf. Les seules constructions gothiques, les remparts, la longue voûte d'entrée, la grosse tour où pouvait ascendre un carrosse, les sombres casemates rappellent l'ancienne prison d'État dont le dernier captif fut l'émir Abd-el-Kader. Un jardin odorant enveloppe ces vieilles pierres dans ses buissons de lilas, de roses, de chèvrefeuille et d'aubépine. Là s'élève, joyau d'architecture, la chapelle de la fin du quinzième siècle, blanche, pimpante, dorée, vernissée, que décore, au portail, un adorable bas-relief représentant la chasse de saint Hubert et qui renferme les os du prodigieux artiste Léonard de Vinci, décédé au château voisin du Clos-Lucé en 1519, François Ier régnant, mais non présent, ainsi que le prétendait la menteuse légende du roi protecteur des arts et des lettres.

La terrasse, sur une enceinte immense, laisse voir du côté de la ville, au loin, contre la forêt d'Amboise, la *Pagode de Chanteloup,* bizarre colonne de style chinois, que, de 1775 à 1778, le duc de Choiseul fit dresser en mémoire des processions de nobles et de bourgeois venus de la cour et de la ville à son château, pour témoigner leurs regrets de la chute du ministre disgracié par Louis XV et la Dubarry.

Du côté du fleuve, à l'Ouest, la pauvre contrée des

LE CLOS-LUCÉ, PRÈS D'AMBOISE

gâtines étale ses rares cultures, ses landes, ses friches, ses étangs et les ombrages du bois de Château-Renault, où le chef avoué des malheureux conspirateurs de

1560, La Renaudie, fut tué d'une pistoletade, juste à l'heure du succès.

Qu'irions-nous chercher à travers les gâtines, sinon la mélancolie ? Mieux est de descendre la Loire ; doucement elle nous achemine en la molle et plantureuse Touraine.

Aimez-vous les paysages seulement faits de ciel, de verdure et d'eau, qui se mirent dans les yeux sans les remplir, les caressent sans les attacher, où l'on se plaît sans effort et que l'on quitte sans regret ?

Aimez-vous les prairies lentement inclinées sur des rives ombreuses, les collines ondulées, pareilles aux vagues d'une mer tranquille, les reflets des châteaux de la Renaissance dans les eaux claires, les horizons fins et monotones ?

La Touraine n'a pas de beautés plus singulières à vous offrir ; sachez que nos aïeux s'en contentaient. C'est la terre de haute graisse, féconde, spirituelle, narquoise, de Rabelais, de Balzac, de Courier ; c'est la patrie du bon sens aiguisé de malice, et de la volupté sensuelle assaisonnée au goût français. L'estomac s'y délecte à de substantielles et succulentes réalités, en vertu desquelles le cerveau bien nourri ne s'égare point dans les rêves. Éden de la gourmandise, foisonnant de truffes, de pruneaux, de rillettes, si personne n'y a des ailes pour voler dans les espaces, nul du moins n'y fait de chutes à se casser les reins. Sous un climat tempéré, ni trop chaud, ni trop froid, ni sec, ni humide, mêlé de pluie et de soleil, parmi des potagers abondants, des vergers débordants, avec des vins rouges et blancs,

PLACE SAINT-CLÉMENT, A TOURS (ÉGLISE DÉMOLIE)

agréables au pourchas, légers à la tête, la vie coule facile et bonne, sans joies ni douleurs extrêmes, sans désirs chimériques ni désespoirs infinis, dans une sage moyenne de sensations pondérées, première condition du bonheur.

Tours est la digne capitale de ce pays-là. Ce n'est pas une très grande ville, ce n'est pas une très belle ville ; mieux, c'est une ville plaisante. Nous n'y sommes jamais allé sans qu'un sourire nous vînt aux lèvres à voir les mines florissantes et joviales des gens, les rues proprettes et discrètes, les luxueuses maisons, entre cour et charmille, les hôtels confortables, les tables d'hôte appétissantes, les magasins de comestibles, de patisseries, de meubles, de livres, de bibelots, d'étoffes, étalagés avec le juste sentiment des valeurs, qui révèle une ville artiste.

Voyez la rue Royale — toujours et vraiment royale, — large artère, où circule tout ce que la ville a d'activité dans les affaires et le plaisir ; — voyez-la surtout le soir, de huit à dix, illuminée par ses cafés, égayée par les flâneries de la foule en belle humeur. Rarement le spectacle de la vie sociale laisse pareille impression de santé pleine et vigoureuse, d'équilibre stable entre les muscles et les nerfs.

De la gare au fleuve, la rue Royale partage la ville en deux parties de physionomies distinctes. A droite, le quartier de la cathédrale, calme, presque monastique, rassemble les hôtels de la noblesse et de la vieille bourgeoisie tourangelles. A gauche, les rues laborieuses des draperies, des imprimeries, des vastes ateliers de Mame, des tanneries, du négoce, s'entre-croisent entre les vieilles tours Charlemagne et Saint-Martin, les églises Notre-Dame la Riche et Saint-Saturnin.

Ce côté, le plus intéressant des deux, fut le noyau de la cité moderne, l'oppidum des Turones, le Cæsarodumum gallo-romain. Là s'élevait l'antique abbaye de Saint-Martin, si vénérée, si puissante au moyen âge, asile inviolable, pieux rendez-vous des multitudes chrétiennes au tombeau de l'apôtre légendaire et populaire, dont les reliques faisaient des miracles, et dont la chape, comme un palladium de victoire, servait, bien avant l'oriflamme, d'étendard aux guerriers francs. Les Mérovingiens venaient dans cette abbaye subir les pénitences imposées par les évêques et les clercs pour l'expiation de leurs crimes. Sous Charlemagne, l'abbé Alcuin y fondait les grandes écoles de grammaire, d'histoire, d'astronomie et de musique, d'où sortirent tant de prêtres illustres. Gloire et orgueil séculaires de la ville, elle s'amoindrit peu à peu. En 1797, son admirable basilique s'écroula. Tout en a disparu, excepté les tours, un petit cloître de la Renaissance, et une crypte, magnifiquement réédifiée dans le pur style roman, toute de marbre et de pierre sculptée, où nombre de fidèles et des pèlerins vont encore se prosterner devant le tombeau et la châsse du bienheureux, sous les flammes inextinguibles des lampes mystiques.

Un banal faubourg a remplacé l'abbaye. Cherchez en deçà : vous trouverez, assez près les quais, des rues, des carrefours obscurs, des pâtés de maisons de bois, comme en dessinait Gustave Doré pour les contes de Balzac : aiguës, trapues, bossues, biscornues, toutes

MAISON DE TRISTAN L'ERMITE

pepelonnées d'ardoises, comme un poisson d'écailles, et gaillardement sculptées.

Entre ces grotesques, des choses charmantes : la svelte fontaine de Beaune, due à Michel Colomb, des hôtels de la première Renaissance, la maison dite de Tristan l'Ermite, l'hôtel Xaincoings, demeure exquise, bijou du quinzième siècle, et des auberges, comme celle de la Lamproie, qui font songer à Rabelais ou à Gargantua.

La cathédrale, sous le patronage de saint Gatien — qui le premier évangélisa la Touraine, — élève dans le libre espace d'une grande place paisible un beau vaisseau gothique, régulier, à triple nef, bas-côtés, croisillons. Sa façade, un peu étroite pour sa hauteur, comprimée entre deux tours couronnées de clochetons, est splendidement ornée, trop peut-être, d'arcatures, pinacles, galbes, roses et fleurons, s'entremêlant comme les caprices d'une guipure d'art. Une rose de transept est surtout remarquable.

Au dedans, ampleur, majesté. Les plus radieuses verrières projettent des clartés d'arc-en-ciel. Deux mausolées de marbre, ornés sur les faces de gracieux entrelacs, supportent les statues couchées des petits enfants de Charles VIII, non plus déjà roidement figés dans une prostration mystique, mais endormis dans un sourire délicatement posé sur leurs lèvres closes par l'artiste à demi païen de la Renaissance.

A gauche, par deux arcs-boutants hardiment courbés, la cathédrale se rattache à l'ancien cloître de la Psalette, qui en dépendait : un carré de légères arcades, sculptées à ravir.

Tout au bout de la rue Royale, l'hôtel de ville et le

musée occupent de nobles bâtiments du dix-septième siècle. Aussi luxueusement installé que peut l'être un musée de province, celui-ci possède quelques chefs-d'œuvre : les *Soldats jouant aux dés*, de Valentin, le *Portrait de Descartes*, de Hals, le *Serment d'amour*, de Fragonard, plusieurs Boucher et des plus galants, les *Bateleurs arabes*, de Delacroix.....

LA PSALETTE, A TOURS

Sur les quais : de fraîches allées de platanes bordant la Loire sont les promenades préférées de la ville, l'emplacement de ses fêtes. Les statues de Descartes et de Rabelais — lequel fut le plus sage? — se dressent à l'accès du pont. Aux deux extrémités de la ville, deux tours noires, comme trempées dans le cirage, jadis atteignaient le fleuve; l'une, nommée *tour de Guise*, rappelle la domination des Plantagenets, rois d'Angleterre et comtes d'Anjou, — car elle faisait partie du château construit par Henri II à la fin du douzième siècle ; —

CHATEAU DE LUYNES

l'autre, *tour de Foubert*, protégeait le domaine féodal de l'abbaye de Saint-Martin.

Aux environs de Tours, le pays, celui des Varennes, plat, crayeux, serait d'un ennui désolant, n'étaient les transparences lumineuses de la Loire et du Cher, parmi les cultures uniformes. La Loire, au nord de la ville, coule au pied de boursouflures jaunâtres, ça et là mouchetées de la verdure des jardins encadrant d'heureuses demeures..... Mais les souvenirs enrichissent ces paysages médiocres; nul passant n'oublierait de visiter les restes du château de Plessis-lez-Tours, bien qu'ils soient douteux ou méconnaissables, la lanterne de Rochecorbon, les grottes de Sainte-Radegonde et le seul emplacement de l'illustre abbaye de Marmoutier fondée par saint Martin, d'où son nom *Martinis monasterium*. Encore immenses et superbes étaient les bâtiments de cette abbaye d'après une estampe de 1699; on disait :

> De quel côté que le vent vente,
> Marmoutier a cens et rente.

Aujourd'hui, le long mur d'enceinte, un donjon, un portail, indiquent où il était. Faible régal pour les yeux que tout cela, mais jouissance pour l'esprit ! On s'est rapproché à travers les âges, par la pensée et par les sens, de l'atroce vieillesse de Louis XI et des naïves légendes du christianisme primitif; on a touché du doigt l'histoire apprise dans les livres; il n'en faut davantage : on ne regrette pas sa peine.

Le plaisir de voyager dans cette contrée célèbre est plus vif quand on s'éloigne de la ville, sans quitter pourtant sa grande banlieue, limitée par les rives verdoyantes du Cher et de l'Indre. Alors se pressent sous les pas les villages, les châteaux, les ruines dont les noms seuls, épelés dès la jeunesse, évoquent une page émouvante des annales de la France ou l'image d'un chef-d'œuvre accompli. Nulle part, dans un espace aussi restreint, le passé, — notre passé, — n'est écrit en caractères plus frappants ou plus gracieux.

Descendons la Loire. A quelque distance, sur un coteau, apparaît le château de Luynes, — toujours, depuis Louis XIII, à la maison d'Albert de Luynes ; — il masque son élégance intérieure sous une façade brunie par le temps, et flanqué de tourelles coiffées de toits pointus. A côté, les arches boiteuses d'un aqueduc gallo-romain achèvent de moisir sous les enlacements du lierre. Deux lieues plus loin, sur la rive droite du fleuve, la singulière tour carrée, romaine ou mérovingienne, nommée *pile de Cinq-Mars*, continue d'intriguer les archéologues. Était-ce un observatoire militaire ? un monument religieux ? A quoi servaient les quatre pyramidions de son couronnement ? Vous rêverez peut-être à cela, tout en suivant les collines de tuffeau qui, au long de la Loire, sont habitées par des paysans — très à leur aise, malgré la simplicité des logis.

CINQ-MARS

Une petite ville vous arrête au passage : Langeais, — terre patrimoniale jadis des illustres familles du

Bellay et d'Effiat. Leur vaste château, construit au quinzième siècle, offre un aspect tout féodal et militaire. De grosses tours en briques et pierres couronnées de flèches en ardoises, compliquées de hourds et de mâchecoulis en commandent les portes et les angles. Un pont-levis enjambe ses fossés profonds et, suspendue à la voûte ogivale de l'entrée, une herse peut encore se baisser pour en interdire l'issue. Mais les appartements, garnis par le riche propriétaire actuel, M. Siegfried, de toute sorte d'objets curieux, sont un musée plein d'intérêt. Peut-être vous aviserez-vous du cabinet de travail, où, sans doute, l'auteur de la Chronique de Gargantua, généreusement hébergé par le vaillant capitaine Guillaume du Bellay, sire de Langeais, l'aidait à la rédaction de ses mémoires, commencée au château de Glatigny, dans le Perche? D'autres souvenirs ont effacé celui-là.

Cependant, vis-à-vis le château, une petite maison s'appelle encore la maison de Rabelais : la tradition locale veut qu'il y ait demeuré pendant plusieurs années d'une retraite infiniment studieuse, confiné dans un labeur intellectuel immense, enseveli dans les méditations, d'où l'écrivain pantagruéliste devait sortir prodigieusement armé de science, d'imagination et d'esprit.

Mais, à propos du maître, n'irons-nous pas dans son pays natal, à Chinon? Si bien! tout à l'heure. En ce moment, regardons à l'Est sur les rives de l'Indre :

Presque sous les futaies de la forêt de Chinon sont deux châteaux célèbres : Ussé, Azay-le-Rideau. Le premier est au comte de Blacas. Il a appartenu à

CHATEAU DE LANGEAIS

Vauban, qui en a fait construire la terrasse. Penché sur la rivière, c'est de là qu'il faut le voir pour admirer l'étonnante fantaisie et la hardiesse de son architecture. Imaginez des pavillons de la Renaissance, inégaux, dissemblables, rudes encore; des tours, des tourelles reliant ces pavillons élégants et gothiques à un donjon du quinzième siècle ; des toits en ardoises, bosselés, démesurés ; des flèches, des mâchecoulis, des hourds, des créneaux et, par-dessus tout, une galerie fenestrée, ininterrompue, passée comme une collerette autour de l'édifice entier, dont elle joint et fait communiquer ensemble toutes les parties. Rien de plus féodal et de plus fantastique !

Azay-le-Rideau, lui, est un pur chef-d'œuvre de la Renaissance. Tout au plus a-t-il gardé une tourelle de la forteresse d'Azay-le-Brûlé, que le dauphin Charles, en 1418, incendia, après en avoir fait décapiter le gouverneur et pendre tous les défenseurs au nombre de trois cent trente-quatre, sévère châtiment d'une insulte faite à sa personne sacrée.

Au milieu de l'Indre, sur un pilotis aux arches pleines, s'élèvent ses blanches façades encadrées par de gracieux encorbellements, et coupées de tourelles aux toits pointus. Les portes, les fenêtres des combles, les cheminées, les escaliers sont sculptés avec infiniment d'élégance. Mais une merveille, c'est le portique d'entrée, dont les arcades et les fenêtres arquées s'ouvrent entre des colonnes, des pilastres, des niches, des bas-reliefs, des rinceaux illustrés des plus jolis caprices : coquilles, feuillages et mythologies se jouant en arabesques parmi les hermines et les salamandres, qui feraient croire à quelque demeure historique et royale édifiée par François Ier.

CHATEAU D'AZAY-LE-RIDEAU

Le créateur d'Azay-le-Rideau ne fut cependant pas le roi-chevalier, mais l'un de ses secrétaires, Gilles Berthelot, maître de la Chambre des comptes et maire de Tours. Sa devise, UNG SEUL DESIR, se lit au rez-de-chaussée du portique, dans la frise ; un triple écusson — à ses armes — s'étale au fronton. A ce financier, homme de goût, ont succédé les Saint-Gelais Lusignan, les Souvré, les Beringhem..... Aujourd'hui le propriétaire, marquis de Biencourt, permet de visiter les appartements, meublés, avec le grand luxe de jadis, de bibelots, de tableaux, de portraits anciens, et décorés de ces cheminées du seizième siècle, dont la splendeur monumentale attestait le talent de l'artiste et l'orgueil nobiliaire du chef de la maison.

... Maintenant, que le chemin de fer, repris à Tours, nous aide à remonter le cours de l'Indre, nous irons à Loches. Nous visiterons, en passant, les ruines énormes du château-fort de Montbazon, son gros donjon rectangulaire, ses remparts démantelés, et que les paysans déblayent peu à peu pour en construire les murs de leurs chaumières.

A voir de loin, dans un hautain relief, se profiler les épaisses murailles du château de Loches, on s'illusionnerait aisément sur l'aspect de cette petite ville historique, royale, oubliée. Ce n'est pas, tant s'en faut, une cité du moyen âge et les siècles en ont effacé la couleur gothique. Mais il lui reste assez des choses du passé pour intéresser l'artiste et ravir les badauds anglais.

D'abord on entre dans Loches, comme jadis les rois suivis de leurs bannerets, par une ample porte féodale,

PORTE DES CORDELIERS

celle des *Cordeliers*. Et, dans un tout petit écheveau de rues étroites, on rencontre successivement l'arche flanquée d'encorbellements de la *porte Picoys*, à laquelle s'appuie le gracieux hôtel de ville, qui date de la Renaissance ; une brillante maison seigneuriale de la même époque, l'*hôtel Nau*, à façade extrêmement ornée d'entrelacs, de figurines, de médaillons et d'inscriptions héraldiques; la *Chancellerie;* la *tour Saint-Antoine;* d'autres maisons encore des quinzième et seizième siècles, un peu bien détériorées et « banalisées », curieuses tout de même par quelque détail de forme ou de sculpture, visible sous la rouille ingrate des ans.

Ainsi cheminant, et par une ascension détournée, on s'élève jusqu'au large et puissant groupe des édifices illustres : la collégiale Saint-Ours, le Donjon, construits par Geoffroy-Grise-Gonelle, comte d'Anjou ; et l'élégant château du quinzième siècle où Charles VII, Louis XI, Charles VIII, Louis XII et même Henri III ont demeuré ou séjourné.

Avec sa nef basse, trapue, que surmontent un clocher énorme, une flèche en pierre, des pyramides et des pyramidions plantés bizarrement, la collégiale Saint-Ours fait songer à quelque monstrueux éléphant chargé de tours guerrières et de balistes inconnues. Cette étrange architecture a pour digne péristyle un porche roman de vastes dimensions, revêtu de sculptures extraordinaires : feuillages, figures saintes et démoniaques, striges, goules, gnomes et succubes d'apocalypse, traités largement, avec le sentiment de la grande décoration, par un ciseau naïf et vigoureux. Sur le seuil un autel antique, fort bien sculpté, expie l'idolâtrie païenne en offrant l'eau lustrale aux chrétiens.

HOTEL DE VILLE ET PORTE PICOYS

Le *Donjon* s'est transformé en prison départementale : de vulgaires malfaiteurs y remplacent d'illustres captifs. Mais la porte dûment cadenassée et verrouillée de cette geôle s'ouvre aisément aux curieux, et le gardien-chef a cent bonnes raisons de s'empresser à faire les honneurs de chez lui. Dites un mot, et son trousseau de clefs énormes dans une main, sa lanterne dans l'autre, il vous conduit des murailles gigantesques d'une tour démantelée du douzième siècle aux cachots et aux *in pace* du temps de Louis XI.

On se coule sur ses pas en d'obscurs escaliers tournants et glissants creusés dans l'épaisseur même de la pierre. On pénètre, avec lui, dans de ténébreux retraits, éclairés par de vagues soupiraux soigneusement grillagés. On remarque, avec ses yeux, les égratignures imprimées aux sourdes parois par les ongles des prisonniers qui tâchaient de se hausser vers ces jours de souffrance. On lit, avec sa mémoire, des inscriptions désolantes, cris de désespoir, de haine ou de repentir, tracées à la pointe du couteau. Toute couverte d'inscriptions de ce genre et d'emblèmes fignolés avec le pinceau est la prison, d'ailleurs plus spacieuse que les autres et relativement élégante, où Ludovic Sforza, duc de Milan, dix ans captif, mourut en 1510, juste à l'heure de sa mise en liberté, étouffé par la joie brusque de cette délivrance.

Sous terre, des trous noirs, où l'on demeurait forcément accroupi : ce sont les *in pace* préférés de Louis XI. Ils suffisaient à contenir les cages de fer dont parle, par expérience, mais sans colère, rancune ni indignation, messire de Comines. « Il est vrai qu'il (Louis XI) avoit fait de rigoureuses prisons, comme cages de fer et d'aultres de boys, couvertes de plaques de fer par le dehors et par le dedans, avec terribles ferrures de huict pieds de large et de la hauteur d'ung homme et ung pied plus. Le premier qui les devisa fut l'évesque de Verdun, qui en la première qui fut faicte fut mis incontinent et y a couché quatorze ans. Plusieurs depuis l'ont mauldit, et moy aussi, qui en ay tasté, sous le Roy d'aprésent, huict mois..... » Cet évêque de Verdun, M. d'Haraucourt, le cardinal-évêque La Balue, Comines lui-même, ont traîné ici l'existence agonisante des encagés.

Si horribles pourtant que soient ces cachots, il en est

DONJON DE LOCHES

encore de plus affreux, de plus profonds et de plus anciens. Ils existent dans les substructions de la bénévole maison du gardien-chef, bâtie sur l'emplacement du fameux Martelet du quinzième siècle. On a l'aménité de vous les montrer, et aussi de vous inviter à soulever et soupeser les instruments de torture dont Comines s'est souvenu : « Aultrefois avoit faict faire à des Allemans des fers très pesans et terribles, pour mettre aux pieds, et estoit ung anneau pour mettre ung pied seul, malaysé à ouvrir comme un carcan, la chaîne grosse et pesante, et une grosse boule de fer au bout, beaucoup plus pesante qu'il n'estoit de raison ne que n'appartenoit, et les appeloit-l'on les *Fillettes du Roy*. »

Pour se remettre de ces terreurs lointaines, des frissons causés par les réminiscences du guide ou par l'humidité des murs, rien de mieux qu'une visite à la sous-préfecture : cent pas à peine à faire, et l'on peut à loisir admirer la façade rajeunie de l'ex-château royal, où règne le sous-préfet. Il y a là d'assez jolis pendentifs, des gargouilles ouvragées ; l'ensemble ne manque pas de caractère. Un oratoire assez coquet renferme le monument funéraire élevé à « Agnès Sorelle, noble damoiselle, en son vivant dame de Roquescière, de Beaulté, d'Issoudun et de Vernon-sur-Seine ». Le sarcophage de marbre blanc, portant la statue couchée de la défunte, ayant à ses pieds deux angelots banals, n'est pas, ce nous semble, le magnifique mausolée où reposait le corps d'Agnès Sorel, « trespassée le neuvième jour de février de l'an de grâce 1449 » à l'abbaye de Jumièges. Où sont les traits séduisants de l'enchanteresse dans cette figure rigide, lourde et sans expression ? Regardez ici près la charmante porte de l'oratoire d'Anne de Bretagne. Comparez et prononcez !

... Autour de Loches s'étend un médiocre pays, légère

ment sablonneux, marécageux, voisin de la Sologne et de la Brenne; mais la culture en tire le meilleur parti,

ABBAYE DE BEAULIEU, PRÈS LOCHES

et des bois giboyeux y ont fixé d'agréables châteaux, parfois célèbres. Ainsi, à l'Ouest, sur un entassement de rochers, Montrésor, féodale et splendide demeure héréditaire des comtes de Bastarnay — aujourd'hui au comte Branicki. Sa double enceinte, flanquée de tours, dissimule de jolis bâtiments de la Renaissance, meublés somptueusement, emplis d'objets rares ou précieux, exposant, entre autres reliques du défunt royaume de Pologne, la couronne que l'impériale ville de Vienne, assiégée, pressée par les Turcs en 1683, décerna à son vaillant sauveur, Jean Sobieski. La grande église du petit village renferme le superbe tombeau des Bastarnay, tout environné et chargé de statues majestueuses.

A la lisière même de la forêt de Loches, les ruines de la chartreuse du Liget, fondée par Henri II Plantagenet, une chapelle peinte à fresque au douzième siècle, méritent une promenade. Et il faudrait avoir bien peu de temps à soi pour ne pas aller voir, en face de Loches, sur la rive droite de l'Indre, les restes de la belle abbaye de Beaulieu, le squelette noirci de son église bâtie par Foulques Nerva, et l'abbatiale où, l'an 1578, Henri III promulgua, entre une messe et une procession, le mémorable édit qui fut le prétexte de la sainte Ligue.

A une lieue peut-être de la ville, un hameau de deux cents âmes : Chanceaux. Qui nous y attire ? Nous l'avouons, c'est une pensée personnelle, le désir d'un pieux hommage à rendre à la mémoire d'un ami défunt. Pour une fois, lecteur, excuse cette école buissonnière.

Le château, moderne, opulent, appartient à la veuve de M. Désiré-Louis Gilbert, nom, cher aux lettrés, du sympathique éditeur de Vauvenargues et de la Rochefoucauld, enlevé à la littérature par les rigueurs du siège de Paris, en 1870. Et il nous semble, passant où il se plaisait, nous rapprocher encore par de vivants souvenirs de cet homme si distingué par la finesse de son esprit et l'aménité de son cœur, qui nous fut, nous sera toujours cher !...

Êtes-vous de loisir ? libre d'aller de-ci de-là, sans trop compter sur les chemins de fer, ni sur les voitures, qui sont rares ? Visitez, parmi les immenses falunières du plateau de Sainte-Mauve, Sainte-Catherine-de-Fierbois, antique village, antique sanctuaire, où Charles Martel vint s'agenouiller après sa victoire sur les Sarrasins ; où Jeanne d'Arc, obéissant à ses « voix », n'oublia pas, agréée par Charles VII, d'envoyer quérir l'épée qu'elle devait ceindre pour chasser les Anglais. Visitez aussi le dolmen de Sainte-Maure, la maison de La Haye Descartes où naquit le philosophe, les ateliers préhistoriques de silex ouvré du Grand-Préciguy, le château de la Guesde, édifié curieusement par Charles VII. Mais nous ?...

... Nous voici déjà sur la route de Chenonceaux.
— Un wagon garni de paysans à figures osseuses, rougeaudes, finaudes et joviales, ayant sous leurs jambes, au dessus les grands paniers vides des volailles, des œufs, du beurre, des fruits apportés et bien vendus

dans la matinée au marché de Tours. La joie de vivre brille dans leurs regards malins, dans leur sourire narquois, dans leur parole grasseyante et comique.

Allumés par le coup de vin des enchères, ils bavardent bruyamment, chaudement, sans cris, sans dispute, avec la bonne humeur qui semble naturelle au caractère tourangeau. Le mot drôle, hilare, et aussi le mot salé, le gros mot, leur viennent sans efforts. On reconnaît à les entendre la race spirituelle et sensuelle, malicieuse et bienveillante de Rabelais, de Balzac et de Courier. Des nouvelles du pays la causerie saute aux années passées, aux vendanges mémorables. Ils savent merveilleusement l'histoire du vin ; c'est l'âme et l'éternel objet de leurs propos, de leur culte. Pure gratitude ! Ne doivent-ils pas à cette liqueur de leur terroir, forte et légère, rafraîchissante et fortifiante, leur tempérament si bien équilibré ?

On laisse à droite Saint-Avertin, Larcay, Véretz, Azay-sur-Cher, Bléré ; à gauche, la Bourdaisière, noms cent fois cités dans les pamphlets de Paul-Louis. Un voisin, nous voyant étranger, prend plaisir à nous parler de son illustre compatriote. Il a lu tous les écrits du vigneron de la Chavonnière, il en cite des bribes qui font, autour de nous, rire à gorge chaude, malgré l'atticisme travaillé, sué, limé des saillies gauloises de l'helléniste. Tous nos gens ont vu le monument expiatoire de la forêt de Larçay, où Courier fut assassiné par son garde-chasse, et salué la statue de Veretz, récemment dressée au grand homme qui fut des leurs et l'in-

ENTRÉE DE CHENONCEAUX

terprète de leur pensée, de leurs rancunes et de leurs vœux.

Les femmes ont la gaieté plus discrète, le maintien sage et décent, de l'amabilité, de la grâce. Où donc les avons-nous vues déjà ? Ces visages délicatement ovales, aux joues pleines, au nez fin, à la bouche mignonne, aux yeux doux et calmes, nous sont familiers. A regarder leur coiffure singulière et bien seyante d'étamine noire, doublée de dentelle blanche, aplatie sur le front, renflée aux tempes, nos idées se fixent. Nous nous rappelons les figures groupées, dans les livres d'estampes, auprès de Charles VII, de François Ier, de Catherine de Médicis, de Louis XIV jeune, figures aux suaves contours, modèles préférés de Jean Goujon, de Germain Pilon, de Nicolo et du Primatice ; figures d'Agnès Sorel, d'Anne de Pisseleu, de La Vallière, types parfaits de grâce française. Celles-ci en ont tous les traits, et leur coiffure est celle que portaient leurs aïeules du seizième siècle. Imaginez-les parées de robes de velours et de soie brochées d'or et d'argent, de collerettes empesées, de lourds vertugadins et d'orfèvreries massives, et vous croirez aller, avec des contemporains de Charles IX, dans l'un des plus galants châteaux de la Renaissance.

Isolé, dans une plaine sèche, crayeuse, monotone, mais au milieu des eaux larges et limpides du Cher, sur un pont admirablement proportionné à son merveilleux fardeau, Chenonceaux est bien la plus exquise habitation que puisse rêver la fantaisie d'un roi, d'un financier ou d'un poète, trois sortes d'hommes particulièrement riches, ceux-là disposant d'inépuisables escarcelles, et celui-ci du trésor des rimes millionnaires.

Il faut le voir, d'un peu loin, d'ensemble, mirant dans la transparence du Cher ses claires façades blanches, mignonnes et bien prises dans de sveltes tourelles, ses délicats frontons, ses hautes fenêtres fleuronnées et sculptées, ses grandes cheminées étincelant sur le fond bleuâtre des combles en ardoises, ses lignes, ses reliefs variés coquettement, mais fondus dans une harmonie délicieuse.

De près, ce n'est plus tout à fait la même chose. L'édifice, souvent restauré, avoue son âge. Les frises, les rinceaux, les pendentifs et les statues montrent leurs gerçures et leurs rides ; le grain de la pierre, un peu jaunie, s'effrite en maints endroits. L'impression qu'on en reçoit n'en est pas moins charmante, et c'est avec un sentiment de très vive curiosité que l'on pénètre dans les appartements jadis habités par Diane de Poitiers, Catherine de Médicis et Louise de Vaudemont. Veuillez toutefois observer que cette demeure splendide ne fut pas précisément construite par un roi prodigue pour ces reines des deux mains..... Les initiales TB. KB. multipliées sur la façade d'entrée, vous en avertissent : elles signifient Thomas Bohier, Catherine Brisson : noms plébéiens du receveur général des finances de Normandie et de son épouse, qui firent bâtir Chenonceaux vers 1515. Les devises *Spes mea*, —

Salus Domini, — *S'il vient à point me souviendrai*, — gravées à côté de ces chiffres bourgeois, leur appartenaient sans doute également.

Voici que défilent sous vos yeux un vestibule, singu-

CHENONCEAUX

lièrement voûté sur nervures prismatiques, garni d'armures et d'objets hétéroclites; des cuisines, pratiquées dans les piliers mêmes du pont, en de spacieuses pièces plafonnées en arcades; des salons multicolores aux cheminées monumentales, ornés de portraits historiques copiés sur les originaux et meublés sans goût des vestiges d'un grand luxe ou d'un opulent bric-à-brac; d'assez beaux stucs, des parquets superbes, d'admirables tentures et des banalités de haute industrie : de l'art et de l'artifice, du réel et de l'imité.

On vous nomme, en pressant le pas, la chambre de Diane, le salon de Catherine, l'appartement encore lamé de noir, en signe de deuil, où vécut tristement la veuve de Henri III, la chambre dite des Cinq-Reines...

Entre ces pièces de mérites divers, se recommandent la chapelle, vraiment élégante, et la magnifique galerie supérieure, qui sera la galerie des fêtes, récemment décorée par un artiste de valeur, M. Toché, d'après les modèles de la Renaissance décadente. Au plafond, incrusté de glaces taillées en croissants lunaires, s'étalent de voluptueuses mythologies peintes à fresque. Contre les murs s'adossent de hautes figures en stuc exécutées par des Italiens, et de nombreux tableaux de maîtres s'enchâssent en des lambris sculptés, dorés à profusion. Trop peut-être, en cela encore, de scintillement, de paillettes, mais aussi un brillant joyeux, vif, ardent, dont les yeux s'amusent.

Si vous vous rappelez qu'à Chenonceaux résida longtemps, si longtemps qu'elle y mourut presque centenaire, en 1793, l'une des fées du dix-huitième siècle, la spirituelle, belle et bonne Mme Dupin, si vous vous le rappelez, bien vous en prend, car rien céans ne vous en ferait souvenir. On n'y voit nulle part trace de style rococo. Peut-être la richissime fille de Samuel Bernard avait-elle eu le bon goût de conserver précieusement le mobilier royal. Et ses invités habituels, la maréchale de

Luxembourg, la comtesse de Boufflers, Mmes de Forcalquier, de Rohan-Chabot, et ses amis littéraires, Fontenelle, Montesquieu, Bolingbroke, Tressan, Mably, Buffon, Voltaire, Jean-Jacques même, un moment, s'accommodaient peut-être des appartements où s'étaient plu les belles de jadis, et Ronsard, et le Tasse.

Chenonceaux était hier à Mme Pelouze, à qui sera-t-il demain ?...

.... Brusquement descendons au sud-est de la Touraine, à travers les vignobles, les vergers, les champs de céréales, les chènevières, les plants de pruniers et de noyers de *Véron*. Au milieu de plaines fécondes, Chinon étage ses vieilles maisons de bois et de pierre noire, ses églises, ses rares manufactures, sur le flanc d'un coteau que domine la rive droite de la Vienne et dont les murailles démantelées, les tours diminuées ou lé-

UNE RUE DE CHINON

zardées de l'antique château, surmontent le faîte. Désigné par un *castrum romanum* à la conquête féodale, Chinon a de bonne heure été mêlé à l'histoire mi-

ÉGLISE SAINT-MEXME, A CHINON

litaire de la Touraine. Les Plantagenets d'Angleterre y ont séjourné en maîtres jusqu'au douzième siècle, puis les rois de France jusqu'à Louis XI. Les églises témoignent de la munificence des princes : Saint-Mexme, Saint-Maurice, par de charmants détails de peinture et de sculpture, Saint-Etienne par un portail d'une rare somptuosité.

De luxuriantes végétations pariétaires envahissent les trois châteaux réunis de Saint-Georges, du Milieu et du Coudray. Le lierre grimpe à l'assaut des remparts. Les ronces s'enlacent aux créneaux. D'épais manteaux de verdure tapissent les tours et les donjons. Des allées d'arbres vigoureux contournent l'enceinte, et l'herbe s'insinue dans les salles d'honneur, d'où s'envolent au moindre bruit des nichées d'oiseaux diurnes et nocturnes, troublés dans la paisible possession de leur domaine. Il faut un certain effort d'imagination pour replacer dans ce cadre abandonné les scènes émouvantes de l'histoire. Voici pourtant le Grand-Logis où mourut, en 1189, d'une effroyable douleur paternelle, le roi d'Angleterre, Henri II, *king Lear* de sa race, sans l'affection consolante d'une Cordelia. Deux siècles et demi plus tard Jeanne d'Arc, venant annoncer à Charles VII sa mission providentielle, y devinait, reconnaissait entre tous ses compagnons luxueusement vêtus le petit roi de Bourges, qui s'était fait de petite mine et modeste, pour l'éprouver.

Les hautes tours Saint-Martin et du Moulin ne manquent pas d'élégance, mais dans leur solitude rien ne rappelle les combats et les fêtes chevaleresques d'autrefois.

A côté de ces ruines définitives, la mémoire et la figure de Rabelais sont vivantes et bien vivantes. Son large et bon sourire, si franchement exprimé dans la belle statue de bronze d'Émile Hébert, réjouit la petite ville déchue, aux environs de laquelle il est né et dans laquelle il a passé son enfance, parmi les humeurs de piots de l'auberge de la Lamproie. Et tout le pays d'alentour résonne encore de son rire éclatant, s'ébaudit de ses farces et joyeusetés. Pas un hameau, pas un ruisseau, pas un manoir, qu'il n'ait immortalisé. C'est ici le théâtre de son épopée burlesque et profonde. Chez les « citadins de Saunais, de Suillé, de la Roche Clermauld, de Vaugandry, sans laisser arrière le Couldray, Montpensier, le gué de Vède, et aultres voisins; tous bons buveurs, bons compagnons, et beaulx joueurs de quilles, da », ont grandi ses héros superbes. Le dolmen de l'Ile-Bouchard et tant de mégalithes en Touraine n'ont-ils pas été, comme petits cailloux, semés par le prodigieux géant?

Et tenez, voici Lerné, dont les fouaciers, cherchant noise aux métayers de Gargantua, en furent « comme sègle verd » battus à grandes gaules et criblés de coups de pierres. Ce grave événement, s'il vous en souvient, eut lieu tout proche Seuilly ou Seuillé, au réel dommage du prieuré de bénédictins chez qui Rabelais fut à l'école, et du voisin domaine de la Devinière où l'an 1483 il vint en ce bas monde pour le divertir et l'instruire. Par ici commença la guerre que déclara Picrochole à Grandgousier. Avec un peu de patience, on suivrait aisément sur le terrain les marches et les contre-marches des fabuleuses armées en lutte, et, à la trace, les exploits mirifiques de Gymnaste, d'Endémon, des fameux capitaines Tripot, Toucquedillon, Tiravant, Hastiveau et de l'incomparable moine Jean des Entommeures.

Passez le gué de Vède, vous atteindrez la Roche-Clermauld. Là, pourrez, s'il vous plaît, installer le château fort imaginaire pris en trahison par l'ambitieux Picrochole, mais si rudement assailli par les gargantuistes que les assiégés se hâtèrent de rendre « bastons et armes » à l'intrépide frère Jean. Picrochole, comme vous savez, s'enfuit, vaincu et « cholérique », vers Lyon, où « humble gagne-deniers » il attend la venue des coquecigrues, espérant alors « estre réintégré à son royaulme », le pauvre sire ! Et dans sa fuite, franchit la forêt de Port-Huault. Faites comme lui. Peut-être, nous vous le souhaitons, rencontrerez-vous à la lisière d'icelle les restes de l'abbaye que le vaillant moine eut permission de bâtir en récompense de ses prouesses. Admirable abbaye de Thélème, vaste, opulente, commode et douce, et, mieux encore, décorée de l'idéal et vital précepte : « Fay ce que vouldras ! »

Mais, si tout en adoptant la devise des thélémites, il vous plaisait de continuer le voyage aux pays rabelaisiens, sans doute, remontant le cours de la Vienne, vous iriez en Poitou, en Limousin : beaux pays, et peu connus et tentants, car on peut se flatter d'y découvrir encore du nouveau [1].

1. Nous aurons lieu, dans la suite de cet ouvrage, de décrire ces

... Nulle part en France, plus qu'en Poitou, le sol n'a retenu autant du Passé. Ce plateau, nu et froid, de landes, de bruyères, de forêts, et de cultures admirables imposées à force d'énergie à la terre inféconde, semble avoir toujours nourri une population dense, active et forte. Les Pictavi, les Romains, mais surtout les clercs et les nobles du moyen âge l'ont semé de monuments. Et l'ancienne province, figée durant plusieurs siècles dans ses traditions féodales et religieuses, ses préjugés de caste, ses habitudes de clocher et de château, a scrupuleusement conservé tout ce qui lui rappelait ses époques historiques. Aujourd'hui encore, les vieux édifices du Poitou, protégés par l'immobilité des mœurs, vous apparaissent tout entiers avec leur caractère original comme ces fossiles que les déluges ont ensevelis dans les glaces des pôles, et qu'on y retrouve intacts.

Laissons là Châtellerault, ville moderne, florissante, d'armurerie, de coutellerie ; c'est Poitiers surtout qu'il faut voir, Poitiers, cité illustre et ville morte, pleine de grandes épaves des siècles écoulés.

Charmante excursion, d'ailleurs. Le chemin de l'ex-capitale du Poitou, dans la profonde et tortueuse vallée du Clain, suit de près cette fraîche et claire rivière, avivée par des sources abondantes. On marche entre des

deux provinces qui se rattachent plus particulièrement, dans leur ensemble, l'une au bassin des Charentes, l'autre au bassin de la Garonne : ceci n'est qu'une esquisse.

rochers, des coteaux aux pentes abruptes, à l'ombre de bois à demi sauvages, au bruit argentin d'admirables fontaines, qui rendent au jour les eaux pluviales englouties par des *gouffres* béants au sommet des plateaux imperméables, et lentement infiltrées.

Vers le milieu de la vallée, sur une colline allongée en promontoire, entre les berges escarpées de Rochereuil et des falaises calcaires, dressées comme un rideau sur les campagnes de l'Est, Poitiers semble dormir au pied de ses antiques monuments. Du moins il sommeille. Nul chef-lieu de préfecture plus tranquille. Rien n'y troublera vos contemplations. Il est loin le temps où des milliers d'étudiants y fréquentaient les cours de l'université fondé au quinzième siècle par le pape Eugène IV et le roi Charles VII! A peine aujourd'hui deux ou trois cents futurs légistes se font inscrire à son Ecole de droit, et cette jeunesse ne vit pas sans doute plus follement que son ancêtre, ce charmant Dorante du *Menteur*, dont les aventures galantes et les exploits mirifiques ne sont que pour nous divertir.

Ici, tous les âges sont représentés par des œuvres intéressantes.

Un peu en dehors de la ville, au-dessus du faubourg Saint-Saturnin, une énorme *pierre levée*, dolmen mesurant sept mètres de longueur, rappelle le culte druidique.

Limonum — ce fut le nom romain de Poitiers — a laissé des vestiges d'amphithéâtre, de thermes, d'arènes; l'inévitable aqueduc conserve à Parigné quelques arches délabrées. Un Hyppogée martyrum, mis à découvert en

ÉGLISE SAINTE-RADEGONDE, A POITIERS

1879, a contenu les sépultures des premiers chrétiens

évangélisés par saint Hilaire et probablement immolés aux dieux nationaux. Pareil à l'un de ces fastueux et mystérieux mausolées qui, en Italie, en Afrique, élèvent leurs aveugles façades carrées, et leurs bas frontons triangulaires, le temple Saint-Jean, orné encore de fresques et de mosaïques profanes, a dû servir aux cérémonies du polythéisme, avant d'abriter les autels du Christ et de la Vierge Mère.

S'il reste peu de chose de l'abbaye de Sainte-Croix où se réfugia, après l'avoir fondée, la reine des Francs, sainte Radegonde, le sarcophage de pierre, qui fut, dit-on, le tombeau de la bienheureuse, existe encore dans la crypte d'une église du onzième siècle, placée sous son invocation. Et l'on garde ailleurs son prie-Dieu, sa croix d'abbesse, de menues reliques.

Les ducs d'Aquitaine, suzerains de Poitou, et les Plantagenets, leurs héritiers, ont doté la ville d'églises extrêmement remarquables : la cathédrale Saint-Pierre, Saint-Hilaire, Notre-Dame la Grande, Montierneuf, Saint-Porchaire.

Sous une lourde façade, à triple portail et flanquée de tours massives, la Cathédrale masque des voûtes d'une ampleur grandiose, une nef éclairée par des vitraux superbes, un chœur dont les stalles, sculptées du treizième au quatorzième siècle, sont infiniment curieuses.

Notre-Dame la Grande n'a de vraiment originale que sa façade romaine, mais celle-ci, présentant de bas en haut un immense bas-relief sculpté, est splendide. Partout, aux chapiteaux, aux cintres d'un triple rang d'arcades, dans les frises, les entre-colonnements, les niches, se développe, ainsi que dans un merveilleux tableau de pierre, l'histoire mystique de la Chute et de la Rédemption de l'homme. Le tout, ensemble vétuste et sublime, s'encadre en des alignements de créneaux et de clochers étranges formés par des faisceaux de colonnes et terminés par des pyramides en écaille, en forme de ruches.

De l'enceinte féodale, construite par la comtesse Aliénor d'Aquitaine, au douzième siècle, et peut-être achevée par le comte Alphonse, frère de saint Louis, au treizième, restent quelques pans de remparts, les débris de l'ancien château, la porte de France, des tours sur le Clain, et la tour à l'Oiseau du parc de Blossac, promenade publique, qui, si elle manque de fleurs, comme le déplore un écrivain local, offre en revanche deux groupes remarquables d'Étex : *Joies et Douleurs maternelles.*

Le palais de justice, résidence autrefois des ducs d'Aquitaine et des comtes de Poitiers est un beau spécimen de l'architecture civile du moyen âge. Plusieurs siècles, du douzième au quinzième, y ont mis la main, sans nul souci de l'unité de style. Un donjon barlong, appelé *tour Maubergeon*, flanqué de tours cylindriques et surmonté de hautes statues de pierre, s'y rattache à la très élégante façade édifiée par Jean, duc de Berry, frère du roi Charles V, avec beaucoup de somptuosité.

Ici, se reconnaît la rudesse ornée du grand seigneur féodal ; là, l'exubérante décoration aimée du prince artiste qui fit bâtir le château de Bicestre : l'ogive fleuronnée, le pinacle flamboyant, les statues, les rinceaux. La salle des gardes, transformée en salle des Pas-Perdus, vaste, voûtée en charpentes, munie de trois hautes cheminées, donne une assez grande idée du faste des anciens seigneurs du Poitou.

L'hôtel de la Prévôté, la maison des Trois-Clous, d'autres logis plus ou moins bien conservés, méritent l'attention ; mais n'en avons-nous pas assez dit, trop peut-être, pour vous entraîner à ce voyage ?

Nous voici loin de la Loire !

Pourtant nous voudrions vous retenir encore un moment aux alentours de Poitiers, vous conduire aux ruines de Quinçay, à l'abbaye de Ligugé, qui date de saint Martin, explorer avec vous les champs de bataille incertains, supposés des archéologues, où, entre Clain et Vienne, se rencontrèrent en 732 les Francs de Charles-Martel et les Sarrasins d'Abd-el-Rhaman, et, en 1356, les troupes chevaleresques du roi Jean et la solide infanterie anglaise du prince Noir. La terre a depuis longtemps digéré ces grands carnages, qui seraient à jamais oubliés des paysans, si parfois le soc de leur charrue n'en exhumait quelque trace : fragment d'armure ou morceau de squelette, proportionnés à la taille et aux forces d'une race de géants.

Ainsi gagnant le Sud, non sans nous arrêter, dût

notre itinéraire en souffrir, à Chauvigny sur la Vienne, pour contempler de ravissantes peintures murales du onzième siècle dans une grande église à flèche éperdue; à Saint-Sabin sur la Gartempe pour admirer dans un charmant paysage les débris d'un triple château gothique, des cavernes, des sources, nous irions jusque dans le Limousin. Oui, et cette contrée accidentée, pauvre et franchement rustique, nous réserverait de nouveaux plaisirs. Là non plus, le passé n'est pas aboli dans ses œuvres de choix. La patrie des artistes émailleurs respecte les créations de l'art. Et combien de vallées fraîches et pittoresques, d'étroits vallons où l'on croit être seul, d'étangs moirés par l'ombre des arbres et dormant entre des roches moussues, dans un cercle de collines ondulées, toutes vertes !

Nous visiterions le vieux château de Rochechouart, dont les murailles féodales, hantées par les fonctionnaires de l'État et de la ville, conservent leurs décorations, leurs peintures séculaires.

Nous séjournerions à Limoges, ville ancienne et grande ville, ville de céramistes, d'émailleurs, de porcelainiers. Active, industrieuse, elle oppose, dans un singulier contraste, à des quartiers noirs, humides et grouillants, les belles rues et voies spacieuses tracées pendant l'excellente administration de Turgot. Les ponts, aux arches en ogive, aux piliers bizarres, aux retraits profonds, sont encore ceux du moyen âge, et la corporation des bouchers, organisée comme elle était jadis, ne se décide pas à quitter les obscures maisons de ses ancêtres. Terrassiers infatigables et maçons intrépides partout ailleurs que chez eux, les Limousins déblayent et construisent le moins possible sur leur terre natale, et il fallut toute la fermeté, mêlée de douceur, de l'illustre intendant du dix-huitième siècle pour modifier leurs chères habitudes.

L'église cathédrale Saint-Étienne, dominant l'amphithéâtre où se groupe la vieille cité, est achevée depuis peu, mais elle présente de belles parties anciennes, renferme d'éclatantes verrières, des tableaux sur émail qui sont les chefs-d'œuvre du genre, de fastueux mausolées d'évêques, entre autres celui de Jean de Langeac, grand aumônier et ambassadeur de François Ier, que recommandent les frappantes *Visions de l'Apocalypse*, représentées dans une série de bas-reliefs de la plus fine exécution.

Digne prélat d'une cour artiste, véritable grand seigneur de la Renaissance, ce Jean de Langeac a doté son église métropolitaine d'un jubé monumental, du style le plus élégant. De gracieuses figures de femmes personnifiant les vertus théologales et cardinales y garnissent des niches dentelées ; une balustrade à jour où l'on monte par un double escalier le couronne ; il est orné de médaillons et, singularité fréquente au seizième siècle, plusieurs bas-reliefs interprétant *les Travaux d'Hercule* décorent avec des mythologies le meuble chrétien.

Aux environs de Limoges, Solignac, où florissait une abbaye fondée par saint Éloi, conserve une église dallée de tombeaux et tout un trésor d'objets d'art et de piété ; Chalusset dans un site rude, imposant, étale les ruines grandioses du château-fort des comtes de Limoges ; et Pierre-Buffière, domaine patrimonial des Mirabeau avant 1789, montre la maison où naquit Dupuytren, dont la statue s'élève au milieu de l'humble village.

CHAPITRE XI

L'ANJOU

En flânerie dans le petit village de Candes, sur la frontière de la Touraine et de l'Anjou, nous admirions son antique église où saint Martin fut inhumé, quand on nous avertit que la diligence allait passer à Montsoreau. Il se peut que vous ne connaissiez pas Candes, mais vous avez certainement ouï parler de Montsoreau, ne serait-ce que dans le merveilleux roman d'aventures d'Alexandre Dumas. L'un et l'autre, en bordure de la rive droite de la Loire, et proches voisins, ne sont pas à dédaigner. Si Montsoreau a son château sur lequel les paysans font de bien étranges récits, Candes a son portail roman, exquis et singulier, tout percé d'arcatures byzantines garnies de statues, et couronné de mâchecoulis, comme une forteresse.....

La diligence approche. Donnons un regard au seigneurial édifice de la Renaissance, que les cultivateurs et les vignerons se sont partagés à l'amiable, appropriant le mieux possible à leur usage les salles, les tourelles et le donjon, sans trop détruire les enjolivements du seizième siècle, et..... en route pour l'abbaye de Fontevrault.

La voiture monte, puis descend les versants d'une colline de tuf crayeux. L'abbaye est au fond de la vallée, dans une plaine fertile, dans un site sévère. Là, tout au commencement du douzième siècle, vint se fixer avec ses disciples, hommes et femmes, touchés d'une immense ferveur, l'illustre homme de Dieu Robert d'Arbrissel. Beau, éloquent, intrépide, il avait jusqu'alors, sans cesse et partout, prêché aux barbares oppresseurs comme aux victimes résignées de ces temps de misère, la charité, la paix, l'amour du prochain, la pitié pour les faibles : las de ses prédications errantes, il voulut créer un établissement stable, où sa parole fût recueillie et son exemple consacré. Lui-même traça la règle de l'abbaye de Fontevrault. Il la composa de religieuses et de moines, qu'il plaça, suprême leçon ! sous l'unique autorité spirituelle et temporelle d'une femme, d'une abbesse souveraine, instituant de la sorte la suprématie de la grâce sur la force. Et il mourut, plein de confiance dans la bonté de son œuvre chevaleresque, au milieu des siens, en 1117. Longtemps, dit-on, ses reliques opérèrent des miracles.

TOUR D'EVRAULT DE L'ABBAYE DE FONTEVRAULT

Comblée de biens, respectée par les grands, dirigée

souvent par des princesses de sang royal, l'abbaye prospéra. En 1790, c'était encore un des premiers monastères de la France. D'ailleurs, pas n'est besoin de le savoir, on le devine à découvrir son enceinte, l'ample vaisseau, les tours bistrées de son église, les larges toits de ses bâtiments claustraux. Tout cela a grande mine : ce n'est pourtant que le décor, la livrée d'une vulgaire maison de détention. Depuis longtemps le célèbre asile ne recueille plus les âmes fatiguées ou peureuses du monde qui venaient jadis y abdiquer leur liberté, mais il reçoit, pour les garder à l'étroit, celles qui, de cette liberté garantie par le Code, font un usage par trop naïf.

L'abbaye, transformée en prison, n'est pas méconnaissable, garde son caractère d'austérité nue, glaciale. Dans les vastes pièces voûtées en ogive et soutenues par d'énormes colonnes, où les condamnés dorment ou travaillent, les sculptures transparaissent sous la couche de chaux des badigeons, les palmes se déploient, les monstres qui symbolisent le Péché grimacent hideusement. Le cloître du douzième siècle, sous ses arcades élégantes, en partie refaites par l'abbesse Renée de Bourbon, sœur de François Ier, dans le style de la Renaissance, pourrait encore abriter les récréations des religieuses. La salle capitulaire, où le directeur de la geôle établit son « prétoire », a conservé ses fresques murales, peintures mystiques peuplées de personnages réels, et le chapitre trouverait tout naturel d'y tenir conseil. Quelques changements suffiraient pour remettre le réfectoire dans son premier état, et la tribune, où la lectrice édifiait les sœurs pendant leurs repas, n'a pas été dérangée. Il n'est pas jusqu'à l'énigmatique tour d'Evrault, semblable à une énorme cheminée baroque, papelonnée d'écailles, qui ne soit toujours là, intacte, béante, et propre à l'usage de la cuisine, si toutefois cet usage était le sien, comme le présument messieurs de l'archéologie.

L'église, seule, a été en partie sacrifiée. On en a retranché la nef, convertie en dortoir pour les malandrins. Il lui reste le chœur, son transept, et ses tours d'un beau style, simple et vigoureux. Dans le transept, un grillage préserve de toute profanation ce qui subsiste des tombeaux de Henri II Plantagenet, roi d'Angleterre, comte d'Anjou, et de sa femme Éléonore de Guienne, de Richard Cœur-de-Lion, et d'Isabeau d'Angoulême, femme de Jean-Sans-Terre : quatre statues polychromes, l'une en bois, les autres de pierre, couchées, mains jointes, rigides, impérieuses, — et, comme dit Malherbe, des âmes des puissants défunts — « faisant encore les vaines..... »

De Fontevrault, si la diligence consentait à nous emmener plus loin vers l'Occident et le Midi, nous irions peut-être à Montreuil-Bellay, plein aussi des œuvres du moyen âge et que domine un si élégant château du quinzième siècle ; à Loudun, vieille et curieuse patrie du pauvre Urbain Grandier. Nous irions visiter les ruines de l'abbaye d'Asnières, et Douce, et Doué, anciens lieux féodaux. Nous pénétrerions à fond dans cette contrée de granits, de roches feldspathiques, abondamment arrosée, coupée de ravines, semée de bois, de taillis épineux, cachettes et embûches redoutables des guerres vendéennes, dont l'aspect si particulier nous expliquerait le caractère moral des habitants, leur révérence pour le passé, leur attachement aux vieilles coutumes, leur méfiance instinctive des nouveautés. Mais quoi? Paysages et mœurs, nous les retrouverons pareils dans presque tout l'opulent Anjou, province de l'ancienne France, encore distincte sous l'étiquette départementale. Terre magnifiquement agricole, riche par la grande propriété, terre d'Aristocratie et d'Église, où foisonnent couvents et châteaux, et que lentement conquiert, amène à soi, l'esprit industriel et positif du siècle !

Donc nous partons pour Saumur, et suivons la Loire. Large, comme ne l'avons pas encore vue, ayant, d'une rive à l'autre, deux à trois mille mètres, elle étincelle aux premiers rayons du soleil. De légères buées roses flottent à sa surface. Semblables à des collines d'azur, les îlots boisés montent du sein de l'eau vermeille.

Au delà, vers le Nord, les cultures s'étendent sans bornes, tandis que, près de nous, des coteaux blanchâtres limitent l'horizon. Comme dans la vallée du Vendômois, ces coteaux de tuf calcaire sont habités, et des chaumières s'y étagent, par groupes hasardeux, entre des vignes et des vergers, et, çà et là, le clocher d'une église, la tourelle d'un manoir. N'allez pas imaginer que les hôtes de ces cavernes soient pauvres : la plupart y vivent aussi bien à l'aise qu'au frais. On vous citera tel hameau, ainsi perché, dont tous les naturels, enrichis par le commerce des fruits confits, sont propriétaires, capables d'établir

DOLMEN PRÈS SAUMUR

brillamment leurs garçons et de copieusement doter leurs filles. Mais ils ne *paraissent* pas !

Saumur est, ma foi ! une jolie ville, de celles que nous aimons, où le passé et le présent, représentés l'un et l'autre comme ils doivent l'être, celui-ci par le confortable, celui-là par la *ligne* pittoresque, s'unissent dans un tableau original et coquet.

Sur le quai, près d'un menu square et d'un théâtre, bâti comme l'Odéon, un hôtel de ville ancien étale sa jolie façade à créneaux, fleurons, aigrette, tourelle et campanile. Aux encoignures de rues spacieuses comme des boulevards, se dressent des tours gothiques. Plusieurs clochers d'églises piquent leurs flèches au-dessus de bicoques surannées et de commodes habitations modernes. Les paisibles maisons bourgeoises, les cafés

NOTRE-DAME DE NANTILLY, A SAUMUR

bruyants, les grands hôtels, les magasins achalandés se touchent. Le mouvement et les fanfares de l'École de cavalerie retentissent, des sabres traînent sur les pavés, des chevaux caracolent, des manèges tournoient, — et comme un bonnet de nuit, parfaitement maussade, le château-fort des douzième et treizième siècles, plat et rébarbatif, élève, un peu à l'écart de cette animation, ses tours et ses bastions carrés, taillés en arêtes vives.

Ce château-fort, vous savez qu'il fut célèbre aux temps de l'amiral de Coligny, de Marie de Médicis et des Vendéens. Assiégé par les uns, repris par les autres ; il essuya mainte arquebusade : vous n'y verriez pourtant que des canons rangés en ordre didactique, et des poudrières soigneusement gardées. Dans certaines occasions, la pétulante jeunesse de l'École va réfléchir à l'ombre de ces murailles historiques, sur les inconvénients de l'indiscipline ; mais que vous importe ? Vous préféreriez, sans doute, admirer de belles tapisseries du quatorzième siècle, du plus naïf dessin et des plus chaudes couleurs : scènes et légendes des croisades, poèmes

ÉGLISE SAINTE-EUSÈBE, PRÈS SAUMUR

de chevalerie, développés en plusieurs grandes pages, avec une verve exubérante, un étalage éblouissant de costumes. Ces rares tapisseries sont en la curieuse église de Notre-Dame de Nantilly, où Louis XI avait un oratoire.

De Saumur à Angers, combien de fois, pour tout voir, on s'arrêterait sur la route jalonnée de ruines intéressantes, d'édifices singuliers ; il faudrait souvent même la dépasser. Près de la grande Loire, plus majestueuse, plus ample à mesure qu'elle approche de l'Océan, et comme une traîne d'épousée, déployant sa robe verte et jaune, un humble village, Trèves-Cunault, élève une église digne d'une capitale, sculptée, peinte, construite dans le meilleur style roman. Un autre, Gennes, expose un menhir, des dolmens, et ce qu'il reste d'une cité florissante pendant la domination romaine et le moyen âge : les vestiges d'un théâtre, d'un aqueduc, d'une salle de bains, d'un donjon. Un peu à l'Est, Beaufort est encore un gros bourg tout féodal, et Baugé, dans son vieux château sans faste, enferme un bel escalier des beaux jours du roi René, roi — sans royaume — de Naples et de Sicile, et duc d'Anjou, l'homme assurément le plus populaire de toute la région, immortalisé par ses bienfaits, son goût pour les beaux-arts, la poésie, la gaie science !

Mais le voilà devant vous, le bon René, roi des derniers troubadours et des derniers chevaliers : Debout, en bronze, couronne en tête, ayant d'un côté son épée, de l'autre son armet, dans une attitude de héros de roman, ou de romance, les yeux fixés sur sa bonne ville d'Angers, le dos tourné à son formidable château. Il se dresse sur un triple socle, dans lequel sont insérées, en douze niches, autant de petites statuettes de bronze représentant les héros et les souverains de l'Anjou, de-

ÉGLISE DE CUNAULT

puis Dumnacus, adversaire de César, et Roland, neveu de Charlemagne, jusqu'à lui-même. Ces statuettes sont d'une finesse charmante, ce qui n'empêche pas l'œuvre entière, lourde et légèrement ridicule, de produire un effet mesquin. Elle est pourtant signée David d'Angers, mais le grand artiste avait peut-être rêvé, proposé tout autre chose.

La première fois que nous avons vu le château-fort

d'Angers, il nous est arrivé de regretter la Bastille !
La lune brillait. Sur les bords de la Maine, dont
les eaux profondes battaient jadis le pied de ses murailles, l'énorme édifice s'élevait, noir comme l'encre,

CHATEAU D'ANGERS

sous le ciel lumineux. Et c'était beau, ce farouche, ce
puissant colosse de pierre, avec ses dix-sept tours
montant des fossés, ses courtines, ses portes envoûtées,
semblant veiller sur la cité endormie, et par ses rares
meurtrières, pareilles à des yeux, observer, guetter au
loin ! Un tel monument, c'est le cachet même d'une
ville, une page de son histoire, que rien ne peut remplacer. Oui, la Bastille, gardée comme un témoin de

ce qui fut, la Bastille, près de la Seine, au-dessus de Paris, c'eût été plus beau que la colonne de Juillet et plus imposant que Mazas!

ÉGLISE DE LA TRINITÉ, A ANGERS

Comme le monstre ne recèle dans ses flancs que de la poudre et des canons, il est superflu d'y entrer. Une élégante chapelle intérieure, bâtie par Yolande d'Aragon, a même été arrangée en salle d'armes. Cependant, à gravir la tour du Moulin, demeurée la plus haute du chastel de Philippe-Auguste et de Louis IX, si l'on éprouve quelque peine, on gagne le plaisir très vif d'embrasser dans toute son étendue, qui est vaste, l'ex-capitale de l'Anjou, ville diverse, vieille et moderne, élégante et décrépite, nullement banale. Elles nous plaisent, ces grandes perspectives qui font contraster et valoir les uns par les autres les éléments distincts, les âges successifs dans une cité ancienne.

Regardez. En haut d'abord. Des flèches, des tours, blanches ou sombres, neuves ou « patinées », car, centre d'une aristocratie attachée aux croyances catholiques, Angers, aux nombreuses églises que lui a léguées le passé, en ajoute sans cesse de nouvelles. La Trinité, Sainte-Thérèse, Saint-Jacques, sur la rive droite de la Maine, dominent le faubourg où l'École des arts et métiers occupe les bâtiments de l'abbaye du Ronceray. Sur la rive gauche, à l'extrémité du pont de la Basse-Chaîne, que vous signale une tour basse, plongée dans l'eau comme une bouée géante, Saint-Serge, reste d'une fameuse abbaye de bénédictins, fondée au septième siècle par Clovis II, carre lourdement son massif clocher. Près de vous, parmi les rues confuses de la vieille ville, la cathédrale Saint-Maurice élance les deux aiguilles de son portail. Puis ce sont, resserrés dans les maisons ou bâtis au large dans les faubourgs, Saint-Martin, édifié par les soins de l'impératrice Hermangarde, femme de Louis le Débonnaire, Saint-Laud, Saint-Joseph, la Madeleine, l'Oratoire, Sainte-Thérèse. Débris d'une riche abbaye disparue pendant la Révolution, la tour Saint-Aubin s'encadre entre deux magasins, pendant

RUINES DE L'ABBAYE DE TOUSSAINT, A ANGERS

que luisent au soleil les chapelles des florissantes communautés religieuses modernes : Jésuites, Pères de l'Adoration, Franciscains, Augustins, Dames du Bon-Pasteur, Sœurs de la Retraite.....

Plongez au-dessous des édifices dominateurs, en deçà de la Maine, dans la vie. Là est Angers, tel qu'il devient, tel qu'il sera. Ville grandissante, agglomérante, sa physionomie traditionnelle de ville noire, obscure, surannée, mue de jour en jour, s'éclaircit, s'égaye. Des boulevards ombreux, de riches hôtels, des cercles luxueux, des squares, des pépinières, enserrent la curieuse cité des comtes ingelgériens et des ducs d'Anjou, et dans celle-ci la pioche perce et taille hardiment. Rues humides, habitations malsaines, reculent devant la conquête de l'air et de la lumière. Des places s'élargissent, des voies s'agrandissent. Le long des chaussées neuves, presque à vue d'œil, comme dans la Salente de Fénelon, se haussent des maisons en pierres de taille. Aux logis pittoresques ou charmants d'autrefois, maisons de bois du moyen âge, hôtels de la Renaissance, se joignent les élégantes architectures modernes. Et dans le voisinage de l'hôtel de Pincé, du logis Barrault, du logis Adam, les façades du théâtre, du Cercle d'Angers, de l'hôtel des Postes, ont encore aimable et bonne figure!

Pénétrons dans la ville. Ayant vu l'ensemble, passons aux détails : il en est de séduisants, qui font infiniment honneur au sens artiste des Angevins.

Rue Toussaint, derrière une grille dont la clef se trouve aisément, une longue rangée d'arceaux gothiques, brisés, délabrés, mêlant à des arbres grêles leurs fluettes colonnes, enlaçant leurs sculptures aux caprices des branches et remplaçant la voûte de pierre tombée par une nef de feuillage que chaque printemps dresse plus haute et plus touffue : voilà un délicieux paysage de ruines, comme Hubert Robert n'en soupçonnait pas. Contre les piliers noircis, sous l'ombre verte des rameaux, des statues, des mausolées aux inscriptions séculaires, mettent leurs blancheurs spectrales. Tout un musée archéologique et lapidaire s'abrite dans ces vestiges d'une abbaye renommée.

Nous sommes bien près du logis Barrault, demeure ancienne des maires, des gouverneurs, où beaucoup de rois, de princes, leurs hôtes, ont séjourné et d'où Marie de Médicis gouverna la province. Ce bel hôtel fut construit à la fin du quinzième siècle, par un trésorier de Bretagne, qui se piquait d'imiter le faste de Jacques Cœur. Il renferme aujourd'hui un très beau musée de peinture, où toutes les écoles ont quelque chef-d'œuvre ; le cabinet d'antiquités égyptiennes, grecques et romaines, légué par le comte Turpin de Crissé, et surtout la collection complète — originaux ou moulages — de l'œuvre immense de David d'Angers. Le grand sculpteur est là, tout entier, représenté par un nombre vraiment extraordinaire de groupes, de bas-reliefs, de statues, de médaillons, en bronze, en marbre, en plâtre. Colossal labeur! Eblouissante fécondité! Merveilleuse puissance du maître que le poète a chanté :

> Oh ! ta pensée a des étreintes
> Dont l'airain garde les empreintes,

> Dont le granit s'enorgueillit !
> Honneur au sol que ton pied foule !
> Un métal dans tes veines coule ;
> Ta tête ardente est un grand moule
> D'où l'idée en bronze jaillit !

Et cependant, — pourquoi ne pas le dire ? on admire sans enthousiasme la production d'un génie volontaire, mais factice, tendu continuellement vers le sublime et se heurtant sans cesse à l'emphase, moins expressif et grand que roide et guindé, plus curieux, dans ses vastes compositions, de légende que de vérité, de poésie conventionnelle que de poésie vraie, plus idéaliste qu'humain, et poncif que créateur. Ses personnages, ses héros sortent trop de la nature : ce sont des demi-dieux, en costumes historiques, dont les combats, les souffrances et même les vertus nous sont indifférents. Hélas ! enfant du romantisme et du vague républicanisme de 1830, la pensée du généreux David n'a souvent étreint que le vide des mots sonores, et déjà, l'âme fugace des idées éphémères abandonnant les êtres plastiques qu'elle devait animer éternellement, ils gisent dans ce musée, à jamais glacés dans leur chair morte de marbre, de bronze ou de plâtre.

Mais quand ce génie veut bien consentir à n'avoir que du talent, laissant là les héros, la Révolution et la fraternité des peuples, s'il lui plaît d'immortaliser les traits de ceux qu'il voit vivre autour de lui, dans la gloire et la réputation, oh ! comme alors il est bon, simple, co-

CATHÉDRALE SAINT-MAURICE, A ANGERS

quet et fidèle observateur de la nature ! Ses bustes, ses médaillons sont admirables de finesse, de vérité, d'expression.

Angers a réuni ses antiquités locales dans un musée distinct où nous irons, s'il vous plaît, par le chemin des artistes, qui doit être beaucoup plus long que les autres, y compris celui des écoliers. Ces zigzags à travers la ville nous permettront de voir, en passant, une série de belles arcades romanes, bordant la cour de la préfecture, où elles étaient depuis plus d'un siècle emmurées dans l'édifice moderne, quand le coup de pioche d'un maçon les rendit soudainement à la lumière. Tout en est admirable : les étranges sculptures de leurs archivoltes byzantines, les personnages et les monstres apocalyptiques de leurs chapiteaux, les losanges et courbes serpentines de leurs piliers accouplés, et des fresques religieuses qu'on s'est empressé de recouvrir d'un vitrail. Ces arcades précieuses sont les vestiges du cloître de l'abbaye de Saint-Aubin ; les plus anciennes paraissent remonter à la fondation de l'abbaye par Childebert.

On arrive à la cathédrale par les rues étroites de la ville haute, dont une, singulièrement escarpée, calme et vieillotte, encadre fort bien sa haute et maigre façade. Ce n'est pas un monument d'une irréprochable unité. Bâti à diverses reprises, du onzième au seizième siècle, l'ogive s'y frotte au roman, et les ordonnances classiques d'un élève de Philibert Delorme, Jean de Lépine, semblent assez mal placées entre les deux, dans une tour centrale un peu lourde. Mais de charmants détails compensent ces défauts. La porte est peuplée de personnages bibliques finement drapés, campés avec aisance et gravité dans la dentelle des niches. Au-dessus du premier étage, sous huit dais ciselés à jour, se dressent huit colosses : Huit guerriers du seizième siècle, armés de pied en cap, comme autant de Bayard et de Montluc, passablement revêches, mais très nobles dans leurs différents costumes, et si fièrement posés, dans un tel relief, qu'on ne saurait, les ayant vus, penser à Saint-Maurice d'Angers sans se rappeler leurs truculentes effigies.

L'intérieur ne manque pas de majesté. De ravissantes verrières éclairent la nef et le chœur, et l'on s'amuse, si on ne l'admire pas, d'un buffet d'orgues construit sous Louis XV, morceau d'ébénisterie chantournée, bistournée et tarabiscotée du genre rococo le plus fantasque.

Le large palais épiscopal, près de l'église métropolitaine, comprend quelques parties intéressantes : une salle synodale de la fin du onzième siècle, une chapelle du style roman. Sa bibliothèque, de quarante mille volumes, est publique, et nous y avons admiré un bijou d'un prix inestimable, le livre d'Heures du roi René, manuscrit orné de miniatures dignes d'être attribuées à Jehan Fouquet.

Sur la rive droite de la Maine, à l'entrée du faubourg nommé la Dartre, un square ombrage les arcades du cloître édifié par les soins d'Henri II Plantagenet pour les religieux de l'hôpital Saint-Jean. Magnifique reste de cet hôpital, une grande salle ogivale renferme le musée archéologique : beaucoup d'objets assurément curieux, mais un peu mêlés : vestiges de bains romains, mosaïques, étoffes, chapes, armures, statues funéraires, un buste de Ménage, qui naquit à Angers, des momies d'Égypte, des bibelots de la Chine, du Japon... Ces vénérables antiquailles gagneraient à être classées.

Deux bourgades, aux alentours d'Angers, sollicitent au moins une excursion; on ne peut se flatter de connaître la ville, à moins de les avoir visitées. Ce sont : Trélazé, centre des ardoisières, et les Ponts-de-Cé. Des voitures en station permanente sur le joli boulevard des Lices, rendez-vous ordinaire de flânerie endimanchée, se chargent de vous y conduire. On traverse une ou deux lieues de pays plat, sans rencontrer la campagne, Angers se répandant en d'interminables faubourgs, remplis par des cottages, des jardinets, des pépinières de fleurs, des filatures de laine et des manufactures de toiles à voiles, celles-ci fort importantes et composant sa principale industrie.

Les Ponts-de-Cé, c'est la Loire, immense comme un bras de mer, parsemées d'îles, assoupie, basse, presque immobile, secondée par le canal de l'Authion, et traversée d'une suite de ponts ayant ensemble cent neuf arches. Du long des rives, se perd un vaste paysage, aux lignes effacées, parsemé de rares bouquets de bois, qui ressemblent à des buissons de roseaux ; on dirait d'une plage sans fin avec des groupes épars de cabanes de pêcheurs.

Au bord de la plus grande île, un château-fort, œuvre

CHATEAU DES PONTS-DE-CÉ, PRÈS ANGERS

du roi René, précède le bourg ; il est solide encore, malgré les cicatrices qu'il reçut des combats livrés ici, en 1620, par les troupes royales de Créqui aux partisans de Marie de Médicis, et, en 1793, par les armées de la Convention aux bandes vendéennes. Mais, on peut nous en croire, ce ne sont point ces belliqueux souvenirs, qui préoccupent les Angevins, dont les Ponts-de-Cé sont la promenade préférée, la partie fine. Pourvu que la *bouilleture*, ou matelote de tanche et d'alose, qu'ils s'empressent en arrivant de commander à l'auberge favorite, soit succulente, ils n'en demandent pas davantage. C'est à peine s'ils daignent regarder en passant au-dessus du fleuve l'énorme statue, par David, du héros Dumnacus, qui défendit, aussi à cette place, l'indépendance de leurs ancêtres, les Andes, contre Jules César. Encore vont-ils parfois terminer la journée par une visite au beau château voisin de Brissac.

... Trélazé! Là, nul prétexte à rire. Point de verdure, d'onde pure, de bouilleture. Une terre sèche, dépouillée, torturée par la pioche et la mine qui la creusent sans relâche pour atteindre aux gisements du schiste tégumentaire. Des ravins et des mamelons, poudrés à noir et macadamisés d'ardoises. Sur les mamelons, des échafaudages de puits d'extraction, par où descendent les mineurs à l'aide d'échelles ardues, ou dans les *bassicots* — sortes de caisses pareilles aux bennes des houillères. Nul spectacle plus maussade.

L'exploitation des ardoisières, assez peu compliquée, n'offre rien non plus de très palpitant. Mais sur la sombre couleur brillantée du tableau tranchent les nuances chaudes des excavations aux parois jaunes et pourprées, taillées à vif dans les couches de marne et d'argile. Deux à trois mille hommes vivent dans ce pays noir, tant bien que mal, avec des salaires de trois ou quatre francs. Les uns — *ouvriers d'à-bas* — acceptent le travail souterrain, les autres — *ouvriers d'à-haut* — sont occupés, sous les minces abris de paille appelés tire-vents, à l'effeuillement des ardoises. Un petit nombre, depuis longtemps fixés dans le canton, ont des maisonnettes : la plupart habitent l'auberge et le cabaret. Population de pauvres, qu'un labeur mécanique rend fatalement moroses et l'alcool facilement colères!

... Maintenant, s'il vous plaît de voyager au nord du bassin de la Loire, dans les contrées de bas plateaux arrosées par les affluents de la Maine : Mayenne et Sarthe, vous le pouvez. D'Angers, la route est droite et commode. Dites adieu aux grands paysages créés par le grand fleuve; vous n'en verrez plus de semblables, mais une campagne lentement montueuse, grasse et verte, des rives fraîches et touffues, des aspects précurseurs du pays normand — car vous approchez de la patrie du cidre — et aussi de vieilles villes, qui n'ont plus, maintes guerres les ayant dépouillées et l'industrie les transformant, que des lambeaux de leur passé.

Reconnaissez, dans les grosses tours en briques et pierres de Durtal, les restes du château des Schomberg. La Flèche vous montre les sévères bâtiments du collège donné par Henri IV aux Jésuites et devenus Prytanée militaire. Sablé accole à des tours féodales un château du dix-huitième siècle habité par les ducs de Chevreuse et de Chaulnes. A moins d'une heure de Sablé, les bénédictins de la moderne abbaye de Solesmes, accueillants comme leur devanciers, vous permettent d'admirer les œuvres pieuses, et d'un art ex-

MOULIN SUR LA SARTHE (ENVIRONS DU MANS)

quis, que renferme leur église : une *Sepulture du Christ*, une *Sépulture de la Vierge*, une *Pâmoison de la Vierge*, un *Martyre des Innocents*, groupes et bas-reliefs, où des artistes du commencement de la Renaissance ont, avec un rare bonheur, exprimé la suave poésie des Évangiles.

Le Mans!... Vous ne l'ignorez pas, sans doute, l'antique cité des *Aulerci-Cenomani*, la capitale du Maine, des chapons, et des poulardes, change à vue d'œil; ou plutôt un autre le Mans se fonde, s'établit et s'embellit de jour en jour, en face de la gare et au pied de l'ancien, qui moisit dans ses rues étroites, sur la colline. Celui-ci nous intéresse seul; nous gravirons volontiers ses voies obscures et tortueuses. On y retouve, en cherchant bien, les restes de l'enceinte gallo-romaine mêlés aux remparts du moyen âge. Il est plein de maisons singulières bordant la Grand'Rue, les rues Dorée, du Doyenné, Saint-Pavin, de la Porte-Sainte-Anne, de Gourdaine. Aux alentours de la cathédrale, un quartier vieillot, silencieux comme un cloître, avec ses logis de chanoines, aux portes basses et percées de judas, aux fenêtres grillées, aux façades sculptées, vous transporte plusieurs siècles en arrière, au temps de la puissance absolue et toute féodale de l'Église.

La cathédrale Saint-Julien s'élève au sommet de la colline, entre les paisibles quinconces de la promenade des Jacobins. Elle est énorme, irrégulière, romane et gothique; mais le chœur, ouvrage du treizième siècle, en est superbe. Dans ce chœur, éclairant les treize chapelles rayonnantes et les étages supérieurs, d'inestimables vitraux, où des nobles, des dames, des prêtres, des gens de métier élus par leurs corporations, figurent, en qualité de donateurs, au-dessous des scènes religieuses représentées, sont comme autant de tableaux d'histoire locale. Plus d'un tombeau illustre s'abrite sous les voûtes; les noms de la reine Bérengère, de

Charles IV, comte du Maine, et du protecteur de maître Rabelais, le bon seigneur Guillaume de Langey du Bellay, se lisent au-dessous de leurs effigies respectées.

Savez-vous qu'un des chanoines de Saint-Julien fut, au dix-septième siècle, le joyeux Scarron? Sa demeure existe encore place Saint-Michel. C'est pourquoi, non peut-être sans malice, le poète du *Roman comique* introduisit dans sa ville prébendière la troupe de comédiens nomades dont il raconta les burlesques aventures.

Vous vous rappelez en quel équipage extraordinaire ces héros de théâtre abordent la cité des poulardes, et l'accueil ébouriffant qu'ils reçoivent, et les importants messieurs qui les hébergent, et les badauds ridicules empressés à dételer leur chariot dramatique..... Le vieux Mans n'a pas autant changé qu'on l'imaginerait, depuis Scarron, et se peut reconnaître encore, sans lunettes, choses et gens, au portrait qu'il en a tracé. Logis enfumés n'y manquent pas, ni les originaux, ni les grotesques. Regardons-les. En descendant vers les quais de la Sarthe, encore assez étranges, peut-être verrons-nous dans l'hôtel de la Galère, dont la physionomie surannée est aussi toute bienveillante, l'hôtellerie où dînaient « à la mode du Mans », c'est-à-dire « faisoient fort bonne chère », tous les gens de la troupe immortelle : MM. la Rancune, Destin, Léandre, Mlles de la Caverne et de l'Étoile, la société du prévôt de la Rapinière, de l'avocat Ragotin et autres plaisants farceurs et prétentieux bourgeois provinciaux dont la race est toujours bien vivante.

Vous ne quitterez pas le Mans sans avoir visité son musée de peinture qui en contient d'excellentes, et son église de la Couture, où sont appendues aux murs de la nef six toiles de maître, dont une, le *Sommeil d'Élie*, par Philippe de Champaigne, est peut-être le chef-d'œuvre de cet artiste.

Et puis, vous irez dans les environs, aux collines d'Yvré-l'Évêque, au plateau d'Auvours, à Pontlieu, explorer l'immense champ de bataille, où vint, dans un suprême effort, expirer la fortune de la France! Souvenez-vous, c'était le 12 janvier 1871. Pour notre part, nous n'oublierons jamais cette journée lamentable : l'armée, débordée par les masses allemandes plutôt que vaincue, s'écoulant en désordre, comme un fleuve houleux, tumultueux, par les routes de Laval et d'Alençon. Aux angles de ces routes, des spahis, des chasseurs d'Afrique, montrent du geste aux soldats débandés l'itinéraire de leur régiment, le chemin de leur drapeau. Les généraux passent consternés, la tête basse. L'artillerie, le train des équipages abandonnent canons et caissons. Les tristes voitures d'ambulance exhalent les gémissements des blessés, et des gendarmes, la carabine en arrêt, reculent, en faisant face à l'ennemi, protègent et défendent la retraite, victimes dévouées et presque inévitables de la déroute.

Plus d'un monument funèbre rend hommage à nos courageux vaincus.

Parmi les villages où s'arrêter, sur la route de Laval, nous citerons de mémoire : Sillé-le-Guillaume, Évron, Montsurs; ils ont de belles églises ou de vieux châteaux; Sainte-Suzanne, un peu à l'écart, conserve sa forte enceinte du moyen âge.

Comme au Mans, deux villes distinctes, l'une entièrement féodale, l'autre toute moderne, celle-ci blanche et fraîche, celle-là grise et morne, composent Laval. La Mayenne coule entre les deux, séparant la première groupée sur un coteau, de la seconde, étalée dans le val. Et c'est un joli paysage : la transparente rivière réfléchissant les claires maisons neuves, les vieilles masures et les noirs édifices, mêlés dans son onde, soulignant d'un trait lumineux et mobile le contraste de l'élégance et de la rudesse.

PORTE BEUCHERESSE, A LAVAL

De ce tableau saisissant, le château et le donjon, au sommet du coteau, sont les points saillants et seuls dignes d'intérêt. On imaginerait difficilement des murailles plus épaisses et plus rébarbatives. Mais, pour la joie des yeux, deux étages de hautes fenêtres, du plus pur style de la Renaissance et du plus orné, s'épanouissent sur la façade intérieure de cette lugubre résidence des comtes de Laval, judicieusement transformée en prison.

Un regard, s'il vous plaît, à la curieuse *porte Beucheresse*, une visite aux églises environnantes de Prai et d'Avenières, et—sans plus courir la basse Normandie—revenons à la Loire.

LE GRANIT ET L'OCÉAN

CHAPITRE XII

D'ANGERS A NANTES — L'ESTUAIRE

Le vapeur, doucement, de son hélice et de ses aubes fouette les eaux de la Loire ; son mouvement cauteleux, peureux des enlisements dans les sables, s'harmonise à celui du grand fleuve, large, limpide et lent, pareil, avec ses semis d'îlots, à un pan du ciel marbré de nuages.

Nous allons d'Angers à Nantes.

Près des rives, une verdure intense, avivée par les affluents, les ruisseaux innombrables, jaillis des granits et des schistes, éclate par touffes sur des tons blanchâtres ou cendrés. Souvent, comme une tache d'or, s'étale la lande émaillée de genêts en fleurs ; on voit miroiter une mare stagnante sur un fond de craie. Lointainement s'estompent les hauteurs de l'Anjou, les coteaux de Chalonnes et de Saint-Georges exposant, l'un en face de l'autre, les vignobles renommés de la coulée de Serrant. Des horizons clairs et paisibles s'enfuient, d'autres, plus vastes, aux lignes fondantes, leur succèdent ; la terre semble descendre et couler avec le fleuve vers l'Océan.

On nous décrit en passant tout ce que le sillage du

bateau laisse derrière lui et dont la longue-vue nous rapproche encore.

Tenez, ces beaux ombrages, a côté et derrière le groupe de maisons de Saint-Georges, c'est le parc du château de Serrant. Ils vous cachent en partie une opulente demeure du seizième siècle, comparable pour le style, les sculptures et le grain mordoré de la pierre

LA LOIRE AU PÈLERIN (ENVIRONS DE NANTES)

aux pavillons du palais de Fontainebleau encadrant la cour de la Fontaine. Guillaume Bautru, bel esprit, soldat, diplomate et l'un des membres fondateurs de l'Académie française, fut le premier comte de Serrant. Il menait en Anjou, son pays natal, la grande existence dont la beauté du domaine peut donner l'idée. Son fils, Nicolas, mourut jeune aux armées de Turenne, mais ses traits revivent, nobles et gracieux, dans une admirable statue de marbre sculptée par Coyzevox et couchée sur un sarcophage, dans la chapelle seigneuriale, édifiée par Mansart. Au-dessus du gentilhomme, ainsi immortalisé, marche sur le rehaut d'une pyramide en marbre noir, comme dans la nuit, une blanche figure de la Renommée, délicieuse et menteuse vision du dernier sommeil.

A quelque distance du château de Serrant, en ses terres de Saint-Martin de Fouilloux, a vécu et est mort dans la retraite le célèbre de Falloux, haute et complète personnification de l'esprit aristocrate et religieux de la province.

Un peu plus loin, sur un roc, ces tours énormes, crevées, en écharpe et que rattachent l'une à l'autre des murs démantelés, ce sont les ruines de Champtocé, les ruines maudites du chastel où l'abominable Gilles de Laval, maréchal de Raiz, longtemps attira de petits enfants et des vierges, dont goutte à goutte, en des caveaux sourds, il tirait le sang vermeil, et le distillait, suivant les formules alchimiques et les abradacabras du grand œuvre, pour composer l'élixir de longue vie, l'eau de Jouvence et d'amour éternels..... Il avait, à son rêve atroce, sacrifié on n'a pas su combien de jeunes victimes, lorsqu'il fut, l'an 1440, pendu et ensuite brûlé sur la grande place de Nantes.

Encore un rocher, sur la rive gauche du fleuve, droit, à pic, vraiment pittoresque avec sa couronne de remparts délabrés, ses festons de plantes grimpantes, sa terrasse bordée d'arbres, sa pimpante église. S'il vous plaît, nous nous arrêterons un instant, là, à Saint-Florent-le-Vieil. Les guerres épiques de la Vendée, les « guerres de géants », ont commencé dans ce village. Ses paysans, le 10 mars 1793, refusant d'obéir à la conscription, d'aller aux frontières défendre la Patrie en danger, chassèrent les soldats de la loi, élurent pour chef Cathelineau et, peu de jours après, le noble Bonchamps. Des tombeaux matérialisent ces souvenirs. Dans l'église, ce-

CHATEAU DE CHAMPTOCÉ

lui de Bonchamps fut sculpté par David; la statue de Cathelineau décore la chapelle d'une petite communauté religieuse. Froids simulacres, pâles évocations d'idées mortes.

Mais l'admirable paysage à contempler de la terrasse ! Un vieillard aux longs cheveux blancs, le sacristain, nous le montre, et dit : « C'était beau, plus beau que ça, en 93, quand il y avait ici, tout le long des murs, des canons pointés, chargés et crachant la mitraille sur les bleus ! »

Et pourtant, quel tableau! La Loire palpite sous le baiser du soleil couchant, ses flots embrasés ressemblent à des lames d'or, ses îlots de verdure traînent, comme des bouquets d'émeraudes, sur un lac féerique.

Sur le rivage, au loin, des collines brunissent, et l'ombre du soir les surmonte de vagues forteresses; devant nous, par la plaine infinie, des marécages, entre bois et prés, luisent comme des fragments de miroir et, çà et là, des clochers, pareils à des mâts de navire immobiles, pointent, dénombrant les villages semés comme des archipels sur l'humide et silencieuse étendue.

Dans une immense sérénité s'enveloppe le merveilleux théâtre des haines amorties et des carnages oubliés.

La nuit, devant l'auberge, spectacle dramatique.

A la lueur de quatre chandelles brûlant sur des piquets, deux pauvres cabotins, l'homme et la femme, ayant à côté d'eux leur humble chariot de Thespis, hurlent plutôt qu'ils ne récitent et beuglent plutôt qu'ils ne chantent on ne sait quelle opérette auvergnate d'Offenbach. Et les paysans, séparés des comédiens nomades par un cordon de ficelles, s'amusent énormément de leurs grimaces, rient à se tordre aux solides coups de poing qu'ils s'administrent pour animer la représentation. Nous voilà loin du temps où, la faux, la pioche ou le fusil de chasse en main, « égaillés » par les halliers, les marécages, ils allaient conquérir Cholet! Ces gens en bonne humeur ne songent guère aux exploits meurtriers de leurs aïeux. D'ailleurs, en bon terroir, s'ils ont la gaieté facile, c'est que leur vie est aisée.

Ancenis, Champtoceaux, sont d'agréable aspect derrière leurs murailles féodales, qui se confondent avec le granit des côtes : Champtoceaux, ville forte et guerrière, sous le règne des ducs de Bretagne; Ancenis, plus moderne, gentil et muet chef-lieu d'arrondissement, où l'on entendrait trotter une souris. Entre eux, nous accorderons bien une pensée au village de Liré, si mélodieusement regretté par le poète Joachim du Bellay, dans son exil de Rome :

> Quand reverrai-je, hélas ! de mon petit village
> Fumer la cheminée, et, en quelle saison
> Reverrai-je le clos de ma pauvre maison,
> Qui m'est une province et beaucoup davantage ?
>
> Plus me plaît le château qu'ont bâti mes aïeux,
> Que des palais romains le front audacieux.
> Plus que le marbre dur me plaît l'ardoise fine,
> Plus le Loire gaulois que le Tibre latin,
> Plus mon petit Liré que le mont Palatin,
> Et plus que l'air salé la douceur angevine.

..... Oudon dresse contre le fleuve son donjon octogone à cinq étages, trop neuf, trop réparé, trop peu du quatorzième siècle..... Mauves entasse ses beaux rochers à pic où sont creusés des grottes, et nous cache le beau château de la Sailleraye, dont Le Nôtre dessina les jardins..... En pleine eau, s'allongent, de plus en plus nombreuses, des îles, où les herbages des prairies encadrent des établissements industriels, et que réu-

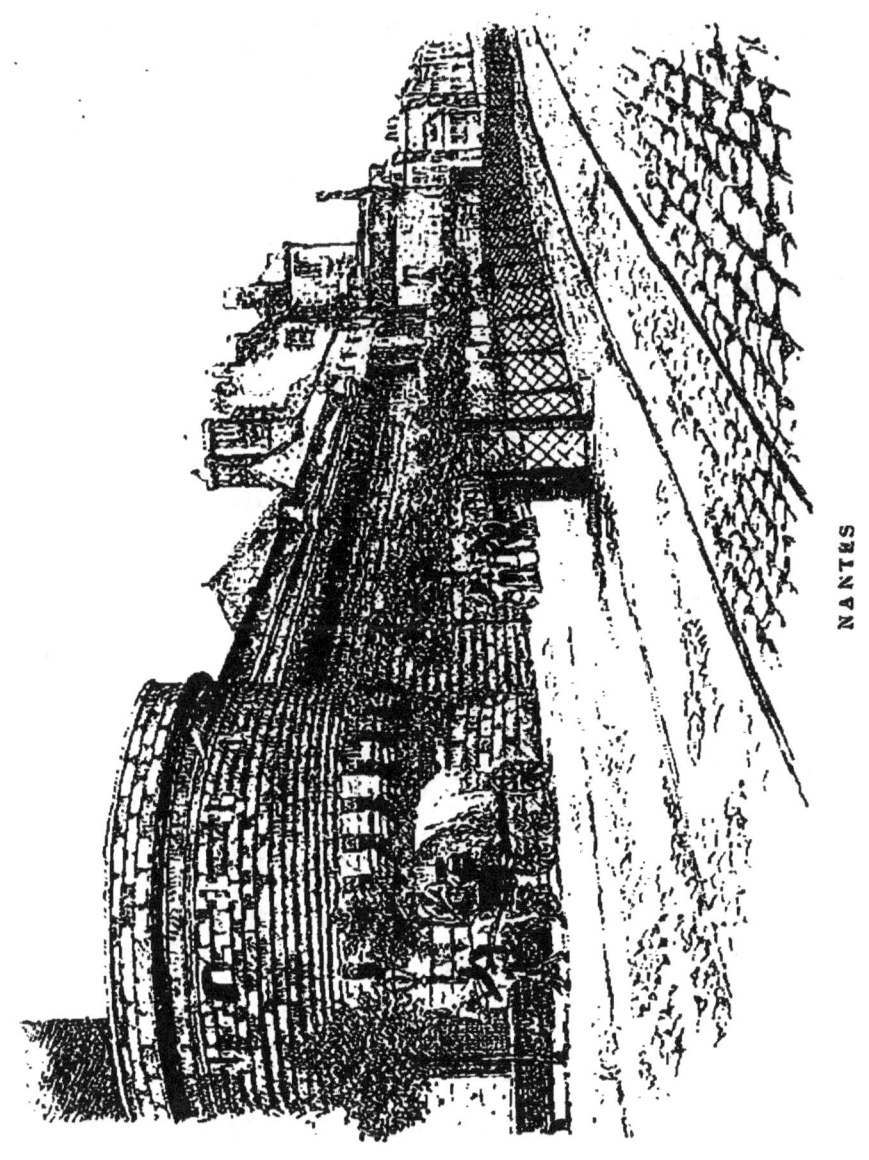

NANTES

nissent à la terre ferme des ponts et des viaducs de voie ferrée. Des canaux doublent la Loire. Une gare s'élève, puis s'aligne une rangée de quais bordés de maisons à six étages et le long desquels roulent des tramways et le railway de Saint-Nazaire.

Un port; des voiliers, des vapeurs, des remorqueurs, amarrés ou au large, une forêt de mâts, un tourbillon de fumée; des ateliers, des chantiers de construction, des magasins, des raffineries, des fabriques de conserves; un peuple de négociants, de commis, de matelots, de débardeurs et d'ouvriers allant, venant, sans presse, sans heurts, avec le calme de l'habitude : c'est Nantes, une grande ville maritime, dont les marins ne veulent plus.

Par-delà ces quais noircis, comme derrière un rideau fané, se croisent les quartiers élégants, vivants, d'une ville moins ancienne que moderne, assez riche pour se renouveler, s'aérer, se parer à la mode du jour. Il reste bien peu de sa physionomie d'autrefois à la cité antique des Namnètes, à la capitale préférée des ducs de Bretagne, rivale de Rennes. Des voies spacieuses ont presque partout remplacé les ruelles et les carrefours urbains du moyen âge. Les magasins, les cafés ont le brillant vernis parisien. Il faut chercher à tâtons les vestiges des remparts et les maisons curieuses. Les seuls quais de l'Erdre, coupés d'une multitude de ponceaux et flanqués de masures décrépites, semblent repousser avec entêtement les avantages du confort et les grâces de la ligne droite.

Du mouvement dans ces belles rues neuves. Le soir, finie la journée laborieuse, après dîner, procession de bourgeois, de négociants, de commis, de fonctionnaires, accompagnés de femmes en assez jolies toilettes, dans les rues Voltaire, du Calvaire, dans le passage Pommeraye, dans le cours Cambronne aux somptueux hôtels particuliers. Dix, vingt tours de promenade passés en salutations muettes, à donner et à recevoir des coups de chapeau, en médisances, en causeries d'affaires; un bruissement de pas à vous étourdir, et comme une folle jaserie d'oiseaux en volière. Chut! Dix heures sonnent à quelque horloge, et soudain, en un clin d'œil, en moins de secondes qu'il n'en faut pour l'exprimer, tout a disparu. Vide, silence et, bientôt, ténèbres.

On a vite énuméré les choses à voir d'une ville aussi « positive » : la cathédrale, le château, les musées, c'est à peu près tout, et le chemin est court des uns aux autres.

La cathédrale, édifice inachevé du quinzième siècle, n'est pas un chef-d'œuvre, mais elle renferme deux chefs-d'œuvre : le tombeau, par Michel Colomb, de François II, duc de Bretagne, et de Marguerite de Foix, sa seconde femme, et le tombeau du général de Lamoricière, de Paul Dubois. Qui ne les connaît, au moins par la gravure ou la photosculpture? Qui n'a pas admiré la suave harmonie du premier, la noblesse du second? Mais c'est à Nantes, sous la mystérieuse lumière de l'église, dans la demi-teinte des vitraux, qu'ils se revêtent d'une beauté suprême inoubliable.

Sur une tablette de marbre noir recouvrant un sarcophage rectangulaire de marbre blanc, sont couchés tout de leur long le duc et la duchesse défunts

mains jointes,
Le regard sur la voûte et les deux pieds en pointes.

A leur chevet, deux anges agenouillés semblent protéger leur sommeil; à leurs pieds, un lévrier s'appuie fièrement sur l'écusson de Bretagne. Quatre statues, chastement drapées et d'une adorable expression, debout aux angles du mausolée, symbolisent la Justice, la Force, la Tempérance et la Prudence : celle-ci présentant d'un côté la figure d'une femme délicieusement grave, de l'autre le visage sévère et pensif d'un Nestor. Sur les faces latérales, seize niches insèrent des statuettes d'apôtres et de saints, et, au-dessous, dans autant de médaillons évidés, se lamentent des pleureuses en marbre vert, dont les pieds et les mains sont en marbre blanc.

... Vêtu d'un mince linceul, un crucifix étoilant sa poitrine, comme l'unique décoration convenant au soldat chrétien entré dans la vie éternelle, le général de Lamoricière repose, étendu, sous un dais que supportent des piliers de marbre blanc et des colonnes latérales de marbre noir. Aux angles, de belles statues de bronze, assises, rappellent les vertus et les titres à la gloire du mort illustre : la Charité, la Foi, l'Histoire et le Courage Militaire ; ce dernier, sous les traits doux et songeurs d'un jeune guerrier, proche parent du sublime *Il Pensiero* de

Michel-Ange. En bas-reliefs, de ravissantes figures de petits génies expriment la douleur.

LE COURAGE MILITAIRE

Du dehors, l'ex-château ducal, flanqué de grosses

tours basses, n'est pas très imposant. Mais les hautes façades intérieures, avec leurs fenêtres, leurs portes, leurs balustrades, capricieusement disposées ou délicatement sculptées, leur élégance particulière, riche et simple, accueillante et féodale, ne manquent pas

ENTRÉE DU CHATEAU DE NANTES

d'originalité. Le « logis » nous paraît bien représenter le genre de puissance, un tantinet paternelle, exercée par les anciens souverains de la Bretagne; il répond à nos idées sur les mœurs familiales, pieuses et graves de la reine et duchesse Anne. A noter, dans la cour, la monture d'un vieux puits tout en fer forgé, façonné et pour ainsi dire chiffonné avec un art charmant.

Comme le château d'Angers, celui de Nantes est un parc d'artillerie, un arsenal de canons et de cartouches; l'Anglais même perdrait son temps et ses shellings

LE PUITS DANS LA COUR DU CHATEAU DE NANTES

à vouloir se faire montrer les chambres où furent prisonniers l'odieux Gilles de Laval, maréchal de Raiz, le surintendant Fouquet, le cardinal de Retz et la duchesse de Berry, arrêtée dans la ville même, en 1832.

A peu près vis-à-vis le château, sous les allées très ombragées et discrètes — elles ne sont plus à la mode —

BORDS DE L'ERDRE, PRÈS NANTES

des cours ascendants Saint-André et Saint-Pierre, que décore une médiocre statue de Louis XVI posée sur une mince colonne, s'ouvre un musée archéologique, où les antiquités bretonnes sont ce qu'il y a de plus rare. Le musée de peinture, en pleine ville, est riche en tableaux de l'école flamande et de l'école française. Nous y avons admiré de beaux Philippe de Champaigne, plusieurs Lancret, et des meilleurs, des plus spirituels et galants, des Watteau, un délicieux paysage de Français, des Théodore Rousseau, et, toute récente acquisition, le *Miracle de saint François d'Assise*, œuvre exquise de M. Luc-Olivier Merson, où revit, comme nous, enfants du dix-neuvième siècle, nous la comprenons, nous la sentons, la sereine mysticité des âges naïfs.

..... Plats, avec des boursouflures de granits, des marécages, des genêts, les environs de Nantes offrent de médiocres distractions aux cent vingt mille habitants de cette ville affairée. Au Nord, l'Erdre, coulant à pleins bords, comme un lac allongé, arrose trop

LAC DE GRAND-LIEU

une vallée pauvre et mélancolique. Au Sud-Ouest, le lac de Grand-Lieu retient des eaux vaseuses dans une sorte de plaine humide, très vaste, cimetière, dit une légende armoricaine, de villes jadis florissantes et dissolues, que la mer courroucée, par ordre de Dieu, submergea pour les châtier de leurs vices et en ensevelir la tradition.

Au Midi seulement, la Sèvre fertilise et colore de gentils paysages. Un peu à droite de l'étroit vallon où elle

CHATEAU DE CLISSON

se fraye route entre les granits, le château de Haute-Goulaine présente un spécimen très complet et fort joli de ce qu'on peut appeler le style féodal breton. Il remonte aux temps fortunés de la noblesse, et ses appartements ornés de tentures en cuir gaufré, de tapisseries des Gobelins, de boiseries sculptées, témoignent d'un grand luxe aristocratique.

De ce côté, à deux lieues plus bas, Clisson, le fameux Clisson, dans le site rocheux, tourmenté, hérissé, où se rencontrent la Moine et la Sèvre, élève ses ruines énormes, d'où pendent les épaisses chevelures du lierre. Toute la féodalité batailleuse, oppressive, est là, dans ce petit coin du sol breton,

CLISSON — LE DONJON, LES OUBLIETTES

représentée par ses moyens de défense et d'attaque, ses murailles d'une solidité indestructible, ses ponts-levis hersés, ses oubliettes, ses douves, ses mâchecoulis, d'où partaient les flèches empennées.

A proximité de ces rudesses franchement pittoresques, le défunt sculpteur Lemot s'était arrangé une villa à la manière romaine. Ses héritiers entretiennent avec soin la *Garenne Lemot*. Parmi des roches, des grottes éparses sous de grands ombrages rafraîchis par la Sèvre, toute sorte de « fabriques » : temples, colonnades, tombeaux, bains, décorés de noms historiques, romantiques et troubadouresques, s'habillent lentement du fin tissu velouté et verdâtre tissé par les mousses et les lichens, dont se parent les ruines. L'artiste, s'étant souvenu des jardins de Tibur, les a imités — comme la chromolithographie imite la peinture, — mais ce n'est pas une raison suffisante pour appeler Clisson Tivoli. On se sent bien loin sous les brumes salées de la Bretagne de l'ardent soleil de l'Italie, et les gorges de la Moine donnent une faible image des âpres hauteurs et des chutes écumantes du Teverone.

..... De Nantes à l'Océan.

Contre le vent soufflant du large, vif et mouillé, le vapeur file et l'horizon grandit. Le fleuve est déjà presque un bras de l'Océan; ses flots se haussent en petites vagues frangées d'écume. On aspire à plein nez les senteurs marines. Les poumons se dilatent. Qu'importent les côtes sans reliefs, émaillées de floraisons jaunes,

COUÉRON-SUR-LOIRE

ou mortellement desséchées, que le regard, fuyant la terre, cherchant l'immensité, distingue à peine?

Les hautes cheminées de Chantenay, de la Basse

BASSE-INDRE

Indre, d'Indret, de Couéron, déroulent leurs panaches de fumées grises, lourdes. Rien ne s'entend, dans la solitude du fleuve, du labeur colossal de ces usines où plusieurs milliers d'ouvriers fabriquent les machines à vapeur de la marine de l'État, le fer laminé, la fonte, et préparent le plomb. Le martèlement des pilons, le sifflement des laminoirs, le grincement des transmissions,

LE MOLE, A PAIMBŒUF

si violents ailleurs, expirent dans le vaste espace, saturé d'humidité ; ou s'ils arrivent, confus, à l'oreille attentive, on dirait le bruit étouffé, mouillé, d'un travail d'infusoires sous la cloche d'un aquarium ou dans le creux d'une éponge.

..... Le Pèlerin, Saint-Étienne-de-Montluc, Donges, Paimbœuf : des villes ou des villages tristes, de maisons brunes, en pisé, groupées au-dessus du fleuve, ou rangées en cercle autour d'anses légères servant d'abris aux bateaux de petit tonnage. Depuis que les navires aux gros chargements craignent de s'engager dans l'estuaire, de peur que les eaux insuffisamment profondes, sableuses, ne puissent les porter, la vie active abandonne ces villes, ces villages de marins, la jeu-

LE QUAI, A PAIMBŒUF

nesse les quitte et l'ombre les envahit. Ils deviennent des trous de campagne, asiles de vétérans, dont le noble jeu de boules sur les jetées désertes amuse l'oisiveté, et que le travail des autres, entrevu du rivage, et les tempêtes soupçonnées dont on perçoit l'écho, consolent de ne plus rien faire.

Ces mélancolies d'aspect, on les retrouve au delà et en deçà de l'estuaire, au delà surtout, dans le pays grisâtre et brumeux que la mer a séculairement possédé, où elle

a laissé, en se retirant, les vastes marécages herbus que
de lentes pourritures convertissent en tourbières. Aux
alentours de ces grandes étendues de sphaignes fossiles, parmi lesquelles aussi reposent les arbres carbo-
nisés de forêts ensevelies, de rares cités anciennes :
Savenay, Pontchâteau, Guérande, Herbignac, semblent
mourir de vieillesse ou d'ennui. Et le ciel breton,

LA BERNERIE, PRÈS PAIMBŒUF

clair ou sombre, mais toujours humide, voile de gaze
trempé de vapeurs changeantes, leur est comme un
linceul.

Savenay, assis en amphithéâtre sur le flanc granitique
du Sillon de Bretagne, n'a plus même, — jugez de sa
décadence ! — l'honneur d'être chef-lieu d'arrondissement. Il est moderne pourtant, car il a bien fallu le
reconstruire après les destructions des guerres vendéennes, qui se terminèrent dans ses murs et dans sa
banlieue par un massacre impitoyable, logique dénoue-

ment d'une lutte impie. Ce fut le 3 nivôse (23 décembre) 1793. Épuisés, exténués par les défaites d'Angers, du Mans, une déroute continuelle sous la poussée des *bleus*, huit, dix mille hommes, tout ce que la guerre avait épargné des armées de la Rochejaquelein, de Charette et de Bonchamps, cernés par les troupes républicaines de Marceau, périrent tous. Westermann était là, qui n'accordait nulle grâce aux brigands vaincus. Regardez au pied de la petite ville des prés plus verts que les autres, des vignobles plus fertiles; ils le doivent peut-être aux milliers de cadavres que le terrible général leur donna en pâture.

ÉGLISE DE SAVENAY

..... Entre Savenay et Guérande, à distance égale de tous les deux, s'étendent les tourbes de la Grande-Brière. C'est la grande exploitation, la principale ressource du pays. Des chaussées la traversent, conduisant parfois à de radieuses prairies, enchâssées dans un banc noirâtre, comme des émeraudes dans de la suie. Elle est, encore, sillonnée de canaux ou *étiers*, roulant péniblement des eaux lourdes et fangeuses. Dix-sept communes, éparses aux environs, la possèdent en toute propriété ; tant bien que mal elles en vivent, plutôt chichement.

Voulez-vous les voir à l'œuvre? Allez les visiter au mois d'août. C'est l'époque traditionnelle où, neuf jours par an, l'autorité permet leur industrie. Tout le monde y prend part; de père en fils, de mère en fille, cela s'est toujours passé de la sorte. Nantes et le voisinage se

PORTE SAINT-MICHEL, A GUÉRANDE

chauffent avec la tourbe, ramassée, séchée et mise en pains par les Briérons. De plus, la campagne s'engraisse de la vase qu'ils recueillent au curage obligatoire des étiers, ces sombres ruisseaux dans lesquels ils naviguent en bateaux plats, nommés *blains*, comme autant de funèbres Charons dans les ondes épaisses du Styx et du Cocyte.

Guérande élève ses murailles de granit plus près des marais salants que des marais tourbeux. Voilà enfin une cité franchement bretonne, dont la physionomie rappelle le passé. Peut-être dépérit-elle, c'est du moins en faisant bonne mine à la mort. Du Guesclin et Clisson qui l'assiégèrent, et les hérauts des maisons de Montfort et de Blois qui, solennellement, y proclamèrent la paix en 1365, ne s'y trouvaient pas trop dépaysés. Est-ce à dire que les démolisseurs n'osent toucher à ses reliques? Non pas, il faut bien sacrifier au dieu Progrès. Mais on y peut encore entrer par de solides portes du moyen âge, dont une, la porte Saint-Michel, énorme, flanquée de tours, est à elle seule une forteresse des plus martiales. On aime à rencontrer ces braves constructions féodales dans une province que la féodalité gouverna si longtemps : la féodalité, âme de la Bretagne.

La vieille église paroissiale Saint-Aubin a d'étranges chapiteaux, aux horribles et chimériques sculptures; la chapelle Notre-Dame de la Blanche est un gracieux ouvrage du treizième siècle, et, dans ces deux sanctuaires, un mariage à la mode d'autrefois, une noce précédée de joueurs de biniou et chamarrée des riches habits légendaires, n'est pas un spectacle absolument inconnu..... Cependant, vous pourriez l'attendre bien des jours, tant il se fait rare. Pour emporter un souvenir ineffaçable de Guérande, montez plutôt sur la terrasse du Mail, et, de cette hauteur superbe, promenez vos regards au loin, vers l'Ouest, non plus sur les rives endormeuses de la Loire, mais sur les bords de l'Océan, aux voix puissantes. Certes, cela est beau.

Tout à fait à l'extrémité de la terre, se courbent les côtes dentelées, hérissées, écumeuses et plaintives de la baie du Croisic et du pays de Batz. Aiguille piquée sur l'horizon, le fin clocher de Croisic signale ce gentil

PORT DU CROISIC

port, moitié commerçant, moitié mondain, où les gens de fortune vont se baigner en été sur de très douces plages et d'où partent en automne les pêcheurs de sardines. Au Sud, pareil à un phare éteint, la tour de l'église de Batz, arrondie en coupole, domine ce singulier village dont les habitants, naguère isolés du reste de la Bretagne et ne se mariant qu'entre eux, se transmettaient fidèlement le dialecte, les us et l'orgueil d'une petite république de fabuleuse origine. Entre les rochers dressés, arc-boutés contre l'assaut des vagues, sur les rivages découverts, la brise soulève les sables

RUINES DE NOTRE-DAME DU MURIER — ÉGLISE DU BOURG DE BATZ

en nuages d'or et déplace à son caprice les dunes amoncelées. Près de ces buttes mouvantes, qui jadis engloutirent le vieil Escoublac, les forêts de pins, semées pour les arrêter, tracent une ligne bleuâtre et profonde. Et depuis les pinières jusqu'au point culminant où nous sommes sur la promenade de Guérande, la lumière allume les diamants, les rubis, les topazes, les opales des salines, étincelantes de mille feux magiques. Écoutez le poète de la mer, Jean Richepin :

> Mirage ! Sahara ! les Bédouins ! Un émir
> Est venu planter là ses innombrables tentes
> Dont les cônes dressés en blancheurs éclatantes
> Resplendissent parmi les tours bariolées
> De tapis d'Orient sur le sol étalés.
> Ces cônes sont les tas de sel sur les *ladures;*
> Et ces riches tapis aux brillantes bordures
> Ne sont que les *Cobiers*, les *Fares*, les *OEillets*.
> Où l'évaporement laisse de gros feuillets
> Métalliques, moirés, flottant, d'or et de soie.
> Par l'*étier* et le *tour* qu'un paludier fossoie
> La mer entre, s'épand, s'éparpille en circuits,
> Puis arrive aux bassins.....

Bonne mer ! Mais les natifs l'accusent de prodigalité. A force de nous apporter le sel, disent-ils, elle l'avilit, et déjà l'industrie des paludiers et des paludières s'en ressent; les produits ne s'écoulent pas; le métier souffre et tombe; on abandonne les œillets; et les tas de sel cristallisé — les *meulons* — sont moins nombreux et moins gros.

Achevons de descendre la Loire : Saint-Nazaire approche, tout neuf, créé d'hier par et pour le progrès. La vilaine chose vraiment ! Et nous fermons les yeux, pour mieux nous représenter les simples bourgades bretonnes entrevues tout à l'heure, et qui nous reparaissent maintenant si vénérables et désirables, comparées à ce hideux parvenu, quels que soient ses mérites, car il en a.

Vraiment, son port de Penhouët est beau, sûr, com-

SAINT-NAZAIRE

mode, spacieux. Les steamers, voire les paquebots transatlantiques mesurant cent vingt mètres de longueur de l'étrave à l'étambot, manœuvrent à l'aise parmi la foule des trois-mâts dans son bassin. Mais l'ennuyeuse ville, avec ses rues blanches, sentant le plâtre frais, ses immeubles à cinq étages, ses chaussées tirées au cordeau, ses hôtels cosmopolites, ses cafés polyglottes, et son pourtour de villas prétentieuses et de jardinets microscopiques!

Douloureux contraste ! A l'écart, dans l'ombre du délaissement, près de l'Océan écumeux et grondeur, à côté d'un grand dolmen, le vieux Saint-Nazaire se ré-

SAINT-MARC, PRÈS SAINT-NAZAIRE

fugie dans ses chaumières branlantes, se serre contre une église chenue, noire et crevassée, comme un ponton ou une momie.

Mais à quoi bon ces regrets? Tout ne s'en va-t-il pas à la nouveauté, à l'utile ? Où gît l'originalité bretonne ? Des coutumes d'antan, que reste-t-il ? Le vieux langage des aïeux, qui le parle ? Les beaux costumes des noces et des pardons, pailletés, brodés d'or, qui les porte ? Ne sont-ils pas déjà trop coûteux ? Vivent les robes à la parisienne et les complets des magasins de confections! Des pays mêmes de Guérande et de Batz, le pittoresque s'enfuit; banals sont les paluviers, les paluvières des marais salants, banales leurs mœurs. Les Briérons,

PORNIC

exploiteurs des tourbières, ressemblent à tous les ouvriers du monde. Saint-Nazaire est dans le mouvement.

LA RIVIÈRE AU POULIGUEN

A lui seul s'adresse le commerce au long cours des régions de l'Ouest. Ses larges quais, sillonnés de rails, s'encombrent de marchandises, et c'est chez lui que viennent s'embarquer les voyageurs, les émigrants vers les Antilles, le Mexique, Panama.

..... Entre les coteaux vinicoles du pays de Retz et les tourbes de la Grande-Brière, les salines de Guérande et les côtes de Pornic, la Loire, dont l'immense estuaire sépare les uns des autres, s'épanche, se fond dans l'Océan. Et de la pointe de Saint-Gildas à la pointe de Pain-Château, ses eaux douces, mêlées à l'onde amère, peuvent encore arroser les sables soyeux des plages riantes, à Pornichet, au Pouliguen, et même au delà, au Croisic.

Nous nous arrêtons où le fleuve, guide de nos voyages, cesse d'exister. Lecteur, au revoir !

BATEAUX QUITTANT SAINT-NAZAIRE

INDEX ALPHABÉTIQUE

A

Aiguilhe (dyke de l')	15
Aigueperse	63
Aiguerande	266
Allègre	43
Alléras	41
Ambert	47
Amboise	274
Ancenis	359
Angers	332
Anjou	324
Ardentes	264
Argenton	267
Arlanc	47
Arlempdes	25
Ars	264
Artias (château d')	34
Asnières	328
Astrée (pays de l')	88
Autun	136
Auvergne	49
Auvours	351
Auzy-le-Duc	126
Avenières	353
Azay-le-Rideau	292
Azay-sur-Cher	304

B

Bacon	224
Bar (cratère de)	43
Bar en Basset	34
Basse-Indre	370
Bâtie (château de la)	71
Batz	379
Baugé	332
Béage (le)	23
Beaugency	228
Beaufort	332
Beaulieu (abbaye de)	302
Beaumont	60
Beauregard (château de)	247
Bellusson	267
Berry	180
Beuvray (mont)	141
Bibracte	141
Blaisois	230
Blanzy	131
Bléré	304
Blois	231
Boën	91
Boischaut (le)	260
Boisbelle	185
Bois-Sir-Amé (château de)	203
Bonnefoy (château de)	23
Borne (vallon de la)	30
Bouchet (lac du)	40
Boulogne (forêt de)	230
Bourbon-Busset	116
Bourbon-Lancy	149
Bourbon-l'Archambault	120
Bourdaisière (la)	304
Bourges	185
Brenne (la)	267
Briare	206
Brionnais	126

Brioude.	49
Brosse.	267
Bulcy.	178
Bury (château de).	246

C

Candes.	324
Chaise-Dieu (la).	43
Chalonnes.	354
Chalusset.	323
Chamalières.	34
Chambon-Feugerolles.	68
Chambord.	247
Champagne berrichonne.	259
Champtocé.	356
Champtoceaux.	359
Chanceaux.	302
Chantelle.	107
Chanteloup (pagode de).	278
Chantenay.	372
Chanteuge.	41
Charlieu.	124
Charité (la).	172
Chartreuse-du-Bellay.	178
Châteaubrun.	267
Château-Chinon.	144
Châteaudun.	271
Châteauneuf-sur-Cher.	203
Châteauneuf-sur-Loire.	214
Château-Renault (bois de).	280
Châteauroux.	259
Châtellerault.	315
Châtillon en Bazois.	144
Châtre (la).	265
Chaumont-s.-Loire (chât. de)	252
Chaussade (la).	169
Chauvigny-sur-Vienne.	321
Chavonnière (la).	304
Chenonceaux.	306
Cheverny (château de).	247
Chinon.	310
Chocats (les).	267
Cinq-Mars.	289
Clermont-Ferrand.	54
Cléry.	225
Clisson.	370
Clos-Lucé.	278
Cluis.	265
Corlay.	260
Cosne.	177
Coubon.	19
Couches-les-Mines.	132
Couéron.	372
Coulmiers.	224
Creusot (le).	132
Croisic (le).	379
Crozant.	266
Cusset.	106

D

Dames (château des).	203
Decize.	150
Déols.	260
Devinière (la).	311
Digoin.	148
Donges.	373
Donzy.	178
Dore (monts).	52
Douce.	328
Doué.	328
Dun-le-Roi.	203
Durtal.	347

E

Ebreuil.	107
Effiat.	163
Eloy-de-Gy.	203
Epinac.	135

INDEX ALPHABÉTIQUE

Epiry	135
Escoublac	380
Espaly	26
Estables (les)	23
Estreys (les)	30
Evron	352

F

Ferté-St-Aubin (chât. de la)	257
Feurs	92
Firminy	66
Flèche (la)	347
Fontevrault	325
Fontgombault	267
Forez (le)	65
Fourchambault	168
Fraisse	68
Franchesse	121
Fréteval (forêt de)	271
Fromenteau	267

G

Gannat	107
Gargilesse	266
Gâtinais (le)	206
Gennes	332
Gerbier-de-Joncs (mont)	23
Gergovie	60
Gévaudan (le)	87
Gien	206
Grand-Précigny	303
Grand-Lieu (lac de)	368
Grande-Brière	376
Guérande	378
Guérigny	168
Guesde (château de la)	303

H

Haute-Goulaine (chât. de)	370
Haye-Descartes (la)	303
Henrichemont	185
Herbignac	375

I J

Imphy	152
Indret	370
Ingrandes	267
Issarlès (lac d')	25
Issoire	50
Izeure	116
Izieux	83
Jargeau	214

L

Langeac	41
Langeais	289
Larçay	304
Laval	352
Lavardin	272
Lerné	311
Liget (chartreuse du)	302
Ligugé	320
Limagne (d'Auvergne)	55
Limagne (du ourbonnais)	99
Limoges	321
Limoise	121
Limousin	321
Liré	359
Loches	294
Loir (vallée du)	268
Loiret (sources du)	222
Lorette	83
Loudun	327
Lurcy-Lévy	121
Luynes	288
Luzy	144

INDEX ALPHABÉTIQUE

M

Maison de Bourgogne	144
Mans (le)	348
Marche (la)	265
Marchenoir (forêt de)	230
Marcigny	126
Marcilly	89
Margeride (monts de la)	38
Marmoutier	288
Mauve	359
Mehun-sur-Yèvre	203
Meillant (château de)	203
Menars (château de)	246
Mennetou-sur-Cher	257
Merdogne	60
Meung-sur-Loire	224
Mezenc (mont)	22
Monastier (le)	19
Monistrol	34
Monistrol d'Allier	41
Montbazon	294
Montbrison	87
Montceau-les-Mines	131
Montcenis	132
Montchanin	131
Montgarnaud	267
Montgilbert	117
Montluçon	203
Montoire	272
Montpensier	63
Montsoreau	324
Montsurs	352
Montrésor	302
Montreuil-Bellay	327
Montrond	85
Morvan	141
Motte-Beuvron (château de la)	257
Motte-Feuilly (la)	265
Moulins	108
Moulins-Engilbert	144
Muguet (le)	260

N

Nantes	361
Néris-les-Bains	204
Neuilly	185
Neuvy-Saint-Sépulcre	265
Nevers	153
Nohant	264
Nouvy	185

O

Olivet	222
Olliergues	47
Orléans	214
Oudon	359

P

Paimbœuf	373
Palisse (la)	95
Paray-le-Monial	125
Patay	224
Pèlerin (le)	373
Pierre-Buffière	323
Pin (le)	267
Pinols	41
Plaincourault	267
Plessis-lez-Tours	287
Poissonnière (manoir de la)	273
Poitiers	316
Poitou	315
Polignac	28
Pontchâteau	375
Pontlieu	351
Ponts-de-Cé (les)	344
Pornic	385

INDEX ALPHABÉTIQUE

Pornichet	385
Pougues-les-Eaux	170
Pouilly	177
Pouliguen (le)	385
Pradelles	40
Pray	353
Puy (le)	1
Puy de Dôme	57

Q

Quinçay	320

R

Randan	63
Rendes (les)	267
Retournac	34
Ricamarie (la)	70
Riom	61
Rive-de-Gier	83
Roanne	93
Rochaille (la)	265
Roche-Baron (château de la)	34
Rochechouart	321
Roche-Clermauld (la)	314
Rochecorbon	287
Roche-Froide (la)	267
Roche-Lambert (la)	30
Rochetaillée	84
Romagnat	60
Romorantin	257
Royat	58
Russy (forêt de)	230

S

Sablé	347
Sail-sous-Couzan	89
Sailleraye (château de la)	359
Saint-Aignan	257
Saint-Amand en Puisaye	178
Saint-Amand-Montrond	203
Saint-Arcons d'Allier	41
Saint-Avertin	304
Saint-Benoît-du-Sault	266
Saint-Benoît-sur-Loire	211
Saint-Bérain	131
Sainte-Catherine-de-Fierbois	303
Saint-Chamond	83
Saint-Chartier	264
Sainte-Colombe	178
Saint-Cyran	267
Saint-Cyr-en-Val	222
Saint-Eloy	152
Saint-Etienne	71
Saint-Etienne-de-Montluc	373
Sainte-Eulalie	24
Saint-Florent-le-Viel	356
Saint-Galmier	85
Saint-Gandon	211
Saint-Georges en Couzan	89
Saint-Georges-sur-Loire	355
Saint-Germain-des-Fossés	98
Saint-Honoré-les-Bains	144
Saint-Jean-le-Blanc	222
Saint-Léger-des-Vignes	152
Saint-Martin-de-Fouilloux	356
Sainte-Maure	303
Saint-Maurice-sur-Loire	93
Saint-Menoux	119
Saint-Nazaire	381
Saint-Paul en Cornillon	35
Saint-Paulien	31
Saint-Père-le-Trépas	178
Saint-Pierre-le-Moûtier	151
Saint-Rambert	85
Saint-Sabin-s.-la-Gartempe	321
Sainte-Suzanne	352
Saint-Vérain	178

Sancerre	180	**V**	
Saugues-sur-la-Seuge	40		
Saumur	329	Val (le)	218
Savenay	375	Val-Benoît (le)	135
Savigny	131	Valençay (château de)	255
Selles-sur-Cher	257	Vallée-Noire	265
Semur	126	Varennes (les)	287
Serrant (château de)	355	Velay (le)	1
Seuilly	311	Vendôme	268
Sillé-le-Guillaume	352	Véretz	304
Solesmes	348	Véron (le)	310
Solignac	323	Vichy	99
Sologne (la)	255	Vic-le-Comte	53
Source (château de la)	222	Vierzon	204
Souvigny	116	Vieux-Moulin (château de)	178
Sully (château de)	136	Villegongis (château de)	259
Sully-la-Tour	178	Villelouet (château de)	247
Sully-sur-Loire	211	Volvic	63
		Voûte-Chilhac (la)	43
T		**U**	
Terrenoire	83		
Thiers	60	Ussé (château d')	291
Touraine	280	Uzore	89
Tournoël (château de)	63	**Y**	
Tours	282		
Trélazé	346	Yssingeaux	33
Trèves-Cunault	332	Yvré-l'Évêque	351

TABLE DES GRAVURES

Fontaine des Tables, au Puy	7
Le cloître, au Puy	9
Tour ou porte Pannesac, au Puy	13
Baptistère d'Aiguilhe ou temple de Diane	17
Château de Bouzols	20
La place de la Fromagerie, au Monastier	21
Le Béage	23
Le mont Gerbier-de-Joncs	24
Sainte-Eulalie	24
Premier pont sur la Loire, près Sainte-Eulalie	25
Château d'Arlempdes	26
Orgues d'Espaly	27
Château de Polignac	29
Château de la Roche-Lambert, près du Puy	30
Château de la Voûte-sur-Loire	32
Bords du Lignon	33
Château de la Roche-Baron	34
Monistrol-sur-Loire. Restes d'une abbaye	35
Saint-Paul en Cornillon	36
La Chaise-Dieu	45
Château de Tournoël	53
Clocher et abside de N.-D. de Bon Port, à Clermont-Ferrand	57
Viaduc et bains romains, à Royat	59
Thiers. Le pont de Seychalles	61
Riom. Maison de l'Annonciation	62
Le puits de la Loire, près Saint-Étienne	73
Château de Montrond-sur-Loire	85
Le vieux quartier à Montbrison	86
La Diana, à Montbrison	87
Saint-Maurice-sur-Loire	93
Saut-du-Perron	94
Tour de l'Horloge, à Vichy	97

La place, à Cusset.	105
Beffroi de Moulins.	109
La Mal-Coiffée, à Moulins.	110
La cure de Charlieu (ancienne abbaye des Bénédictins)	125
Couvent de la Visitation, à Paray-le-Monial	129
Ancien palais prioral de Paray-le-Monial	130
Fontaine d'Autun	137
Sur la route de Château-Chinon	142
Place de Château-Chinon.	143
Cercy-la-Tour (Morvan).	145
Gilly-sur-Loire (Morvan).	149
Decize.	150
Decize	151
La Loire à Saint-Léger-des-Vignes, près Decize	151
Nevers	154
Vieux puits, à Nevers	156
Porte du Croux, à Nevers.	157
Tour Saint-Éloi, à Nevers.	160
Ancien palais ducal, à Nevers	161
Église Saint-Étienne, à Nevers	165
La Charité-sur-Loire	170
Église de la Charité-sur-Loire.	171
Vieilles maisons à la Charité	176
Église Saint-Jacques, à Cosne.	177
Pont suspendu sur la Loire, à Sancerre	181
Sancerre	183
Église Notre-Dame, à Bourges	187
Maison de Jacques Cœur, à Bourges.	193
Hôtel Cujas (extérieur), à Bourges.	198
Hôtel Cujas (intérieur), à Bourges.	200
Donjon de Mehun-sur-Yèvre	201
Le château de Gien	209
Ruines de l'église Saint-Jacques, à Orléans	213
Maison de Diane de Poitiers, à Orléans	219
Ancien hôtel de ville, à Orléans.	220
Moulins Saint-Julien (environs d'Orléans)	223
Église Notre-Dame de Cléry.	226
Beaugency	227
Église de Beaugency	228

TABLE DES GRAVURES

Hôtel de ville de Beaugency	229
Château de Blois. Façade Louis XII	233
Château de Blois. Aile François Ier	237
Vieilles maisons, à Blois	241
Fontaine de Louis XII, à Blois	244
Château de Chambord	249
Château de Chaumont	253
Chapelle du lycée, à Vendôme	269
Hôtel de ville d'Amboise	273
Château d'Amboise	277
Le Clos-Lucé, près d'Amboise	279
Place Saint-Clément, à Tours (église démolie)	281
Maison de Tristan l'Ermite, à Tours	284
La Psalette, à Tours	286
Château de Luynes	286
Cinq-Mars	289
Château de Langeais	291
Château d'Azay-le-Rideau	293
Porte des Cordeliers, à Loches	295
Hôtel de ville et porte Picoys, à Loches	297
Donjon de Loches	299
Abbaye de Beaulieu, près Loches	301
Entrée du château de Chenonceaux	305
Château de Chenonceaux	308
Une rue de Chinon	310
Église Saint-Mexme, à Chinon	311
Église Sainte-Radegonde, à Poitiers	317
Tour d'Evrault de l'abbaye de Fontevrault	325
Dolmen, près Saumur	329
Notre-Dame de Nantilly, à Saumur	330
Église Sainte-Eusèbe, près Saumur	331
Église de Cunault	333
Château d'Angers	334
Église de la Trinité, à Angers	335
Ruines de l'abbaye de Toussaint, à Angers	337
Cathédrale Saint-Maurice, à Angers	341
Château des Ponts-de-Cé, près Angers	345
Moulin sur la Sarthe (environs du Mans)	348
Porte Beucheresse, à Laval	352

La Loire au Pèlerin (environs de Nantes) 355
Château de Champtocé. 357
Nantes 360
Le courage militaire (cathédrale de Nantes) 364
Entrée du château de Nantes 365
Le puits dans la cour du château de Nantes. 366
Bords de l'Erdre, près Nantes 367
Lac de Grand-Lieu. 368
Château de Clisson. 369
Clisson : le donjon, les oubliettes 370
Couéron-sur-Loire. 372
Basse-Indre. 372
Le môle, à Paimbœuf 373
Le quai, à Paimbœuf. 374
La Bernerie, près Paimbœuf 375
Église de Savenay. 376
Porte Saint-Michel, à Guérande. 377
Port du Croisic 379
Ruines de Notre-Dame du Mûrier. Église du bourg de Batz. . 380
Saint-Nazaire 382
Saint-Marc, près Saint-Nazaire 383
Pornic 384
La rivière, au Pouliguen. 384
Bateaux quittant Saint-Nazaire 385

TABLE DES MATIÈRES

PRÈS DE LA SOURCE

I. — Le Velay.	1
II. — Gévaudan. — Limagne.	37
III. — Le Forez.	65
IV. — Le Bourbonnais.	94
V. — De Roanne à Nevers. Un coin du Morvan	122

A TRAVERS SABLES ET PLAINES

VI. — La Nièvre.	153
VII. — Çà et là dans le Berry	180
VIII. — Dans le val.	206
IX. — Autour du val.	255
X. — En Touraine. A travers Poitou et Limousin.	275
XI. — L'Anjou	324

LE GRANIT ET L'OCÉAN

XII. — D'Angers à Nantes. L'estuaire	354

INDEX ALPHABÉTIQUE.	387
TABLE DES GRAVURES.	393

FIN

IMPRIMERIE D. DUMOULIN ET Cie
Rue des Grands-Augustins, 5, à Paris.

www.ingramcontent.com/pod-product-compliance
Lightning Source LLC
Chambersburg PA
CBHW071908230426
43671CB00010B/1515